Peter Friedemann ist akademischer Rat am Fachbereich Geschichte der Universität Bochum und Leiter der Bibliothek zur Geschichte der Arbeiterbewegung. Wichtigste Veröffentlichung: Probleme der Einheit im politischen Denken Mablys (1968).

Christoph Kleßmann ist Professor für Geschichte an der Universität Bielefeld. Er veröffentlichte u.a. Die Selbstbehauptung einer Nation. NS-Kulturpolitik und politische Widerstandsbewegung im Generalgouvernement 1939 – 1945 (1971).

campus

Paperbacks: Sozialgeschichte

Lektorat: Adalbert Hepp/Solveig Ockenfuß

Christoph Kleßmann, Peter Friedemann

Streiks und Hungermärsche im Ruhrgebiet 1946-1948

Campus Verlag
Frankfurt/New York

CIP-Kurztitelaufnahme der Deutschen Bibliothek

Klessmann, Christoph
Streiks und Hungermärsche im Ruhrgebiet 1946 - 1948 (neunzehnhundertsechsundvierzig bis neun=zehnhundertachtundvierzig) / Christoph Kless=mann ; Peter Friedemann. - 1. Aufl. - Frankfurt/Main, New York : Campus-Verlag, 1977 -
(Campus : Paperbacks : Sozialgeschichte)
ISBN 3-593-32228-5

NE: Friedemann, Peter:

ISBN 3-593-32228-5

Umschlagbild: „Arbeiterversammlung auf dem Max Imbusch-Platz in Bochum um 1947" (Stadtarchiv Bochum).

Produktion und Gestaltung: Heinzlmeier & Warminski, Buchteam Frankfurt
Satz: Karlheinz Schmidt, Frankfurt am Main
Druck und Bindung: Beltz, Hemsbach
Printed in Germany

Inhalt

Programmatik

C. STREIKS UND STREIKDISKUSSION

Vorwort

Die vorliegende Untersuchung ist aus einer Lehrveranstaltung über die Geschichte der deutschen Arbeiterbewegung in den ersten Nachkriegsjahren hervorgegangen. Die Diskussionen kreisten dabei mehrfach um das hier behandelte Problem der Streiks und Demonstrationen, die in ihrem Ablauf und in ihrer Bedeutung auf der Basis der bisherigen Literatur kaum zu erfassen und zu beurteilen waren, obwohl ihr zentraler Stellenwert häufig hervorgehoben wird.

Im Zuge der Materialsuche und Analyse hat sich der Rahmen der ursprünglich begrenzter angelegten Arbeit ausgeweitet, so daß wir uns entschlossen haben, vor allem in der Dokumentation über die engere Fragestellung hinauszugehen und unmittelbar im Zusammenhang damit stehende Probleme mit einzubeziehen. Angesichts der schlechten Materiallage für die Nachkriegszeit sollen damit einige über den regionalgeschichtlichen Bereich hinaus grundsätzlich wichtige und interessante Dokumente insbesondere für Veranstaltungen in der gewerkschaftlichen Bildungsarbeit und in der Hochschule verfügbar gemacht werden.

Folgenden Archiven, die uns Quellenmaterial zugänglich machten, haben wir zu danken:

Archivsammlung Ernst Schmidt, Essen; DGB-Archiv, Düsseldorf; Hauptstaatsarchiv, Düsseldorf; Archiv der sozialen Demokratie, Bonn-Bad Godesberg; Archiv des ehemaligen "Bochumer Vereins", jetzt Friedrich Krupp - Hüttenwerke, Bochum; Archiv der IG Bergbau und Energie, Bochum; Stadtarchiv Bochum; Institut für Zeitungsforschung der Stadt Dortmund.

Bochum, März 1977 Die Autoren

I. EINLEITUNG

"Ein neues Leben blüht aus den Ruinen! Durch Nacht zum Licht!" - mit diesen heute seltsam pathetisch klingenden Sätzen schloß einer der ersten Aufrufe an die Bergarbeiter des Ruhrgebiets, der 1945 auf der Zeche Prinz Regent in Bochum verbreitet wurde. Er verband mit einem Dank an die Befreier die nachdrückliche Aufforderung zum schnellen und entschiedenen organisatorischen Zusammenschluß aller Bergarbeiter in einem Einheitsverband, um die verhängnisvollen politischen Fehler der Vergangenheit zu vermeiden und die Voraussetzungen für eine bessere Zukunft der Bergarbeiterschaft zu schaffen. Ähnlich wie aus dem beliebten und verbreiteten Bild der "Stunde Null" sprach aus diesen Sätzen eine inhaltlich vage, aber doch sehr starke Hoffnung auf die Möglichkeit eines radikalen Neuanfangs nach dem Ende der "verfluchten zwölf Terrorjahre" (s. Dokument 1).

So richtig die prinzipielle Einschätzung der Chance eines Neuanfangs war, so falsch erwies sich doch der Glaube, dieser Neubeginn könne sich tatsächlich vom Nullpunkt an gewissermaßen auf einer völlig gesellschaftlichen und politischen tabula rasa entwickeln. Denn es zeigte sich bald, daß lediglich der militärische Zusammenbruch total war, daß im übrigen aber Traditionen und Kontinuitäten aus der Zeit vor 1933 und - auf anderer Ebene - auch aus dem Dritten Reich erhalten geblieben waren und unter bestimmten außen- und innenpolitischen Konstellationen schnell wieder eine Bedeutung und Prägekraft gewinnen konnten, die sie nach Geist und Wortlaut solcher Stimmen aus dem Zusammenbruch eigentlich nie wieder haben sollten. Die Hoffnung, das Ende des Faschismus in Deutschland komme im Effekt einer Revolution oder der Möglichkeit zu einer revolutionären, d. h. radikalen gesellschaftlichen und politischen Umgestaltung gleich, erwies sich als vorschnell [1].

In den letzten Jahren ist das geschichtswissenschaftliche und publizistische Interesse an der Vorgeschichte der Bundesrepublik, d. h. an den Jahren, in denen schon wichtige außen- und innenpolitische Entscheidungen fielen [2], ohne daß sich die Zeitgenossen über deren Tragweite bereits hinreichend klar wurden, beträchtlich gewachsen. In der daraus entstandenen Diskussion um eine "verhinderte Neuordnung" und um "Determinanten der Restauration" hat sich dabei neben der kritischen Einschätzung der politischen Rolle der USA bei der Entstehung des "kalten Krieges" vor allem die Frage in den Vordergrund geschoben, welche Rolle die deutsche Arbeiterbewegung in diesen ersten Nachkriegsjahren gespielt hat [3]. Unzweifelhaft ist der Wille zum Neubeginn von den Organisationen der Arbeiterbewegung, d. h. Betriebsräten, Gewerkschaften und Arbeiterparteien am deutlichsten und nachdrücklichsten formuliert worden. An schon im Widerstand und im Exil entwickelte Konzeptionen schlossen sich nach dem Zusammenbruch detaillierte Vorschläge zur Vergesellschaftung von Schlüsselindustrien, zur ökonomischen Rahmenplanung und zur Mitbestimmung und Mitentscheidung der Arbeiterschaft in Betrieb, in der Wirtschafts- und Gesellschaftsorganisation an.[4]

Daß es nicht nur bei programmatischen Bekundungen blieb, sondern im und nach dem Zusammenbruch gerade in der Arbeiterbewegung ein elementares politisches Handlungspotential steckte, das den Alliierten zur demokratischen Umgestaltung Deutschlands zur Verfügung stand, von diesen jedoch nicht genutzt, sondern mit administrativem und politischem Mißtrauen verfolgt und blockiert wurde, haben neuere Untersuchungen über die "Arbeiterinitiative 1945" in Gestalt der Antifa-Ausschüsse eindrucksvoll belegt (NIETHAMMER 1976; ferner BRANDT 1976). "In weiterauseinanderliegenden Orten, unter einer Anzahl verschiedener Namen und anscheinend ohne Verbindung untereinander", heißt es in der Analyse eines amerikanischen Informationsdienstes vom Juni 1945 (NIETHAMMER 1976, 701), "sind in den verschiedenen Regionen des Reiches antinazistische Einheitsfrontbewegungen bald nach dem Zusammenbruch der Naziherrschaft aufgetaucht ... Obwohl sie keinen gegenseitigen Kontakt hatten, zeigten diese Gruppen bemerkenswerte Ähnlichkeit in ihrer Zusammensetzung und ihrem Programm. Die Initiative zu ihrer Bildung scheint in jedem Fall von Personen gekommen zu sein, die während der Nazizeit aktiv und und in irgendeiner Form in Kontakt miteinander waren. Die Arbeiterparteien und die Gewerkschaften von vor 1933 stellen die Führungskerne; ..." Diese Antifa-Bewegung, so sehr sie im Ansatz durch die Einheitsperspektive und den konsequenten Aufbau von unten auf eine Alternative zu den tradierten Organisationsformen der deutschen Arbeiterbewegung angelegt war, hinterließ jedoch tiefere Spuren und stellte damit historisch nur eine Durchgangsstufe im Aufbauprozeß von Gewerkschaften und Arbeiterparteien dar (ebd. 636, 714).

Kennzeichnend für den Aufbau der Parteien und auch der Gewerkschaften war der große Einfluß, den die traditionellen Eliten aus der Weimarer Zeit innerhalb der Organisationen schnell erlangten (vgl. SCHMIDT 1974, 48 ff.). Daraus mußten sich zwangsläufig Rückwirkungen auf die programmatische Neuordnungsdiskussion ergeben. Zu fragen bleibt vor allem, in welchem Umfang von den Organisationseliten Versuche gestartet wurden, um breite Aufklärungsarbeit für die proklamierten Zielvorstellungen zu leisten und schließlich auch Mobilisierungsstrategien zur Durchsetzung der eigenen Forderungen gegen die sich regenden Widerstände zu entwerfen und zu realisieren.

Unter diesem Aspekt vor allem sind die Führungsgruppen der deutschen Gewerkschaften und Parteien in der oben genannten Diskussion einer - unterschiedlich vehementen - Kritik ausgesetzt worden, weil sie aus Furcht vor unkontrollierbaren Aktionen "von unten" und aus politischer Blindheit traditionsbelasteter Funktionäre die Gunst der Stunde versäumt und somit indirekt ihren Beitrag zur Restauration der von ihnen nicht gewollten bürgerlich-kapitalistischen Gesellschaftsordnung geleistet hätten. Die schon in den ersten Nachkriegsjahren zumindest zahlenmäßig eindrucksvolle organisatorische Macht wurde nach dieser Kritik kaum zur entschlossenen Durchsetzung des eigenen Anspruchs genutzt und einzusetzen versucht.

Diese Kritik verliert an Schärfe und Überzeugungskraft, wenn man die Faktoren in den Vordergrund der Betrachtung rückt, die Alternativen zur tatsächlichen Entwicklung in Westdeutschland als aussichtslos erscheinen lassen: Die Bedingungen der Besatzungszeit, die soziale Verelendung, die Nachwirkungen der NS-Ideologie, den Zwang zum Kampf ums elementare Dasein mit seinen entpolitisierenden Konsequenzen, die Partikularisierung des öffentlichen Lebens und die einschneidende Beschränkung der Kommunikationsmöglichkeiten, den sich immer deutlicher abzeichnenden "kalten Krieg" mit seinen unmittelbaren innenpolitischen Rückwirkungen, die amerikanische Entschlossenheit, durch ein Verbot deutscher Sozialisierungsexperimente künftige Entscheidungen selber zu präjudizieren und die Kapitulation der britischen Besatzungsmacht vor der finanziellen und politischen Stärke der Amerikaner.

An diesem Punkt des hier skizzierten Rahmens setzt die vorliegende Untersuchung an. Sie fragt nach (gesellschafts)politischen Handlungsspielräumen und ihrer Nutzung durch die Arbeiterbewegung in Westdeutschland am Beispiel der Streiks und Massendemonstrationen vor allem im Ruhrgebiet in den Jahren 1946 bis 1948. Das Ruhrgebiet mit dem Bergbau als in den ersten Nachkriegsjahren für Deutschland und Europa wichtigstem Industriezweig kann zwar nicht ohne weiteres als exemplarisch gelten, ohne Zweifel aber hatten Vorgänge, die sich hier abspielten, eine besondere und weit über die regionalen Grenzen hinausreichende Bedeutung. Aufgrund der Bevölkerungsdichte in diesem Raum, der politischen Nähe der deutschen Sozialismusvorstellungen zu denen der britischen Besatzungsmacht und schließlich der relativ schnellen organisatorischen Rekonstruktion und beträchtlichen Stärke der Gewerkschaften und Parteien in diesem industriellen Ballungszentrum erhielten hier auftretende Konflikte politische Brisanz und prinzipielle Bedeutung. Insofern ist das Revier als Kerngebiet der britischen und der Bizone kein beliebiges Beispiel.

Untersucht man die bisherige Darstellung und Beurteilung der Massenbewegungen im Ruhrgebiet im Frühjahr 1947 und 1948, so ergibt sich ein sehr widersprüchliches und überdies vom Untersuchungsstand her höchst unbefriedigendes Bild. In der DDR-Literatur, die sich dieses Themas schon relativ früh angenommen hat, figurieren sie ohne allzu große Skrupel hinsichtlich des konkreten Nachweises als "Massenbewegung für eine demokratische Umgestaltung der Macht- und Besitzverhältnisse" in Westdeutschland (Geschichte der deutschen Arbeiterbewegung Bd. 6, 1966, 203). Vor allem die beiden DDR-Historiker MANNSCHATZ und SEIDER haben den "Kampf der KPD im Ruhrgebiet für die Einigung der Arbeiterklasse und die Entmachtung der Monopolherren" detailliert zu analysieren versucht (MANNSCHATZ/SEIDER 1962).

Mehr oder minder auf MANNSCHATZ/SEIDER aufbauend sehen SCHMIDT/FICHTER in den Streiks von Betriebsräten organisierte und durch die "Aktionseinheit von unten" getragene und indirekt gegen Gewerkschafts- und SPD-Führung gerichtete Kämpfe, die zwar ihren Ausgangspunkt in der unmittelbaren Notsituation der Hungerkrise hatten, aber doch politisch durch die Forderung nach sofortiger Sozialisierung der Schlüsselindustrien darüber hinauszielten. In kritischer Auseinandersetzung mit der zaghaften Volksfront-Politik der KPD-Führung, die in den Betriebsräten im Ruhrgebiet eine starke potentielle Stütze für ihre radikale Politik hatte, stellen die Autoren als Handlungsalternative die Ausrufung eines Massenstreiks hin, der zum Zeitpunkt, als der Marshall-Plan noch nicht angelaufen und England und Frankreich auf deutsche Kohlelieferungen angewiesen waren, allein die westlichen Alliierten zur Sozialisierung hätte zwingen können. Voraussetzung dafür sei allerdings eine klare Haltung von SPD- und Gewerkschaftsführung gewesen und die Bereitschaft zum Handeln anstelle verbal-radikaler Sozialismus-Postulate (SCHMIDT/FICHTER 1971, 23 ff., 40 ff.).

Für Theo PIRKER, der sehr wenig darüber berichtet, steht doch fest, daß es sich um "politische Streiks" gehandelt hat (PIRKER 1960, 90 f.). Und für Karl Heinz ROTH, in dessen fragwürdiger Konzeption einer "anderen Arbeiterbewegung" sie eine zentrale Stelle einnehmen müßten, sind es "Streiks der aufbegehrenden Massen", über die es freilich noch keine Analyse gebe, "die vom Standpunkt der Massen geschrieben wäre"[5].

Demgegenüber lassen sich auf der anderen Seite schon früh Tendenzen zur Verdrängung oder Bagatellisierung der Unruhen in der Literatur feststellen. "Streiks in größerem Umfang haben nicht stattgefunden", steht über die ersten Nachkriegsjahre im "Deutschland-Jahrbuch" von 1949 zu lesen, und lediglich die als Hungerdemonstrationen beurteilten Arbeitsniederlegungen zu Anfang des Jahres 1948 werden überhaupt erwähnt (MEHNERT/SCHULTE 1949, 299). Im offiziellen Geschäftsbericht des DGB der britischen Zone werden die Frühjahrsstreiks von 1947 und 1948, da sie gewerkschaftlich nicht genehmigt waren, ebenso verschwiegen wie etwa in den Memoiren des IG-Bergbau-Vorsitzenden August SCHMIDT[6]. In der ausführlichen Geschichte Nordrhein-Westfalens von Walter FÖRST tauchen sie nur beiläufig auf (FÖRST 1970, 247 f.; HÜTTENBERGER 1973, 115). Eberhard SCHMIDT stellt demgegenüber in seiner grundlegenden Untersuchung fest, daß zwar "die unmittelbar drängenden Probleme der Lebensmittelversorgung" im Vordergrund standen. "Streiks mit eindeutig politischen Forderungen, die über den Horizont der unmittelbaren Bedürfnisse des Überlebens hinausgingen, waren selten" (SCHMIDT 1974, 136). SCHMIDT impliziert jedoch mit seiner dezidierten Kritik am anpassungsbereiten Kurs der Gewerkschaftsführung ein politisches Potential der Massenbewegungen, das zumindest bei einer entsprechenden Führung hätte genutzt werden können, auch wenn eine den Jahren nach dem ersten Weltkrieg vergleichbare Betriebsrätebewegung für ihn kaum in Ansätzen feststellbar ist (SCHMIDT 1974, 171, 51).

In allen Arbeiten fehlt eine genauere kritische Analyse der Streiks. Gerade die ausführlichste und von mehreren späteren Untersuchungen rezipierte Darstellung von MANNSCHATZ/SEIDER erweist sich bei näherem Hinsehen als sehr unzuverlässig, interpretiert sie doch das - oft nicht genau nachprüfbare - Quellenmaterial vielfach sehr "großzügig" zum Beleg einer schon feststehenden These. Aber auch in den übrigen Arbeiten bleibt die Beschreibung und Einschätzung der Aktionen und der Aktionsbereitschaft der streikenden und demonstrierenden Massen klischeehaft.

Angesichts dieser Forschungssituation ergibt sich zunächst einmal die Notwendigkeit eines Versuchs, Umfang, Organisatoren, Ziele, Charakter und Erscheinungsformen dieser Massenbewegungen so weit wie möglich aufzuarbeiten und darzustellen, um von der schablonenhaften Alternative "revolutionäre Streiks - unpolitische Hungerrevolten" wegzukommen, auch wenn ein solcher Versuch durch die außerordentlich schlechte Materiallage erheblich erschwert wird: Britische Akten sind noch nicht zugänglich, eine deutsche Streikstatistik wurde erst nach 1947 aus Anlaß dieser Streiks geführt[7], und sonstiges amtliches deutsches Material darüber existiert ebenfalls nicht, so daß die zeitgenössischen Zeitungsberichte zur wichtigsten Quelle werden.

Nun reicht es allerdings nicht aus, diese Bewegungen isoliert zu betrachten und zu analysieren. Um eine historisch-politische Einschätzung geben zu können, ist es notwendig, den Handlungsspielraum und die Handlungsbereitschaft der Arbeiterbewegung im Ruhrgebiet im Rahmen der vorgegebenen Bedingungen der Besatzungspolitik und der desolaten sozialökonomischen Situation und psychischen Verfassung der deutschen Bevölkerung nach dem Zusammenbruch zu skizzieren. Auf diese Folie der komplexen inneren und äußeren Rahmenbedingungen soll dann der Organisationsstand der Arbeiterbewegung im Ruhrgebiet projiziert werden. Das rein quantitative Material über Mitgliederzahlen von Parteien, Gewerkschaften und Wahlergebnissen ist zwar für die Anfangsjahre z. T. recht bruchstückhaft, erlaubt aber doch einen Einblick in die zahlenmäßigen Stärkeverhältnisse. Darüber hinaus spielen auf der mittleren Ebene unterhalb der Organisationsspitzen von Parteien und Gewerkschaften vor allem die Aktionen und die politische Ausrichtung der Betriebsräte, die als "Männer der ersten Stunde" eine vergleichsweise große Macht besaßen (vgl. Jahrbuchdes IV Bergbau 1947, 28), eine wichtige Rolle.

Die These, die hier im Anschluß an PIRKER und SCHMIDT vertreten wird und die auch das Kriterium der politischen Kritik abgibt, greift auf die Geschichte der deutschen Arbeiterbewegung und die heftigen Diskussionen um die Massenstreikdebatte nach 1905 zurück, ohne freilich simple "Gesetzmäßigkeiten" und "Lehren" daraus abzuleiten, weil dazu die Situation nach 1945 zu singulär erscheint. In dieser Debatte ging es im Kern um das Problem der Verklammerung von Organisation und Aktion. Theodor Bömelburg, der Vorsitzende der deutschen Maurergewerkschaft, stimmte auf dem Kölner Gewerkschaftskongreß 1905 seine Rede zur Massenstreikfrage auf den charakteristischen Satz ein: "Um unsere Organisation aufzubauen, dazu bedürfen wir in der Arbeiterbewegung Ruhe" [8]. Gegen diese Vorstellung, die in letzter Konsequenz darauf hinauslief, "daß überhaupt die gesamte Arbeiterklasse Deutschlands bis auf den letzten Mann und die letzte Frau in die Organisation aufgenommen werden müsse, bevor man 'stark genug sei', eine Massenaktion zu wagen", polemisierte zu Recht Rosa LUXEMBURG, weil sie auf einer völlig utopischen und mechanistischen Wachstumsvorstellung beruhte und die für die äußere und innere Stärke und politische Schlagkraft einer Organisation notwendige "lebendige dialektische Entwicklung" zwischen Kampf und Organisation übersah (LUXEMBURG 1970, 133). Für Rosa LUXEMBURG bedeutete "Massen" weitgehend ein Synonym für Aktion und Bewegung, Führer und Organisation dagegen eher für Unbeweglichkeit und Selbstgenügsamkeit [9]. Beide mußten jedoch unmittelbar aufeinander bezogen sein und sich wechselseitig ergänzen und stimulieren, wenn es zu Fortschritten im Klassenkampf kommen sollte.

So sehr die Massenstreikdebatte auch ihre eigentliche Brisanz aus den von tiefen sozialen und politischen Spannungen bestimmten inneren Verhältnissen im zaristischen Rußland und im Deutschen Kaiserreich bezog, so wenig war und ist sie doch ein an bestimmte Konstellationen gebundenes lediglich historisches Thema [10]. Insofern kann auch der fehlende Aufweis einer sich auf diese historische Auseinandersetzung beziehenden Diskussion innerhalb der Arbeiterbewegung nach 1945 kein Anlaß sein, diesen Traditionshorizont nicht miteinzubeziehen und die Frage nach dem Verhältnis von Organisation und Aktion nicht zur Leitfrage der Untersuchung der Streiks und Massenbewegungen 1947/48 zu machen. Zu fragen ist nämlich, ob und inwieweit das organisatorische Potential, wie es sich u. a. im Mitgliederstand von Gewerkschaften und Arbeiterparteien fassen läßt, für politische Aktionen zugunsten der zentralen Punkte des proklamierten Programms mobilisierbar war und mobilisiert wurde bzw. aus welchen Gründen das nicht geschah. Die Massenbewegungen an der Ruhr unter den Ausnahmebedingungen der ersten Nachkriegsjahre sind gewissermaßen ein exemplarischer Prüfstein, an dem diese Frage zu beantworten wäre.

II. VORAUSSETZUNGEN UND BEDINGUNGEN: LEBENS- UND ARBEITSVERHÄLTNISSE IN DEUTSCHLAND UNTER DER MILITÄRVERWALTUNG

Die Prärogative der Alliierten

Die militärische Kapitualtion am 8. Mai 1945 bedeutete im Vergleich zu 1918 eine einschneidendere Zäsur, denn die Säulen des Obrigkeitsstaates in Deutschland, das Militär, der Justiz- und der Verwaltungsapparat waren weitgehend zerstört worden. Der Weg zur politischen Erneuerung schien damit frei geworden zu sein (ABENDROTH 1972, 48 f.).

Die gesetzgebende, rechtsprechende und vollziehende Gewalt ging auf die in ihren Besatzungszonen autonomen Militärgouverneure über. Für die britische Besatzungszone war die Oberste Behörde die "Control Commission for Germany/British Element" mit Sitz in Berlin-Wilmersdorf. An der Spitze stand General Sir Brian H. Robertson, ehemaliger Manager des Dunlop-Konzerns. Ihm unterstellt war Marshal Bernhard Law Montgomery. Er übte als Chef des "Military Government Staff" der Britischen Armee die Regierungsgeschäfte aus. Sitz dieser Behörde waren die Städte Bad Oeynhausen, Bünde, Detmold und Minden (vgl. Akten zur Vorgeschichte 1976, 44 ff.).

Die britische Kontrollkommission zeigte eine ausgesprochen restriktive Grundeinstellung gegenüber deutschen politischen Aktivitäten und war bemüht, ein zentralistisches Besatzungskonzept durchzusetzen. Ein mächtiger Verwaltungsapparat, fünfmal so groß wie derjenige in der amerikanischen Zone, wurde für diesen Zweck aufgebaut. Sein Bemühen zielte darauf ab, die Gesetzgebungsbefugnisse der Länder, deren Chefs sich zunächst in einem Informationskreis zusammen mit Verwaltungsfachleuten und Parteivertretern, dann auf Länderkonferenzen, trafen, einzugrenzen. Immerhin blieben den Ländern neben legislativen Befugnissen im kulturellen und kirchlichen Bereich noch Kompetenzen in der Städteplanung, im Presse-, Vereins- und Versammlungswesen und vor allem in Fragen der Betriebsgesetzgebung. Gerade in Nordrhein-Westfalen spielte dies in der Frage der Sozialisierung der Kohleindustrie und der Bodenreform eine wichtige Rolle (HÜTTENBERGER 1973, 225). Andererseits wurde deutlich gemacht, daß der "Status von regionalen Verwaltungseinheiten nicht zu überschreiten ist" und sich hieraus nicht "eine Zonenverwaltung oder gar -regierung" entwickeln dürfe (Akten zur Vorgeschichte 1976, 50).

Bereits im März 1946 konstituierte sich der Zonenbeirat, ein bewußt neben die Länderkonferenzen gestelltes Gremium zur Beratung der britischen Kontrollkommission in allgemeinen, wirtschaftlichen und verwaltungspolitischen Fragen. Anweisungen der Kontrollkommission an die Länder und Provinzen sollten z. B. über den Zonenbeirat laufen. Bereits im Sommer 1946 wurde der Zonenbeirat mit exekutiven Befugnissen ausgestattet (vgl. DORENDORF 1953).

In der Praxis zeigte sich, daß die zentralistische Politik nur schwer durchzuführen war. Ein wesentlicher Grund dafür war, daß die alliierten Offiziere häufig nicht die Voraussetzungen mitbrachten, um die gesteckten Zielsetzungen in sinvolle Anordnungen umzusetzen. So hieß es z. B. in der Verordnung Nr. 16 der britischen Militärregierung: "Wohnungswechselverbot. Im Sinne dieses Verbots gilt als ein Wohnungswechsel, wenn jemand für mehr als drei aufeinanderfolgende Nächte von seiner gegenwärtigen Wohnung fernbleibt, es sei denn, daß dieses Fernbleiben durch den Aufenthalt in einem Krankenhaus oder in einer anderen öffentlichen Anstalt verursacht ist" (Stadtarchiv Bochum, Verordnung Nr. 16, 1. 3. 1946).

Die Unzufriedenheit der Bevölkerung entzündete sich besonders an der Entnazifizierungs- und Demontagepolitik. Die Entnazifizierung gehörte zu den wichtigsten Forderungen des Potsdamer Abkommens. Sie wurde in der britischen Zone von mehreren Ausschüssen durchgeführt: Von deutschen Denazifikationsausschüssen auf der Stufe der Regierungsbezirke und Kreise, von deutschen Berufungsausschüssen ebenfalls auf der Stufe der Regierungsbezirke und Kreise und von englischen Berufungsausschüssen auf der regionalen Ebene (Akten zur Vorgeschichte 1976, 239 f.). Daß die Aufgabe dieser Ausschüsse nicht leicht sein konnte, geht allein schon daraus hervor, daß gegen Kriegsende ca. 10 Millionen Mitglieder in der NSDAP waren. Alfred Gleisner, ein westfälischer SPD-Funktionär, charakterisiert die politische Stimmung in einem politischen Situationsbericht vom Mai 1946 so:

"... Die Entnazifizierungsausschüsse arbeiten mit wenig Lust. Sie sehen, daß wirklich nur die kleinen Nazis vor dem Forum stehen und die großen Nazis sich bei passender Gelegenheit mit ihrem Freund, einem englischen Offizier, dem Volke zeigen. Es bleibt dem Volk nicht verborgen, daß die Polizei, Reichsnährstände, Bergwerkunternehmen und andere mehr, nicht von den Entnazifizierungsausschüssen, sondern von den englischen oder überbehördlichen deutschen Behörden entnazifiziert werden sollen. Aber gerade in diesen Organisationen sitzen die Schuldigen, die das Volk dem Richter überantwortet wissen will. Wie früher jeder große Nazi seinen Privatjuden hatte und denselben als rühmliche Ausnahme der Ausrottung durch die Nazis entziehen wollte, haben heute Parteiführer der demokratischen Parteien wie auch englische Offiziere einen Privatnazi, der sich mit Hilfe seiner Freunde die Pfründe erhält. Die Masse des Volkes fordert auf, die Entnazifizierungsausschüsse aufzulösen und die Mitarbeit als wenig aussichtsreich abzulehnen" (Nachlaß Hubert Biernat, Bibliothek zur Geschichte der Arbeiterbewegung, Bochum).

Noch größere Beunruhigung verursachten angesichts der schwierigen wirtschaftlichen Lage nach 1945 die Demontagen industrieller Anlagen unter der frierenden und hungernden Bevölkerung. Hans Böckler wies am 26. November 1946 in einer Sitzung des Zonenbeirats auf die Folgen der Demontagen für die Arbeiterschaft hin: "Wenn die Demontagen in dem Umfang weiter fortgesetzt werden sollen, wie sie jetzt stattfinden, dann stehen wir in kurzer Zeit vor der Tatsache, daß unsere deutschen Arbeiter sich weigern werden, bei solchen Demontagen Hand anzulegen; was dann weiterhin entsteht, dürfte jedenfalls auch den Besatzungsmächten nicht ganz einerlei sein. Die Unzufriedenheit der deutschen Arbeiter hat einen solchen Umfang angenommen, daß mit solchen Dingen zu rechnen ist, und keine Macht ist in der Lage, sie zu verhüten"[11]. Forciert setzten die Demontagen jedoch erst zu einem Zeitpunkt ein, als der Wiederaufbau der deutschen Wirtschaft mit Unterstützung des Marshallplans beschlossene Sache war. Die Gußstahlfabrikation A.G. des Bochumer Vereins erhielt z. B. noch im Februar 1948 die Auflage, Ende April mit den Demontagen zu beginnen. Das Unverständnis der Betroffenen liegt auf der Hand: "Es ist unsere feste Überzeugung hier in Deutschland, daß Mr. Marshalls Hände nicht voll informiert sind darüber, was Mr. Morgenthaus Faust tut, oder wie Victor Gollancz es ausdrückte: 'kein Deutscher kann den Widerspruch verdauen, der zwischen dem Marshallplan auf der einen Seite und der bewußten Zerstörung von Friedensproduktionsmöglichkeiten auf den anderen Seite besteht'", heißt es in einem gemeinsam von Betriebsrat und Betriebsleitung unterzeichneten Appell an den Präsidenten der Vereinigten Staaten (Archiv d. ehemaligen "Bochumer Vereins", jetzt Friedrich Krupp - Hüttenwerke, Bochum, 995002 Nr. 1 (8. 1. 1949)).

Darüber hinaus fühlte sich die deutsche Arbeiterschaft, deren überwiegend antifaschistische Einstellung außer Zweifel stand, besonders von der restriktiven Politik der Westalliierten gegenüber Betriebsräten und Gewerkschaften betroffen. Zwar hatte der Prozeß der Neugründung der Gewerkschaften teilweise, so in Aachen und Köln, schon vor Kriegsende eingesetzt (vgl. SCHMIDT 1974, 25 ff.; KLEIN 1974, 165 ff.). In Hamburg hatte sich sogar mit Billigung der britischen Besatzungsmacht eine "Sozialistische Freie Gewerkschaft" konstituieren können (SPLIEDT 1948, 59 ff.). Zwar hatte sich in den "Antifaschistischen Ausschüssen" das Potential demokratischer Kräfte auch organisatorisch gesammelt (vgl. NIETHAMMER 1976), spätestens im August 1945 war jedoch klar, daß ein zügiger demokratischer Aufbau auf allen Ebenen nicht möglich war. Nachdem die Antifa-Ausschüsse von den Militärbehörden aufgelöst worden waren, stießen auch die neu entstehenden Gewerkschaften in ihrer Organisationsarbeit auf zermürbende Widerstände. Ein kompliziertes Genehmigungsverfahren verzögerte in der britischen Zone nicht nur die Rekonstruktion der Gewerkschaften erheblich, sondern absorbierte auch beträchtliche Energien, die damit für bedeutsamere Aufgaben kaum noch zur Verfügung standen. Die Grundlage dieser Politik, den Prozeß der Bildung von Gewerkschaften zu verlangsamen, bildete die "Bekanntmachung der Militärregierung" vom 8. August, in der es heißt: "Die Militärregierung wünscht eine feste und repräsentative Gewerkschaftsbewegung. Das kann aber nicht über Nacht geschehen. Das deutsche Volk soll im eigenen Interesse feste Grundlagen für seine Gewerkschaften schaffen. Es soll langsam und gut aufbauen"[12].

Fragt man nach den Motiven dieser restriktiven Politik, so wird man bei den Amerikanern vor allem antikommunistische Überlegungen geltend machen müssen. Je mehr sie zur Kenntnis nahmen, daß der aktive antifaschistische Widerstand hauptsächlich von Kommunisten getragen war, desto zurückhaltender standen sie diesen gewerkschaftlichen Aktivitäten gegenüber. "Man war der Ansicht", urteilt der Historiker der amerikanischen Militärregierung, Harold ZINK, "daß bei einer langsamen Reorganisierung der Gewerkschaften in Deutschland das offene Risiko, daß die Organisationen durch Kommunisten übernommen werden, wesentlich verringert, wenn nicht ganz abgeschafft würde" (ZINK 1957, 282).

Bei den Briten dürfte das antikommunistische Motiv eine weniger wichtige Rolle gespielt haben als gemeinhin angenommen[13]. Die britische Politik wurde wesentlich von antifaschistischen Überlegungen in Verbindung mit der Sorge bestimmt, daß Deutschland nicht in der Lage sein könnte, eine demokratische Ordnung aufzubauen.

Auch die Gewerkschaften wurden auf ihre Funktion im demokratischen Willensbildungsprozeß untersucht. Vom Standpunkt der Befürwortung der idealtypischen "repräsentativen Demokratie", paßte die von deutscher Seite geforderte Einheitsgewerkschaft - eine so große fortschrittliche Errungenschaft sie für die deutsche Gewerkschaftsbewegung sein mochte - nicht in dieses Konzept. Die Gefahr, daß sich bei einer zentralen Organisation die Verbandsmitglieder zu "passiven Konsumenten der vom Verband angebotenen Dienstleistungen" entwickeln würden, was wiederum die innerverbandliche Demokratie und damit das Funktionieren des repräsentativen Systems gefährden würde, war in der Tat eher als bei dezentralisierter Organisationsstruktur gegeben[14]. Von daher wird man die Forderung der "Demokratisierung" aller Lebensbereiche und speziell den Versuch, die Konzentration im gewerkschaftlichen Bereich nicht zu überziehen, verstehen müssen.

Belegen läßt sich dieses, die landläufige Überbetonung antikommunistischer Ziele relativierende, antifaschistische und am Modell der "repräsentativen Demokratie" orientierte Motiv durch den Briefwechsel zwischen einer englischen Gewerkschaftsdelegation "zum Studium der Gewerkschaftsbewegung in Deutschland" (Lawther, Tanner, Bullock und dem "Vorläufigen Vorstand der Allgemeinen Gewerkschaft" (H. Böckler, A. Karl u. a.):

"Wieder einmal wird Reih und Glied auf Befehle von oben warten, und es könnte sein, daß wieder einmal irgendwann in Zukunft die deutsche Regierung eine Bewegung zerschlagen könnte durch Verhaftungen auf der Führungsebene. Das Ergebnis unserer Erfahrungen als Repräsenten der ältesten Gewerkschaftsbewegung der Welt ist, daß, wie bedeutend auch immer die Organisationsstruktur sein mag, die Stärke des Gewerkschaftswesens weitgehend von der Intelligenz und dem Enthusiasmus der Mitglieder in den Fabriken und Gruben und von ihrer aktiven Teilnahme an allen Entscheidungen abhängt. Und wir fürchten, daß, falls die Arbeiter zuweit von der Zentrale entfernt sind (wie das sehr wohl sein könnte in einer großen Gewerkschaft), sie das Interesse verlieren werden und nur noch den Anordnungen von oben gehorchen werden"[15].

Von entscheidender Bedeutung war der tiefe Widerspruch zwischen der amerikanischen und britischen Besatzungsmacht im Hinblick auf die gesellschaftlichen Vorstellungen. Die britischen Neuordnungsvorstellungen kamen in vieler Hinsicht denen der deutschen Gewerkschaften erheblich näher als denen der Amerikaner. Besonders in der Mitbestimmungsfrage unterstützten sie die Interessen der deutschen Seite. Die Einführung der Mitbestimmung in der Eisen- und Stahlindustrie ist nicht zuletzt auch das Resultat dieser Politik. Interessant ist dabei die Begründung, die nicht nur in der Interessenidentität zwischen sozialistischer Labour-Regierung und den im Potsdamer Abkommen geforderten Entflechtungsmaßnahmen zu suchen ist, sondern auch als Reaktion auf den Druck der Betriebe verstanden werden kann. Im Bericht des britischen Kontrolloffiziers Harris Burland vom 11. Juli 1947 heißt es dazu: "In einzelnen Stahlwerken drängten die Betriebsräte, die im allgemeinen linker orientiert und weniger verantwortungsbewußt als die Gewerkschaften waren, das Management der Konzerneigentümer zu weitreichenden Zugeständnissen, von denen viele anarchischer und unpraktikabler Natur waren". Und an anderer Stelle heißt es: "Den Arbeitern und den Gewerkschaften Anteil an der Verantwortung des Managements zu geben, mußte auf lange Sicht bedeuten, Arbeitsunruhen in der Industrie zu verhindern" (SCHMIDT 1974, 81). Die von den Briten in der Eisen- und Stahlindustrie eingeführte paritätische Mitbestimmung bekam somit auch die Funktion einer Ersatzlösung für weitergehende deutsche Forderungen.

Indiz für diese Einschätzung ist, daß die Briten in der Frage der Veränderung der Eigentumsordnung den deutschen Gewerkschaften trotz mancher Absichtserklärungen nicht in der erwarteten Weise entgegenkamen. Entscheidend wurde, daß der zunehmende Einfluß der Amerikaner auf die britische Besatzungspolitik die Chance der deutschen Gewerkschafter, ihre gesellschaftspolitischen Forderungen bei den Alliierten durchzusetzen, zunichte machte. Die direkten amerikanischen Eingriffe zur Verhinderung der Sozialisierung von Schlüsselindustrien wiederholten sich in der britischen Zone: Der Außerkraftsetzung des Sozialisierungsartikels 41 der hessischen Landesverfassung, dem in einer Volksabstimmung 71,9 % der Wähler zugestimmt hatten, folgte in Nordrhein-Westfalen 1948 das Veto gegen die vom Landtag beschlossene Verstaatlichung des Kohlebergbaus. Damit war de facto eine weit über den Bergbau hinausreichende politische Vorentscheidung über die künftige westdeutsche Wirtschaftsordnung gefallen (vgl. SCHMIDT 1974, 153; ABELSHAUSER 1976, 65 ff.).

Ernährungslage, Verkehrssituation, Arbeitsbedingungen

Obwohl die Ernährung der Bevölkerung im Gegensatz zur Lage im Ersten Weltkrieg bis in die letzten Kriegsmonate hinein weitgehend gesichert war, kann die Ernährungskrise der drei Nachkriegsjahre nicht losgelöst von der Entwicklung seit 1939 betrachtet werden. Seit Ausbruch des Krieges wurden die wichtigsten Lebens- und Nahrungsmittel wie Brot, Kartoffeln, Fleisch, Fett, Butter, Käse, Vollmilch, Brotaufstrich und Eier bewirtschaftet. Der Bewirtschaftungsplan wurde vom Reichsernährungsministerium überwacht. Diese zentrale Reichsstelle wurde nach 1945 zwar aufgelöst, die untergeordneten Instanzen der Landesämter für Ernährung, die für die Verbrauchsregelung (Bedarfsermittlung, Lenkung der Ware vom Letztverteiler zum Verbraucher) und die Warenbeschaffung zuständig waren, wurden mit Sitz in Bonn übernommen. Vorübergehend war diese Stelle das höchste Amt der Ernährungsverwaltung. In der britischen Zone wurde das Landesamt für Ernährung durch das sogenannte "German Interregional Food Allocation Committee" ersetzt. In diesem Amt begann Schlange-Schöningen seine in der Folgezeit so umstrittene Arbeit. Im Februar 1946 ging daraus das deutsche Zentralamt für Ernährung und Landwirtschaft hervor, dem bald darauf auch exekutive Befugnisse für die Ernährungswirtschaft übertragen wurden, so daß formal der Aufgabenbereich des früheren Reichsernährungsministeriums wiederhergestellt war. Seit Sommer 1947 war der Sitz dieser Stelle, die jetzt in "Verwaltung für Ernährung, Landwirtschaft und Forsten" umbenannt wurde (VELF), in Frankfurt. Das untergeordnete Amt für Nordrhein-Westfalen hatte seinen Sitz in Bonn und Unna und Essen eingerichtet. Die Ernährungsminister der Länder hatten in der Praxis sehr weitreichende Kompetenzen, die die VELF vergeblich abzubauen versuchte. Das betraf z. B. die Erstellung eines einheitlichen Rationsplans oder die Frage des Ausgleichs aus Überschußgebieten (vgl. SCHMITZ 1956, 1 ff.).

War somit bereits ein erhebliches Maß an Kontinuität zur Organisationsstruktur im Dritten Reich gegeben, wurde diese noch zusätzlich dadurch stabilisiert, daß die Verordnungen des Reichsernährungsministeriums in den Ländern der westlichen Zonen noch bis in den Herbst 1947 Gültigkeit behielten und nur schrittweise durch die Bestimmungen der VELF abgelöst wurden. In den Protestaktionen, die hier zu untersuchen sind, hat gerade dieser Aspekt eine besondere Rolle gespielt.

In der Praxis hat das Bewirtschaftungssystem nur sehr bedingt funktioniert. Die durchschnittlichen Kalorienmengen von 1550 Kalorien, die gemessen etwa an den 2.900 Kalorien des nach 1945 in England geltenden Rationierungssystems, bereits sehr niedrig lagen, wurden praktisch nirgends erreicht. Besonders schlimm war die Situation im Frühjahr 1947 wie die nachfolgende Tabelle zeigt:

Effektive Rationen im Ruhrgebiet für Erwachsene in der 101. Zuteilungsperiode

(28. April bis 25. Mai 1947) (KUCZYNSKI 1963, 128)

Stadt	1. Woche	2. Woche	3. Woche	4. Woche
Dortmund	1191-	630	777	711
Hagen	1226	659	888	882
Lennep	1100	655	828	870
Lünen	871	-	-	517
Recklinghausen	799	808	845	537
Wattenscheid	892	894	828	532
Witten	1116	1030	818	718

Das offizielle Bewirtschaftungssystem wurde praktisch durch den Tauschhandel ersetzt. Im Sommer 1946 schrieb der Leiter des Verwaltungsamtes für Wirtschaft, Dr. Agartz, an die Militärregierung: "Das System des organisierten Tauschhandels zwischen gewerblichen Unternehmungen und Bauern und die illegale Zuteilung von rationierten Verbrauchsgütern an die Industriearbeiter, die damit Lebensmittel eintauschen, hat einen solchen Umfang angenommen, daß man von der Verfolgung einzelner Fälle keinen Erfolg mehr erwarten kann. Solche irregulären Tauschgeschäfte sind gegenwärtig die Regel. Industrielle Verbrauchsgüter sind auf normalem Wege durch Kauf und Zuteilung kaum noch erhältlich. Dieses ganze Tausch- und Kompensationssystem spielt sich in aller Öffentlichkeit ab, so daß es von weiten Kreisen als absolut ordnungsgemäß und korrekt angesehen wird. Meine Mitarbeiter haben z. B. festgestellt, daß Arbeiter Kohle gegen Kartoffeln tauschen. Es gibt einen festen Tauschansatz von 1 Ztr. Kartoffeln gegen 15 Ztr. Kohle ..." (SCHLANGE-SCHÖNINGEN 1955, 88 f.).

Der Tausch- und Schwarzmarkthandel war oftmals die einzige Chance zu überleben. In Hamburg litten z. B. rund 10.000 Personen an Hungerödemen (JACOBMEYER 1976, 17). In einer Denkschrift der deutschen Ärzteschaft heißt es:
"Die Normalverbraucherrationen des Frühjahrs 1947 sind so niedrig, daß sie nur ein Drittel des Bedarfs decken und in der Zeit von einigen Monaten zum Tode führen würden. Nur mit äußersten Anstrengungen und unter Einsatz aller Ersparnisse aus früheren Jahren, oft unter Preisgabe des mühsam geretteten Restes beweglicher Habe, unter Mißachtung von Gesetzen und behördlichen Bestimmungen, sind die auf diese Rationen ange-

wiesenen Menschen in der Lage, ihre Ernährung auf ein Niveau zu heben, das sie eben an der Grenze schwerer klinischer Unterernährungserscheinungen hält" (SCHLANGE-SCHÖNINGEN 1955, 126).

Die Ernährungskrise der ersten Nachkriegsjahre war nicht zuletzt durch die schwierige Lage des Verkehrs- und Transportsektors bedingt. Die gewaltigen Bombenlasten der Luftflotten der USA und Großbritanniens hatten das Ruhrgebiet besonders in den letzten Kriegsmonaten hart getroffen. Den größten Schaden hatte die Reichsbahn zu tragen. Die Verluste betrugen gegenüber der im Jahr 1936 erbrachten Leistung insgesamt 12.400 Lokomotiven, 280.000 Güterwagen und 44.000 Personenwagen (HARMSEN 1948, 105). In der britisch-amerikanischen Zone wurden Gleisanlagen in einer Länge von 3.428 km zerstört, 2.395 Eisenbahnbrücken, 10.111 Lokomotiven und 112.281 Güterwagen (ABELSHAUSER 1975, 152). Der Binnenschiffahrt fehlte etwa die Hälfte des erforderlichen Schiffsraums. Die Durchschnittsverluste bei Beförderungsmitteln im Straßenverkehr lagen sogar noch höher. Zwar konnte durch eine Reihe behelfsmäßiger Maßnahmen das zunächst völlig zusammengebrochene Transportsystem noch im Sommer 1946 einigermaßen in Stand gesetzt werden, die Transportkapazität reichte jedoch keineswegs aus, um der verladenden Wirtschaft gerecht zu werden. Da keine "Kapazitätsreserve" geschaffen werden konnte, brach das Verkehrssystem im strengen Winter 1946/47 erneut völlig zusammen: "Im Januar 1947 konnten nur noch 65 % der Anforderungen bewältigt werden; im Januar des Vorjahres hingegen noch 94 % gewesen. Frost und ständige Inanspruchnahme hatten mehr Lokomotivausfälle und einen zunehmenden Rückstau von Zügen zur Folge. Die Zahl der monatlich gestellten Waggons verminderte sich im nördlichsten Gebiet von 628.000 im Oktober auf 465.000 im Januar und 401.666 im Februar 1947. Gleichzeitig erreichte die Umlaufzeit je Wagen die Rekorddauer von 10,5 Tagen (gegenüber 4,1 Tagen im Jahre 1936)" (ABELSHAUSER 1975, 154). Die Transportmittelknappheit konnte auch durch organisatorische Maßnahmen der Alliierten, die z. B. Prioritätseinstufungen für die zu transportierenden Güter vornahmen, nicht behoben werden. Ostern 1947 waren die Auswirkungen dieses Engpasses für die Ernährung so verhängnisvoll, daß das Ernährungsniveau der Normalverbraucher im Ruhrgebiet (Bergarbeiter kamen aufgrund des Punktesystems in den Genuß von Zusatzverpflegung) auf 750 Kalorien abgesunken war. Die Bochumer Stadtverwaltung z. B. befürchtete Hungerrevolten und hielt die Bevölkerung durch Plakatanschlag und Lautsprecher an, "Ruhe und Ordnung" zu bewahren (Verwaltungsbericht der Stadt Bochum 1947 in: Stadtarchiv Bochum). Die entscheidende Ursache für die Stagnation der Wirtschaft waren Lähmungserscheinungen im Zwischenprodukt- und Materialversorgungssektor. So fehlte z. B. in den Zechen das Grubenholz, die Holzarbeiter wiederum besaßen nicht die nötige Kleidung, um das Material zu beschaffen. In den Bekleidungsindustrien fehlte die Energie zur Herstellung der Textilien etc.

Das Ernährungsproblem wurde verschärft durch die beträchtlichen Bevölkerungsverschiebungen und das dadurch bedingte sprunghafte

Wachstum der Wohnbevölkerung. Gegenüber 1939 wuchs die Bevölkerung im Vereinigten Wirtschaftsgebiet der amerikanischen und britischen Zone von 33,06 Millionen auf 41,26 Millionen an. In der britischen Zone betrug der Zuwachs, einschließlich der zugewanderten Vertriebenen und Flüchtlinge ca. 2,2 Millionen oder 11,3 %, in der amerikanischen Zone 2,6 Millionen oder 18,1 % (ABELSHAUSER 1975, 100). Die Wohnraumfläche für diese gegenüber 1936 um rund ein Viertel gewachsene Bevölkerung war dagegen beträchtlich geschrumpft, wie die Tabelle auf der folgenden Seite zeigt:

In den Städten des Ruhrgebiets war die Wohnraumfläche teilweise sogar um ca. 50 % reduziert worden:

Die Halbierung des Wohnraums in 34 Städten der britischen Zone durch den Luftkrieg[+]:

Städtegruppen	Abnahme des Wohnungsbestandes 1945 gegen 1939 in vH.	Wohnungsbestand in 1000 1939	Wohnungsbestand in 1000 1945	Zerstörte Wohnungen in 1000
1. Köln, Osnabrück, Dortmund	60-70	444	147	297
2. Hamburg, Bremen, Gelsenkirchen, Bochum, Wilhelmshaven, Witten, Hamm	50-60	936	456	480
3. Essen, Düsseldorf, Hannover, Duisburg, Kiel, Krefeld, Hagen, Aachen, Remscheid, Bonn, Wesermünde, Wanne-Eickel, Hildesheim	40-50	1020	541	479
4. Wuppertal, Oberhausen, Rheydt, Braunschweig, Bottrop, Münster, Neuß	30-40	341	223	118
5. Mülheim, Mönchen-Gladbach, Bielefeld, Neumünster	20-30	136	105	31
Gruppe 1-5 zusammen	49	2877	1472	1405

[+]Zonengrenzen Stand 31. Dezember 1945 / Quelle: HARMSEN 1948, 95

Länder	total zerstört		schwer beschädigt		mittelschwer beschädigt		leicht beschädigt		Gesamtverlust an Bausubstanz umgerechnet auf 100 vH. zerstörte Wohnungen	Zahl d. Wohnungen Mitte 1939	Verlust an Bausubstanz vH. des Wohnungsbestandes 1939
	Schadensgrad vH.	Zahl d. Wohnungen	Schadensgrad vH.	Zahl d. Wohnungen	Schadensgrad vH.	Zahl d. Wohnungen	Schadensgrad vH.	Zahl d. Wohnungen			
Nordrhein-Westfalen	60-100	668.520	40-60	348.828	15-40	553.259	0-15	458.299	895.748	3.355.929	26,7
Niedersachsen	70-100	144.000	50-70	37.000	30-50	35.000	0-30	296.000	203.000	1.158.562	17,5
Hamburg	70-100	277.330	50-70	23.005	30-50	38.970	0-30	109.471	281.543	556.068	50,6
Schleswig-Holstein	60-100	47.200	45-60	12.120 [4]	25-45	18.180 [4]	0-25	18.200	52.761	435.302	12,1
Bayern	75-100	236.150	50-75	40.046	25-50	83.021	0-25	120.831	277.897	1.789.400	15,5
Württemberg-Baden	75-100	132.665	40-75	59.664	20-40	52.467	0-20	155.111	181.640	891.217	20,4
Hessen	80-100	132.970	50-80	40.193 [1]	25-50	59.685	0-25	136.010	185.181	956.059	19,4
Bremen [5]	75-100	69.387	50-75	10.365	25-50	16.875	0-25	29.000 [2]	77.145	165.919	46,5 [2]
Bizone (ohne Berlin)		1.708.222		571.221		857.457		1.322.922	2.154.915	9.308.456	23,2

[1] Die für Ende 1946 nur in einer Summe ermittelten mittelschwer- und schwerbeschädigten Wohnungen (25-80 vH.) nach den Unterlagen über ihre Bewohnbarkeit je zur Hälfte auf schwer- (50-80 vH.) und mittelschwer- (25-50 vH.) beschädigte Wohnungen aufgeteilt, dazu die bis Ende 1946 wiederhergestellten Wohnungen zu 2/3 als leicht- und 1/3 als mittelschwer beschädigt angenommen.

[2] Geschätzt in Anlehnung an Hamburg mit rund 30 vH. der Gesamtschäden (ohne leichte Schäden).

[3] Das engere Stadtgebiet von Bremen weist einen Zerstörungsgrad von etwa 60 vH. auf.

[4] Die nur in einer Summe ermittelten mittelschwer- und schwerbeschädigten Wohnungen (25-60 vH.) je 2/5 auf schwerbeschädigte (45 bis 60 vH.) und 3/5 auf mittelschwerbeschädigte (25-45 vH.) Wohnungen aufgeteilt.

[5] Nach dem Gebietsstand vom 1. Januar 1947 (Stadt Bremen und Stadt Bremerhaven).

Quelle: HARMSEN 1948, 95

Die Lage, die dadurch für die Bevölkerung des Ruhrgebietes entstand, wird anschaulich in dem Bericht einer britischen Bergarbeiterdelegation vom April 1947 geschildert (s. Dokument 3).

Der Faktor "Wohnraumsituation" hatte in Nordrhein-Westfalen beträchtliche Auswirkungen auf das Arbeitskräftepotential. Während im Vereinigten Wirtschaftsgebiet der durch den Krieg bedingte Verlust an Arbeitskräften durch den Bevölkerungszuwachs mehr als ausgeglichen werden konnte - gegenüber 1939 gab es ca. 7,3 % mehr Erwerbstätige -, sank das Arbeitskräftepotential in Nordrhein-Westfalen um ca. 0,5 Millionen. Die Bevölkerung wuchs zwar auch hier um ca. eine halbe Million auf 12,6 Millionen an. Zwar gab es im Ruhrgebiet in vielen Branchen (Land- und Forstwirtschaft, Metallerzeugung, Metallverarbeitung, Textilindustrie und Verkehrswesen) eine hohe Zahl von Arbeitslosen, insbesondere im Ruhrbergbau standen jedoch überdurchschnittlich viele offene Stellen zur Verfügung: Am 30. November 1946 gab hier es bei nur 1.760 Arbeitslosen 29.815 offene Stellen (ABELSHAUSER 1975, 102 f., 113).

Im Ruhrbergbau wirkten sich auch in besonderem Maße die durch den Krieg bedingten Veränderungen im Altersaufbau aus. Der Anteil der besonders leistungsfähigen 21-40 jährigen männlichen Arbeiter ging hier gegenüber 1939 um ca. 20 % zurück, der Anteil der 41-60 jährigen stieg dagegen um rund 15 % an (HARMSEN 1948, 20). Daraus folgt, daß besonders in Nordrhein-Westfalen eine gesunkene Zahl von arbeitsfähigen Menschen eine gestiegene Bevölkerungszahl zu ernähren hatte.

Die skizzierte Ernährungslage, die Wohnraumsituation sowie der ungünstige Altersaufbau hatten fatale Auswirkungen auf das Bewußtsein der Arbeiter. Die Bevölkerung war gezwungen, sich vor allem um die Sicherung der elementarsten Bedürfnisse zu kümmern, wodurch in weiten Kreisen die Sorge um die Gestaltung der politischen und wirtschaftlichen Zukunft verdrängt wurde. Hinzu kam, daß die Arbeiterschaft durch den vom Alliierten Kontrollrat verfügten Lohnstopp (Direktive Nr. 14 v. 12.10.1945) noch nicht einmal auf dem Gebiet des Tarifwesens gewerkschaftspolitisches Engagement entfalten konnte. Der Zusammenbruch des Kommunikationssystems und die Lizenzierungspraxis der Alliierten gegenüber der Presse[16] erschwerten zusätzlich politisches Engagement. "Die Mehrzahl der Arbeiter", hieß es in der Begründung des Antrags einer Lizenz für "Die Bergbau-Industrie" vom 21. Juli 1947, "verfügt in den sehr weitgehend zerstörten Industrierevieren nicht über ein Rundfunkgerät. Der Verbreitung der Tageszeitungen sind durch die Papierknappheit Grenzen gesetzt. Infolge des Raummangels können wir in den Zeitungen nur ungenügend zu Wort kommen" (Jahrbuch IV Bergbau 1947, 192).

Alle diese Faktoren machen verständlich, daß die Stimmungslage der Nachkriegsbevölkerung deprimierend war, daß die Bedürfnisse der Nachkriegszeit eher mit Vorstellungen wie "Sehnsucht nach Wohlstand", "Ruhe und Ordnung", "Achtung in der Welt" als mit solchen in Verbindung gebracht wurden, die auf "Veränderung", "Bewältigung der Vergangenheit" oder "Neuordnung" zielten. Die kritische Auseinandersetzung mit dem Nationalsozialismus wurde dadurch erheblich erschwert[17]. Noch im Dezember 1947 hielt bei einer in der amerikanischen Zone durchgeführten Meinungsumfrage gut die Hälfte aller Befragten den Nationalsozialismus für eine gute, nur schlecht durchgeführte Sache. Dieser Trend stabilisierte sich vorübergehend sogar zugunsten der Sympathisanten des Nationalsozialismus[18].

Zusammenfassend ist festzuhalten, daß die Arbeiterbewegung ihren Führungsanspruch nicht nur unter extrem schwierigen politischen, sozialen und wirtschaftlichen Voraussetzungen anmeldete, sondern überdies in der Bewußtseinsstruktur der Bevölkerung mit einem wachsenden Maß an Entpolitisierung und restaurativen Tendenzen zu rechnen hatte. Um so erstaunlicher sind das Tempo und die beachtlichen Erfolge beim Wiederaufbau der Arbeiterorganisation nach dem Kriege.

III. ORGANISATORISCHER WIEDERAUFBAU UND PROGRAMMATIK DER WESTDEUTSCHEN ARBEITERBEWEGUNG

Die oben geschilderten aliierten Restriktionen gegen einen schnellen Aufbau von Gewerkschaften und Parteien insbesondere auf zentraler Ebene zeigen die im Vergleich zur Ostzone[19] schlechten Startchancen der Arbeiterbewegung in den Westzonen. Dennoch wuchs das Organisationsgefüge schnell zu beachtlicher Stärke an, wie die folgenden Daten zeigen sollen. Die zahlenmäßige Stärke der Gewerkschaften und derjenigen Parteien, in denen Arbeiter organisiert waren und die vorwiegend oder immerhin - wie bei der CDU - zu einem bedeutenden Teil von ihnen gewählt wurden, läßt sich zwar größenordnungsmäßig erfassen, doch fehlen vielfach detaillierte Angaben, die eine kontinuierliche Entwicklung seit 1946 präzise zu beobachten erlauben. Gleichwohl können die folgenden ausgewählten Mitgliederzahlen und Wahlergebnisse Anhaltspunkte für für die quantitative Stärke und Entwicklung der westdeutschen Arbeiterbewegung liefern.

Mitgliederzahlen der Parteien

	Ruhrgebiet			Brit. Zone			Westdeutschland insgesamt (einschl. Groß-Berlin)		
	SPD	KPD	CDU	SPD	KPD	CDU	SPD	KPD	CDU
	Bez. westl. Westfalen	Bez. Ruhrgeb. -Westfalen							
1946 (März)		24.371			104.000			205.000	
(Dez.)	83.317	50.596		373.620			701.488		
1947						ca. 300.000 (ca. 250.000)			716.390 (ca. 650.000)
(Febr. /März)		52.032						324.214	
(Dez.)	106.004	60.941		491.878			875.479		
1948 (Dez.)	102.311			476.933			846.518		
1949 (Dez.)	89.354			412.837			736.218		
(1950; Juli)		(69.668) (NRW)							

Zusammengestellt nach: SCHÄDEL 1974, 69; 128 (Diss); Jahrbuch SPD 1947, 39; Jahrbuch SPD 1948/49, 61; KAACK 1971, 494 (eingeklammerte Zahlen für die CDU); CDU-Bundesgeschäftsstelle Abt. Information/Dokumentation, Altes Archiv B 51 b; KLUTH 1959, 35.

Wahlergebnisse in Nordrhein-Westfalen

		Wahlbeteiligung %	in % der Stimmen entfielen auf					
			CDU	SPD	KPD	FDP	Zentr.	Andere
Gem. wahlen	15. 9. 46	74, 3	49, 1	30, 2	6, 7	2, 3	5, 3	6, 4
Land- u. Stadtkreiswahlen	13. 10. 46	74, 4	46, 0	33, 4	9, 4	4, 3	6, 1	0, 8
Landtagswahlen	20. 4. 47	67, 3	37, 5	32, 0	14, 0	5, 9	9, 8	0, 8
Gem. wahlen	17. 10. 48	72, 5	41, 7	34, 5	4, 7	5, 0	10, 4	3, 7
Land- u. Stadtkreiswahlen	17. 10. 48	69, 0	37, 6	35, 9	7, 8	6, 9	9, 7	5, 3
Bundestagswahlen	14. 8. 49	79, 6	36, 9	31, 4	7, 6	8, 6	8, 9	6, 6

(SCHACHTNER 1956, 52 f.)

Wahlergebnisse der Landtagswahl 1947 in NRW nach Regierungsbezirken

Reg. Bez.	Wahlbeteiligung in %	gültige Stimmen in %			
		CDU	SPD	KPD	Zentrum
Düsseldorf	66, 1	32, 3	30, 1	17, 1	11, 2
Köln	59, 3	47, 2	28, 2	11, 0	7, 1
Aachen	60, 3	57, 1	25, 8	9, 1	4, 8
Münster	70, 7	34, 7	28, 2	14, 0	19, 1
Detmold	67, 4	42, 7	38, 6	5, 9	8, 1
Arnsberg	73, 1	35, 7	36, 2	15, 7	5, 6

Die KPD erreichte Stimmenanteile von über 20 % in folgenden Stadtkreisen:

Duisburg	23, 1	Gelsenkirchen	25, 9	Dortmund	22, 9
Oberhausen	20, 6	Gladbeck	23, 1	Herne	24, 3
Remscheid	27, 6	Recklinghausen	24, 2	Wanne-Eickel	28, 1
Solingen	29, 1	Bochum	23, 1	Wattenscheid	26, 5
Bottrop	28, 2	Castrop-Rauxel	21, 8		

(Statist. Jahrbuch Nordrhein-Westfalen 1949 (1950), 323 ff.

Mitgliederentwicklung des IV Bergbau im Ruhrgebiet

(Verbandsbezirke Essen/Oberhausen, Bochum, Gelsenkirchen-Buer, Dortmund)

Jahr	Arbeiter	Angestellte	Gesamt	Brit. Zone
1. 1. 1947	-	-	272. 588	319. 603
1. 7. 1947	284. 529	21. 412	336. 897	398. 618
31. 12. 1947	311. 780	23. 697	376. 438	443. 427
31. 12. 1948	331. 787	23. 951	395. 175	472. 261
30. 6. 1949	-	-	-	492. 317
31. 12. 1949	361. 729	24. 105	416. 241	496. 221

Zusammengestellt nach: Jahrbuch IV Bergbau 1947 und 1947/48 (Zahlen jeweils ohne Jugendliche, Frauen und Invaliden); GBBZ, 69.
Der relative Rückgang ab Mitte 1948 im Zusammenhang mit der Währungsreform wird verdeckt durch fehlende Angaben für die Jahresmitte. So gingen die Mitgliederzahlen im Bezirk Essen/Oberhausen von 107. 123 (Juli 1948) auf 104. 178 (Dezember), im Bezirk Gelsenkirchen-Buer von 220. 986 (September) auf 116. 288 (Dezember), im Bezirk Bochum von 72. 118 (Juni) auf 67. 913 (Dezember) zurück (nach den Geschäftsberichten der Bezirke für 1947/48).

Mitgliederzahlen der IG Metall

	Bezirk Essen (Verwaltungen Bochum, Dortmund, Duisburg, Düsseldorf, Essen, Gelsenkirchen, Hamm, Herne, Mülheim, Oberhausen, Ratingen, Rheinhausen, Unna, Witten)	Brit. Zone
Juni 1947	-	573. 294
Dez. 1947	178. 819	609. 118
März 1948	-	634. 926
Juni 1948	-	668. 979
August 1948	198. 132	-
Juni 1949	-	722. 411

(Geschäftsbericht IG Metall 1947/48, 53, 93 f. ; GBBZ, 69)

Mitgliederzahlen der Gewerkschaften insgesamt in der britischen Zone

Juni 1946	ca. 1,2 Millionen		
Januar 1947	1.745.899		
		davon	556.671 Region Nordrhein
			475.612 Region Westfalen
April 1947	2.105.695		
Januar 1949	2.643.984		
Juni 1949	2.885.036		

(GBBZ, 68; BADSTÜBNER 1965, 167 f.)

Aus den angeführten Mitgliederzahlen und Wahlergebnissen lassen sich einige allgemeine Schlußfolgerungen ziehen:
1. Die Mitgliederentwicklung der Parteien zeigt einen auffällig schnellen Anstieg bei allen Parteien. Vor allem bei der SPD wurde der Vorkriegsstand beträchtlich überholt, wobei der Bezirk Westliches Westfalen der mitgliederstärkste aller Partei-Bezirke war[20].
2. Das gleiche Bild bietet sich für die Gewerkschaften. Dies erscheint umso erstaunlicher, als die Hindernisse, die ihnen durch die Besatzungsmacht in den Weg gelegt wurden, vergleichsweise größer waren als bei den Parteien. Vor allem sind die hohen Mitgliederzahlen bemerkenswert angesichts der Tatsache, daß das eigentliche Feld der Gewerkschaften, die Tarifpolitik, bis zum Herbst 1948 durch den Lohnstopp blockiert blieb. Eine partielle Verschiebung des Mitgliederinteresses auf sozial- und gesellschaftspolitischem Gebiet bietet sich damit als Interpretationsmöglichkeit durchaus an (BEIER 1975, 18 f.; s. Dokument 23).
3. Seit der Währungsreform zeigen sich bei den Parteien starke Mitgliederverluste, während sie bei den Gewerkschaften nur geringfügig und vorübergehend sind. Finanzielle Gründe, das Ausscheiden von "Opportunisten" und Enttäuschten, das Anwachsen anderer, kleinerer Parteien und auch die Zunahme antisozialistischer Strömungen lassen sich zur Erklärung ins Feld führen (KAACK 1971, 493 f.).
4. Die - trotz Stagnation und Rückgang seit 1948 - beträchtliche Stärke der organisierten Arbeiterbewegung, wie sie sich in diesen Zahlen spiegelt, ließ sich politisch bei den Wahlen nicht ohne weiteres umsetzen. Die Wahlergebnisse zeigen starke Schwankungen und Ungereimtheiten. So erzielte die SPD in den Flächenstaaten Niedersachsen und Schleswig-Holstein mit einem besonders hohen Flüchtlingsanteil bessere Ergebnisse als in Nordrhein-Westfalen (SCHACHTNER 1956, 50 ff.). Hier dürfte vor allem der Katholizismus eine ausschlaggebende Rolle gespielt haben, der zugunsten des Zentrums und der CDU zu Buche schlug (s. Ergebnisse der Regierungsbezirke Aachen, Köln und Münster). Dennoch wurde die SPD in der gesamten britischen Zone bei den Landtagswah-

len von 1947 zur stärksten Partei und interpretierte das Übergewicht der linksorientierten Parteien als Entscheid für die Sozialisierung (Spiegel vom 26. 4. 1947). Besonders auffällig ist die relative Schwäche der KPD. Nur die Landtagswahl fiel aus einem relativ gleichbleibenden Trend. Dabei erzielte sie vor allem im engeren Ruhrgebiet erheblich über dem Durchschnitt (14 %) liegende Erfolge. Diese blieben jedoch punktuell und ließen sich längerfristig nicht stabilisieren. Diese - insgesamt gesehen - relative Schwäche ist vor allem im Hinblick auf die noch zu erörternden Betriebsrätewahlen festzuhalten, die ein völlig anderes Bild vermitteln (vgl. unten, S. 66 ff.).

Gegenüber der bruchstückhaften quantitativen Erfassung der Stärke der deutschen Arbeiterbewegung ist eine Skizzierung der gesellschaftspolitischen Programmatik zwar quellenmäßig leichter möglich, innerhalb des hier gesteckten Rahmens aber nur in einem ganz groben Umriß nötig. Ihre genauere Darstellung ist vor allem deshalb entbehrlich, weil weniger die differenzierte Vielfalt der in kleinen Führungsgruppen und Kommissionen diskutierten und von ihnen formulierten Programme interessieren, als vielmehr die Gemeinsamkeit und Verbreitung rudimentär gleichgearteter Grundvorstellungen. Und hier läßt sich in der Tat von den ersten, in ihrer ungebrochen-pathetischen Sprache für die "Stunde Null" charakteristischen Appellen bis zu ausgearbeiteten Programmen wie dem des Münchener DGB-Gründungskongresses von 1949 eine eindeutige Kontinuität bestimmter Hauptforderungen feststellen[21].

Ganz unzweifelhaft gehörte dazu der im Ruhrgebiet schon traditionell populäre Ruf nach Sozialisierung des Bergbaus. Die Parole "die Gruben in des Volkes Hand" entsprach in gleicher Weise der Stimmungslage der Arbeiterbevölkerung wie der politischen Programmatik der Gewerkschaften und Parteien von der KPD bis zur CDU. Der Dissens setzte erst beim Detail ein: Was hieß Sozialisierung oder Vergesellschaftung konkret, in welchen Formen sollte und konnte sie realisiert werden! Die Sozialisierungsforderung erstreckte sich über den Bergbau hinaus in einem breiten Konsens auch auf andere Schlüsselindustrien. Als Reflex dieser breiten Übereinstimmung wird man nicht zuletzt die Artikel 14 und 15 des Grundgesetzes und den eindeutiger als Soll-Bestimmung gefaßten Art. 27 der nordrhein-westfälischen Verfassung ansehen können[22].

Daneben läßt sich in einem inhaltlich vagen, dem Anspruch nach aber eindeutigen Sinne die Mitbestimmung als zweite zentrale Forderung auf breiter Konsensbasis feststellen. Sie reichte vom Betrieb, wo vor allem das Betriebsrätegesetz mit dem Abschluß von Betriebsvereinbarungen geeignete Ansätze bot (vgl. dazu unten S. 35 ff.), über Formen der tradierten wirtschaftsdemokratischen Vorstellungen auf regionaler und zentraler Ebene der Wirtschaftsorganisation (KUDA 1975, 253 ff.) bis zur angemessenen Repräsentation und Beteiligung der Gewerkschaften im politischen Bereich der Länder und Kommunen. Auch davon findet sich im Art. 26 der nordrhein-westfälischen Verfassung ein Reflex, wenn dort "das Recht der Arbeitnehmer auf gleichberechtigte Mitbestimmung bei der Gestaltung der wirtschaftlichen und sozialen Ordnung" anerkannt und gewährleistet wird.

Weniger eindeutig ist dagegen die Verankerung und Unterstützung der Forderung nach wirtschaftlicher Planung einzuschätzen, die zwar ebenfalls zum generellen Bestandteil nahezu sämtlicher programmatischer Äußerungen von Gewerkschaften und Arbeiterparteien gehörte, aber unter der Bevölkerung offenbar doch einige negative Assoziationen an die planwirtschaftliche NS-Vergangenheit weckte (ABELSHAUSER 1976, 61).

Verfolgt man den Verlauf der örtlichen, regionalen und zentralen Gewerkschafts- und Parteikongresse der ersten Nachkriegsjahre, so ist nahezu überall eine intensive Diskussion um diese drei zentralen Punkte zu registrieren, über die es prinzipiell kaum Differenzen gab. Die Ergebnisse von Meinungsumfragen und Volksbefragungen (z. B. in Hessen und Nordrhein-Westfalen) (ebd.)[23] bewiesen überdies, daß der Ruf nach gesellschaftlicher Neuordnung nicht lediglich eine programmatische Deklamation ohne Echo bei der breiten Bevölkerung war, so vage und gefühlsbetont eine solche allgemeine sozialistische Grundstimmung auch sein mochte (NARR 1966, 71).

Gerade vor diesem Hintergrund stellt sich die Frage, wieweit solche "Stimmungen" aufgegriffen und politisch genutzt wurden.

IV. STREIKS UND MASSENDEMONSTRATIONEN

1. Auseinandersetzungen um Betriebsvereinbarungen

Ein erster und für die Zukunft außerordentlich wichtiger und folgenreicher Ansatzpunkt zur Realisierung konkreter Mitbestimmungsmöglichkeiten bot sich in den Betrieben. Nachdem unmittelbar nach dem Zusammenbruch selbsternannte oder spontan per Akklamation gewählte Betriebsräte und -sprecher de facto in vielen Fällen weitgehende Kompetenzen erlangt hatten [24] - wenn auch unter den argwöhnischen Blikken der Besatzungsmächte -, bot das Betriebsrätegesetz des Alliierten Kontrollrats vom 10. April 1946 erstmalig die Rechtsgrundlage zum Abschluß von Betriebsvereinbarungen, in denen die Stellung von Betriebsräten und ihre Mitbestimmungsmöglichkeiten konkret geregelt werden konnten (Texte des Gesetzes, Gewerkschaftliche Richtlinien und Beispiele von Betriebsvereinbarungen s. Dokumente 4, 6 und 7). Wie solche Regelungen aussahen, hing angesichts des allgemeinen Rahmencharakters des Gesetzes weitgehend vom Willen und von der Entschiedenheit der Belegschaft und der Gewerkschaften zur Durchsetzung ihrer Vorstellungen ab [25]. Da sich die ersten Streiks der Nachkriegszeit von prinzipieller Bedeutung an Betriebsvereinbarungen entzündeten, stellt sich die Frage nach der Kampfbereitschaft für die eigenen Ziele und Forderungen hier zuerst. Bevor also die großen Streiks und Massendemonstrationen der Jahre 1947 und 1948, bei denen die Betriebsräte ebenfalls eine wichtige Rolle spielten, dargestellt und analysiert werden, ist zunächst auf die viel unauffälligeren, damit aber in ihrer grundsätzlichen Bedeutung keineswegs bedeutungsloseren Auseinandersetzungen und Streiks um die Realisierung von Mitbestimmungsrechten im Rahmen der Betriebsvereinbarungen einzugehen.

Theo PIRKER hat den historisch wohl schwerwiegendsten Vorwurf gegen die deutschen Gewerkschaften erhoben, sie hätten nach 1945 den "machtfreien Raum" in den Industriebetrieben nicht auszufüllen verstanden. Im Fehlen eines politischen Programms mit dem Betrieb als Mittelpunkt sieht PIRKER den Beginn des Scheiterns, die "Erbsünde der deutschen Arbeiterbewegung" nach dem Krieg (PIRKER 1960, Bd. 1, 117).

Vor dem Hintergrund der Betriebsrätebewegung von 1918/19 erscheint diese Kritik plausibel und treffend. Welche Rolle Betriebsräte in den ersten Jahren nach 1945 spielten, wie die Voraussetzungen einer überbetrieblichen Organisation waren und in welchem Verhältnis Betriebsräte zu den Gewerkschaften und Parteien standen, müßte freilich genauer untersucht werden, um die Stichhaltigkeit dieser Kritik zu prüfen. Zu fragen wäre, ob es eine wirkliche Chance für eine Betriebsrätebewegung gab, oder ob die unmittelbar nach dem Zusammenbruch entstandenen Betriebssprecher und Betriebsräte anfangs mit drängenden Tagesaufgaben so überladen waren, daß für weitergehende politische Aktivitäten - in den von den Besatzungsmächten diktierten Grenzen - gar kein Raum mehr blieb [26]. Selbst wenn Ansätze einer relativ autonomen Betriebsrätebewegung auszumachen sind, wäre weiter zu fragen, ob diese nicht unter den genannten Bedingungen schnell von Parteien und Gewerkschaften aufgesogen und nolens volens in ihre vom beginnenden kalten Krieg bestimmten Auseinandersetzungen und Strategien hineingezogen worden sind.

Dieser schwierige Problemkomplex ist angesichts der gegenwärtigen Materiallage in keiner Weise befriedigend zu lösen. Ein Ansatz, sich einer Lösung zu nähern, scheint jedoch die Untersuchung dieser ersten, nicht sonderlich zahlreichen und quantitativ sehr begrenzten Nachkriegsstreiks zu sein [27].

Zwei Modellfälle dafür waren der Bode-Streik in Hannover im November 1946 und der Schmidding-Streik im September 1947. Am 21. November 1946 trat die 320köpfige Belegschaft der Firma Bode-Panzer geschlossen in den Streik, weil sich die Betriebsleitung weigerte, in einer Betriebsvereinbarung das Mitbestimmungsrecht des Betriebsrates in sozialen und wirtschaftlichen Fragen zu akzeptieren. Dahinter stand der Versuch einer einheitlichen Arbeitgeberstrategie, wie er im Rundschreiben des "Sozialausschusses der Wirtschaftsverbände und der Arbeitsgemeinschaften für Industrie, Handel und Handwerk im Lande Braunschweig" vom 21. 10. 1946 sichtbar wurde: "Nach Auffassung des Sozialausschusses kann den Forderungen der Betriebsvertretung nach einem Mitwirkungs- bzw. Mitbestimmungsrecht auf folgenden drei Gebieten <u>nicht</u> stattgegeben werden:

"a) Einstellungen und Entlassungen, Beförderungen, Versetzungen und Gehaltserhöhungen. In diesen Fällen trifft der Unternehmer grundsätzlich die Entscheidungen allein.

b) Überwachung der Gehälter der übertariflichen Angestellten. Ein Einblick der Betriebsvertretung in diese Unterlagen kann nicht gewährt werden, da sonst der Arbeitsfrieden empfindlich gestört und der Betriebszweck gefährdet wird.

c) Berichterstattung über den Gang des Geschäftsablaufs (Geschäftsbericht, Bilanz). Hier kann nur eine mündliche Unterrichtung in Frage kommen; keinesfalls sind der Betriebsvertretung schriftliche Unterlagen auszuhändigen, zumal sie sich einer absoluten Verschwiegenheit nicht unterwerfen will" (Zit. : GBBZ, 28).

Der exemplarische Charakter dieses Streiks wurde unter anderem dadurch unterstrichen, daß der Besitzer der Firma Bode als Vorsitzender der Metallindustriellen-Organisation Exponent der Arbeitgeber-

Interessen war und andererseits die Belegschaft zu 90 % und am Ende des Streiks sogar zu 100 % gewerkschaftlich organisiert war (BRENNER, Ursachen des Bode-Streiks, s. Dokument 22). "Wir hätten nun zwar", schrieb Otto BRENNER, Bezirksleiter der IG-Metall in Hannover, in seinem Artikel über Ursachen und Lehren dieses Streiks, "eine ganze Reihe von Betrieben, in denen ähnlich so die Forderungen wie bei Bode standen, mit in den Streik einbeziehen können, um eine große Bewegung daraus zu machen. Dieses wäre zweifellos propagandistisch ein großer Erfolg gewesen, aber an einer solchen Lösung lag uns nichts. Es mußte eine Bresche in die Unternehmerfront geschlagen werden" (ebd.). Dieses Ziel wurde nach 23 Tagen Streik mit dem Abschluß einer entsprechenden Betriebsvereinbarung erreicht. (Die wesentlichsten Teile sind wiedergegeben im GBBZ, 274 ff.). Die "Hannoversche Presse" (SPD) wertete den Abschluß als Mindeststandard für den "Ausbau der Wirtschaftsdemokratie" und hoffte, "daß gleichartige Betriebsvereinbarungen nunmehr überall beschlossen werden und daß das volle Mitbestimmungsrecht der Arbeiter und Angestellten in den Betrieben und in der Wirtschaft eine Zeit einleitet, in der die Produktionsstätten nicht mehr dem Profitstreben einzelner, sondern dem ganzen Volk und seiner Wohlfahrt dienen" (Zit.: SPD-Pressedienst 46 vom 17.12.1946, Archiv der Sozialen Demokratie).

Dieser Optimismus erwies sich bald als wenig gerechtfertigt. Der Erfolg im Bode-Streik war ohnehin wesentlich dem energischen Einsatz der gewerkschaftlichen Bezirksleitung unter Otto Brenner zu verdanken, während die Gewerkschaftsspitze eher zurückhaltend gegenüber dem Streik war und lieber den Weg über das Arbeitsgericht gehen wollte (SCHMIDT 1974, 92). Daß aber auf eine größere Streikbewegung zur Durchsetzung der Mitbestimmungsforderungen in den Betriebsvereinbarungen von den Gewerkschaften, wie auch Brenner offen zugab, trotz eines vermutlichen propagandistischen Erfolges von vornherein verzichtet wurde, hatte letztlich gravierende Folgen. Die Vermutung, daß als Motiv dafür die Furcht vor unkontrollierten Aktivitäten der Betriebsräte maßgebend war, liegt nahe und korrespondiert durchaus mit dem Verhalten in anderen Streiks (vgl. ebd., 92 ff.). Zudem hofften die Gewerkschaftsführer - und auch das ist als Motiv wichtig - auf der Ebene von Länderbetriebsverfassungsgesetzen effektiver und weniger mühsam ihre Vorstellungen realisieren zu können (ebd., 95).

Der Widerstand gegen die gewerkschaftlichen Vorstellungen von Betriebsvereinbarungen ging, wie sich 1947 zeigte, nicht nur von den Unternehmern aus, sondern partiell auch von der britischen Besatzungsmacht. Diese betonte zwar ihre Neutralität gegenüber beiden Seiten, legte aber doch bei einer mitbestimmungsfreundlichen Interpretation des Betriebsrätegesetzes durch gewerkschaftliche Musterbetriebsvereinbarungen ihr Veto ein und ließ sich andererseits von den Gewerkschaften nicht darauf festlegen, ihr Interventionsrecht im Falle von Streiks aufzugeben (ebd., 93 f.). Darüber hinaus gab es bei der Militärregierung zumindest vereinzelt ganz offenkundig starke Bestrebungen, durch eine äußerst restriktive Auslegung des Betriebsrätegesetzes den gewerkschaftlichen Forderungen einen Riegel vorzuschieben und damit indirekt zugleich Obstruktion gegen die Ziele der Labour-Regierung zu betreiben. Ein interessantes Beispiel dafür ist der Brief eines britischen Offiziers der örtlichen Militärregierung in Bielefeld an die Arbeitgeber-Versammlung Schaumburg-Lippe vom 28. Februar 1947 (s. Dokument 5). In dem Brief wurde behauptet, in den bisherigen Betriebsvereinbarungen sei der Sinn des Betriebsrätegesetzes sowohl von Arbeitgebern wie von Arbeitnehmern völlig mißverstanden worden. Dann wurden 13 Punkte als Ausführungsrichtlinien genannt, die beim Abschluß von Betriebsvereinbarungen künftig zu beachten seien. Ihre Befolgung lief praktisch auf eine vollständige Entmachtung der Betriebsräte hinaus.

Diese provozierende Interpretation eines Offiziers der "Property Control Branch" in Bielefeld rief sofort den Protest des Zonensekretariats der Gewerkschaften hervor, durch den dann auch umgehend ein Dementi der britischen Militärregierung und eine Zurückziehung des Rundschreibens erreicht wurde (der Bund Nr. 1 vom 22. 4. 1947, Dokument 5). Daß eine derartig weitreichende gewerkschaftsfeindliche Interpretation überhaupt in Umlauf gesetzt wurde, zeigte immerhin tendenziell eine Entwicklung, auf die sich die Gewerkschaften einzustellen hatten.

Der Verzicht auf die Auslösung einer breiteren Bewegung statt eines punktuellen Kampfes führte im Endergebnis zur Enttäuschung. Bis zum Herbst 1947 wurden in der britischen Zone 21 kollektive Musterbetriebsvereinbarungen zwischen Gewerkschaften und Unternehmern abgeschlossen, aber, wie der DGB-Geschäftsbericht für die britische Zone feststellte, "nur ein verschwindend kleiner Prozentsatz der Betriebsvereinbarungen wird in ihren Formulierungen den wirtschaftspolitischen Grundsätzen entsprechen und damit den gegebenen Notwendigkeiten gerecht"[29].

Noch war die prinzipielle Auseinandersetzung freilich nicht zugunsten einer Seite entschieden. So interpretierte denn auch aus Unternehmersicht die Westdeutsche Wirtschaftskorrespondenz die Streiks, die 1947 in Nordrhein-Westfalen im Zusammenhang mit Betriebsvereinbarungen geführt worden waren, erst als Auftakt für kommende schwere Kämpfe.

"Die Streiks, die um eine Ausweitung der Rechte der Betriebsräte geführt werden", schrieb das Blatt (Westdeutsche Wirtschaftskorrespondenz 114 vom 27. 9. 1947; Zit.: Die Arbeit 1, 1948, 32), "gehen in den meisten Fällen von den Gewerkschaften aus. Die Krafte sind zur Zeit ungleich verteilt, und die Arbeitnehmer haben auf jeden Fall den längeren Atem ((!)). Die verhältnismäßig geringe Zahl und geringe Ausdehnung der Streiks darf nicht zu dem Fehlschluß führen, das soziale Leben sei ausgeglichen, es gäbe keine widerstreitenden Interessen und keine Forderungen, um die es sich lohne, einen Streik zu führen. Die jetzigen Streiks kann man daher kaum als ernsthaften Kampf im Arbeitsleben, sondern höchstens als Spähtruppunternehmen ansprechen, die das künftige Kampffeld und die beiderseitige Stärke erkunden sollen".

Ein erneutes exemplarisches Beispiel für diese prinzipielle Auseinandersetzung bot der Schmidding-Streik in Hannover. "Das Unternehmertum", schrieb der "Bund", das DGB-Organ der britischen Zone, "will nach der Niederlage im Bodestreik jetzt einen Präzedenzfall schaffen; es will um jeden Preis die Schlappe von damals wettmachen und den 'Herr-im-Hause Standpunkt' durchsetzen. Der Streik bei Schmidding ist kein Streik, der die Schmidding-Arbeiter allein angeht, sondern dieser Streik geht um die grundlegenden Rechte aller Betriebsräte" (Der Bund Nr. 12 vom 27. 9. 1947). Nach Darstellung der IG Metall verweigerte die Firmenleitung den Abschluß einer Betriebsvereinbarung und entließ den umbequemen Betriebsratsvorsitzenden fristlos. Die Belegschaft stellte sich jedoch hinter ihn und verlangte seine Wiedereinstellung sowie die Entfernung des Betriebsleiters, weil mit ihm keine Zusammenarbeit möglich sei.

Der Streik um diesen Konflikt brach spontan aus und wurde erst später durch die Gewerkschaftsführung sanktioniert. Nach 5-monatiger Dauer (!) konnte er für die Gewerkschaft erfolgreich abgeschlossen werden (Geschäftsbericht der IG Metall 1948, 105).

Eine Statistik über Arbeitsstreitigkeiten in Nordrhein-Westfalen zeigt, daß die für die weitere Entwicklung des Mitbestimmungsrechts bedeutsamen Konflikte um Betriebsvereinbarungen, die 1946 begannen, 1947 ihren Höhepunkt erreichten und 1948 kaum noch eine größere Rolle spielten.

Arbeitsstreitigkeiten im Jahre 1947

1. April bis 31. Dezember 1947[30]

Grund der Streitigkeit	Fälle insges.	Davon Streikfälle	Beteiligtenzahl	Verlust an Arbeitstagen
Betriebsvereinbarungen	42	31	2. 431	66. 000
Innerbetriebliche Angelegenheiten	15	9	1. 380	4. 600
Einstellungen, Entlassungen	5	4	490	7. 000
Lohnstreitigkeiten	9	3	172	1. 000
Urlaubsregelungen	1	1	500	2. 000
Arbeitszeitregelungen	4	3	146	500
Betriebsratsstreitigkeiten	2	1	10	500
Insgesamt	78	52	5. 129	81. 600

Arbeitsstreitigkeiten im Jahre 1948

Grund der Streitigkeit	Fälle insges.	Davon Streikfälle	Beteiligtenzahl	Verlust an Arbeitstagen
Betriebsvereinbarungen	11	7	438	6.114
Innerbetriebliche Angelegenheiten	29	23	5.669	9.086
Einstellungen, Entlassungen	12	9	3.985	34.670
Lohnstreitigkeiten	39	33	11.301	54.503
Arbeitszeitregelungen	4	2	4.510	4.950
Betriebsratsstreitigkeiten	2	1	11	27
Insgesamt	98	75	25.914	109.350

2. Aktionen im Ruhrbergbau 1947

Zeigten sich auch in den Auseinandersetzungen um Betriebsvereinbarungen deutliche Anzeichen gewerkschaftlicher Zurückhaltung und Defensive - besonders bei der Führung - gegenüber dem Mittel des Streiks zur Durchsetzung eigener Ziele, so läßt sich doch noch eine weitgehende Identität zwischen Betriebsräten und Gewerkschaften, die die Streiks in den meisten Fällen unterstützten, feststellen. Das änderte sich in den Massenstreiks und Demonstrationen der Jahre 1947 und 1948, in denen die Beziehungen auf eine harte Belastungsprobe gestellt wurden. Ausgangspunkt war überall die nicht zuletzt durch den harten Winter und den weitgehenden Zusammenbruch des Transportsystems mitverursachte katastrophale Ernährungskrise.

Eine herausragende Rolle in den Aktionen des Frühjahrs 1947 spielte der Ruhrbergbau, der deshalb hier auch zuerst und gesondert behandelt wird, obwohl sich eine Trennung der Arbeiter im Bergbau von denen in anderen Branchen vielfach nicht genau durchführen läßt. Er nahm ökonomisch in der Nachkriegszeit eine zentrale Stellung ein, weil er keinen Produktionsbeschränkungen durch die Siegermächte ausgesetzt war, vielmehr ausdrücklich gefördert werden sollte. Von einer Steigerung der Kohleproduktion hing nicht nur die Ingangsetzung der deutschen Wirtschaft in dem von den Alliierten reduzierten Umfang ab, sondern wesentlich auch der vorgesehene Export bzw. die Reparationen in westeuropäischen Ländern. Die Hauptschwierigkeiten stellten dabei das Arbeitskräfteproblem und die Ernährungssituation dar.

Nach der Freilassung von 337. 000 Fremdarbeitern im Juli 1945 waren im Bergbau nur noch 133. 350 Arbeiter verblieben, etwa 200. 000 mußten neu rekrutiert werden. Das anfänglich angewandte Mittel der Zwangsverpflichtung stellte sich als Fehlschlag heraus, im Juli 1946 fehlten immer noch 80. 000 unter-Tage-Arbeiter und noch Ende November 1946 gab es in der britischen Zone rund 30. 000 offene Stellen im Bergbau (Spiegel vom 12. 4. 1947; ABELSHAUSER 1975, 113; SOPADE-Informationsdienst 4, 1947, 8). Auch diese Situation verlieh den Bergarbeitern und ihren Organisationen eine vergleichsweise starke Stellung. Schließlich hatte die KPD im Ruhrbergbau vor 1933 betrachtlichen Einfluß und die Diskussionen um Sozialisierung eine besondere Intensität gehabt und behalten (vgl. MOMMSEN: REULECKE 1974, 292; BAHNE 1974, 340, 346). Politische Auseinandersetzungen zwischen Bergarbeiterschaft und Besatzungsmacht, aber auch zwischen Betriebsräten und Gewerkschaftsführung traten hier viel deutlicher als in anderen Branchen in Erscheinung und der Kampf der Parteien, besonders von SPD und KPD, bekam dadurch seine besondere Note. Diese Faktoren sind als Hintergrund für die Beurteilung der Streiks und Demonstrationen der Ruhrbergarbeiter wichtig.

Ein erster massiver Konflikt entzündete sich an den von den Briten gewünschten Sonderschichten, mit deren Hilfe eine bessere Kohleversorgung der deutschen Bevölkerung erreicht werden sollte. Der Vorsitzende des Industrie-Verbands Bergbau, August Schmidt, war bereit, derartige Sonderschichten zu empfehlen, setzte sich damit jedoch in Widerspruch zu starken Kräften vor allem unter den Betriebsräten, aber auch im Vorstand, die eine Zustimmung zu Sonderschichten von der Einlösung des Sozialisierungsversprechens oder zumindest von Lohnerhöhungen abhängig machen wollten [31]. Am 18. Oktober 1946 wurde in dieser Sache eine Konferenz aller Obleute und Schachtgruppenleiter in Bochum einberufen, auf der August Schmidt trotz massiver Unterstützung durch Hans Böckler, den führenden Kopf der Gewerkschaften in der britischen Zone und späteren ersten DGB-Vorsitzenden, eine schwere Niederlage hinnehmen mußte. Nur 8 von über 500 Delegierten stimmten für die Vorstandsentschließungen, die zu Sonderschichten aufrief (MANNSCHATZ/SEIDER 1962, 199). Auf einer weiteren Konferenz knapp einen Monat später wurde gegen den Vorstand eine Urabstimmung durchgesetzt, die am 16. November stattfand. Obwohl der vorläufige Gewerkschaftsvorstand der britischen Zone noch am Vortag die Bergarbeiter aufrief, für die Sonderschichten zu stimmen, fiel das Ergebnis eindeutig aus: von 306. 403 stimmberechtigten Bergarbeitern nahmen 236. 298 (= 77, 1 %) an der Abstimmung teil, davon stimmten

gegen die Sonderschichten	205. 304	=	86, 9 %
für die Sonderschichten	30. 043	=	12, 7 %
ungültige Stimmen	951	=	0, 4 %

(MANNSCHATZ/SEIDER 1962, 201 f., nach Westdeutsches Volksecho vom 19. 1. 1946).

Die treibende Kraft dieser Protestbewegung war ohne Zweifel die KPD, doch läßt sich ihr eindeutiger Erfolg nicht erklären, wenn man nicht davon ausgeht, daß zu dieser Zeit auch die politischen Forderungen nach Sozialisierung, die von der KPD mit der Frage der Sonderschichten gekoppelt wurden, eine breite Basis unter den Bergarbeitern hatten. Das zeigte sich nicht nur in den Resolutionen zahlreicher regionaler Konferenzen seit 1945 [32] sondern auch in Probeabstimmungen auf mehreren Schachtanlagen [33]. Die starke Stellung der KPD im IV Bergbau manifestierte sich überdies auf der ersten Generalversammlung im Dezember 1946 in Herne, in der Willi Agatz (KPD) mit nur 13 Stimmen August Schmidt bei der Wahl zum ersten Vorsitzenden unterlag (Protokoll vom 18. Oktober 1946, 117).

Nach dem Fehlschlag der Sonderschichten machte die Militärregierung mit der Einführung des Punkte-Systems 1947 einen neuen und diesmal erfolgreicheren Anlauf zur Steigerung der Kohleförderung. Nach diesem am 16. 1. 1947 zwischen Militärregierung und North German Coal Control (NGCC) einerseits und Hauptvorstand des IV Bergbau andererseits abgeschlossenen Abkommen sollten Bergarbeiter bevorzugt mit Lebensmitteln und Bedarfsgütern beliefert werden und die Möglichkeit erhalten, diese nach einem Leistungssystem in besonderen Läden zu normalen Preisen zu kaufen (Spiegel vom 12. 4. 1947, 15; Westdeutsches Volksecho vom 21. 1. 1947). Dadurch wurde der Arbeitskräftemangel im Bergbau schlagartig beseitigt. Im Interesse der Bergarbeiter begrüßte auch die KPD das Abkommen, auch wenn sie gleichzeitig auf die Gefahren des Mißbrauchs hinwies (ebd.).

Daß wenige Wochen darauf dennoch die erste Demonstrationswelle auch vom Bergbau ihren Ausgangspunkt nahm und schließlich in dem 24stündigen Generalstreik vom 3. April ihren Höhepunkt erreichte, hatte einen doppelten Grund. Zum einen stellte das Punkteabkommen noch keineswegs eine tatsächliche Belieferung mit Lebensmitteln sicher, so daß die Hungerkrise gerade die Schwerstarbeiter im Bergbau besonders traf. Zum anderen schuf in dieser Situation der Unruhe und Unzufriedenheit der enttäuschende Verlauf der Sozialisierungsdiskussion im nordrhein-westfälischen Landtag am 4./5. März zusätzlichen politischen Sprengstoff, so daß sich schließlich in der großen Protestaktion vom April Hungerdemonstration und politischer Protest eng miteinander verquickten.

Die zunächst fast ausschließlich auf Essen begrenzten Streiks und Demonstrationen vom 3. Februar 1947, an denen sich ca. 15.000 Krupparbeiter und Belegschaftsmitglieder verschiedener Schachtanlagen beteiligten, sind insofern von besonderem Interesse, als sie sogleich zum Gegenstand von Beratungen zwischen dem Chef der britischen Kohle-Treuhänder-Organisation "North German Coal Control" (NGCC) Collins, und Vorstandsmitgliedern des IV Bergbau wurden. Collins erklärte in einer Sitzung auf der Villa Hügel in Essen, man könne der Bevölkerung die Aktionen angesichts der allgemeinen Ernährungslage zwar nicht verübeln, sie seien jedoch im Hinblick auf die gemachten Anstrengungen, die Lage zu verbessern, nicht entschuldbar. Die Antwort der Gewerkschaftsvertreter machte deutlich, daß sie sich zwar entschieden um eine Unterbindung aller Arbeitsniederlegungen im Bergbau bemühten, aber dabei offensichtlich nur begrenzten Erfolg hatten. Aufschlußreich - und keineswegs den Interpretationen der DDR-Historiker entsprechend - ist vor allem die Haltung von Willi Agatz (KPD), dem 2. Vorsitzenden des IV Bergbau, der Collins nach dem (stilistisch etwas wirren) Protokolltext folgendes entgegnete:[34]

"Als Mann stehe er auf dem äußersten linken Flügel im Verband. Er habe geglaubt, im Geiste der Allgemeinheit und der Organisation die wilde Streikbewegung abzulehnen und diese Auffassung habe er auch durchgesetzt innerhalb der Organisationsführung. Die Ereignisse seien von schwerwiegender Bedeutung. Die Verhältnisse seien aber leider stärker als wir. Ich bin mir im klaren, daß ich mich damit in Widerspruch setze zu den Arbeitern im Betrieb. Es habe sich nun herausgestellt, daß die deutschen Stellen nun die Verantwortung abschieben auf die englischen Stellen. Damit sei ein neues Moment hervorgetreten: Demonstrationszüge. Wir mißbilligen diese Einstellung, weil wir wissen, daß wir da nicht weiterkommen. Richtig ist aber, daß die Brotversorgung unter allen Umständen gesichert sein muß, um das Punktesystem voll zur Wirksamkeit kommen zu lassen".

Diese Äußerung zeigte sehr deutlich das Dilemma, in das jeder Gewerkschaftsführer angesichts der spontanen Streiks geraten mußte. Gerade angesichts dieses Dilemmas konnten die Gewerkschaftsvertreter auch kaum dem Vorschlag Collins zustimmen - obwohl sie in der Sache die gleiche Meinung vertraten -, daß NGCC und IV Bergbau-Vorstand einen gemeinsamen Aufruf ausarbeiten und unterzeichnen sollten, indem für jede weitere Beteiligung an Streiks der Verfall des Punktesystems angedroht werden sollte. Die Gewerkschafter beharrten verständlicherweise zumindest auf einer eigenen Verbandserklärung, um sich nicht dem direkten Verdacht der "Komplicenschaft" mit der Militärregierung bzw. der NGCC auszusetzen.

Der hier noch in eng begrenztem Rahmen und hinter verschlossenen Türen auf der Villa Hügel ausgetragene Konflikt brach im Zusammenhang mit dem Generalstreik im April in voller Schärfe aus. Am 2. April tagte in Bochum eine Ruhrrevierskonferenz des IV Bergbau, an der ca. 600 Delegierte teilnahmen. Auf Initiative von Agatz und gegen den Willen August Schmidts wurde ein Katalog von Forderungen aufgestellt und beschlossen, dafür in einen 24stündigen Proteststreik zu treten. Die Entschließung lautete (Zit. n. BADSTÜBNER 1960; vgl. auch Westdeutsches Volksecho vom 4. 4. 1947):

"Die wichtigste Forderung der Vertreter des Industrieverbandes Bergbau, nach der die Besserstellung der Bergarbeiter durch Kohleexporte und Lebensmittelimporte erfolgen sollte, ist von den Besatzungsmächten nicht erfüllt worden. Die Bergarbeiter aber lehnen es ab, auf Kosten der übrigen Bevölkerung bessergestellt zu werden.

In den unzähligen Entschließungen und einmütigen Urabstimmungen haben die Bergarbeiter die Sozialisierung des Bergbaus gefordert. Der im Auftrag der NGCC in Essen-Hügel gebildete achtgliedrige Ausschuß für die Neuordnung des Bergbaus, in welchen nur ein Vertreter des Industrieverbandes Bergbau einbezogen wurde, wird von den Bergarbeitern auf das entschiedenste abgelehnt.

Die Konferenz verlangt:

1. Beseitigung all derjenigen Personen in den Ernährungs- und Wirtschaftsämtern, die durch Unfähigkeit oder politische Böswilligkeit zu der jetzigen Katastrophe beigetragen haben.
2. Verwaltung, Ämter und Behörden müssen mit demokratischen Kräften, vor allem mit Gewerkschaftsvertretern besetzt werden.
3. In allen Städten und Gemeinden sind sofort von den Gewerkschaften zu ernennende Kontrollausschüsse zu bilden. Durch diese ist eine gerechte Erfassung und Verteilung der vorhandenen Lebensmittel vorzunehmen.
4. In allen Gebieten sind unverzüglich Hofkontrollen durch Ausschüsse, die von den Gewerkschaften zu bilden sind, vorzunehmen. Es ist ein sozialgerechtes Erfassungssystem einzuführen.
5. Gegen Schwarzhändler und Schieber ist mit schärfsten Mitteln vorzugehen.
6. Die Sozialisierung ist zu einer Sache des arbeitenden Volkes, vor allem aller Bergarbeiter zu machen. Der Industrieverband Bergbau muß dabei stärkstens eingeschaltet werden. In allen zu bildenden Ausschüssen verlangt die Konferenz die stärkste Vertretung ihrer Organisation.

Die Konferenz beschließt, die Durchführung dieser Forderung mit allen Mitteln zu bestreiten und fordert die Bergarbeiter und Bergbauangestellten des Ruhrgebiets auf, in einer großen Protestaktion ihre Kampfentschlossenheit zum Ausdruck zu bringen".

Voraufgegangen waren eine Funktionärskonferenz des IV Bergbau Ende Februar in Bochum mit ca. 500 Delegierten, die noch einmal vor der Landtagssitzung zur Sozialisierungsfrage Stellung nahm (Westdeutsches Volksecho vom 4. 3. 1947), und der Aufzug von 93 Arbeiterdelegationen - insgesamt ca. 300 Personen - während der Landtagsberatungen, denen allerdings ein unmittelbares Vortragen ihrer Wünsche vor den Landtagsabgeordneten von allen Fraktionen mit Ausnahme der KPD verwehrt wurde. Es soll dabei zu rüden Wortgefechten zwischen Böckler, der als SPD-Abgeordneter im Landtag vertreten war, und der in der Landtagshalle wartenden Delegiertenmenge gekommen sein [35]. Für die politischen Motive des Bergarbeiter-Proteststreiks dürfte der Verlauf der Landtagsdebatte und die Abweichung der wahrscheinlich im wesentlichen von der KPD initiierten Delegationen zwar eine Rolle gespielt, dennoch aber kaum im Vordergrund gestanden haben. Zumindest wäre dann der Zeitpunkt - fast einen Monat nach der Landtagsentscheidung gegen die SPD- und KPD-Anträge - kaum verständlich [36]. Der Tag des Generalstreiks, der 3. April, fiel vielmehr genau in die große Massendemonstrationswelle der vorangegangenen Tage im Revier und war von daher sicher geschickt gewählt. Daß zwischen Beschluß und Durchführung nur ein Tag lag, der Streikappell aber dennoch nahezu geschlossen von über 300.000 Bergarbeitern befolgt wurde, belegt überdies die außergewöhnliche Aktionsbereitschaft der Masse der Arbeiterschaft[37]. Aber erst durch die Verbindung von Protest gegen die Hungerkrise und politischer Forderung nach Sozialisierung des Bergbaus, Bodenreform und durchgreifender Änderung in der Ernährungsorganisation erhielt der Streik seine eigentliche Brisanz.

Im Vergleich zu den Aktionen außerhalb des Bergbaus zeigen der Generalstreik der Bergarbeiter und die voraufgegangenen Abstimmungen und Auseinandersetzung im IV Bergbau ein viel deutlicheres politisches Profil, auch wenn die Ernährungssituation zumeist den auslösenden Faktor bildete. Sozialisierungsforderungen tauchten nicht nur peripher auf, sondern spielten eine zentrale Rolle. Auch die dominierende Aktivität der KPD ist im Ruhrbergbau unübersehbar. Daß sie diese mobilisierende Funktion erfüllen konnte, lag nicht nur in der konsequenten Betriebsrätearbeit begründet, auf die noch einzugehen ist, sondern läßt sich wohl auch als Indiz für eine starke Mobilisierungsbereitschaft in der Bergarbeiterschaft selbst interpretieren.

3. Streiks und Massendemonstrationen außerhalb des Bergbaus 1947

Die erste große Massenaktion nach Kriegsende begann in Essen. Nachdem am 30. Januar 1947 von den Arbeitern der Kruppschen Lokomotiv-Fabriken eine Demonstration angekündigt, aber zurückgestellt worden war, weil durch Vermittlung des Essener Oberbürgermeisters Heinemann eine Abordnung von Betriebsvertretern dem britischen Gouverneur Ashbury ihre Forderungen nach Verbesserung der Ernährung direkt hatten vortragen können, kam es, obwohl sich eine Bezirksdelegiertenversammlung des Industrie-Verbands Bergbau gegen Streiks ausgesprochen hatte, dennoch am 3. Februar zu einer großen Demonstration (NRZ vom 1.2.1947; Spiegel vom 8.2.1947, 3). "Hungermarsch der Essener Betriebe - 15.000 Krupparbeiter und die Belegschaften verschiedener Schachtanlagen demonstrieren vor dem Rathaus und der Militärregierung", schrieb das Westdeutsche Volksecho (KPD) (vom 4.2.1947). Der örtliche Vorsitzende der IG Metall trat auf der Kundgebung als Redner auf. "Alle Demonstrationen verliefen in Ruhe. Ein großer Teil der Krupp-Arbeiter wußte nicht, welches Ziel die Demonstration eigentlich hatte und ging vom Bahnhof nach dem Marsch durch die Innenstadt nach Hause", kommentierte der "Spiegel" (Spiegel vom 8.2.1947, 4). Trotz offenkundig fehlender oder unklarer politischer Zielsetzung vermutete die SPD hinter der Demonstration kommunistische Drahtzieher. Die "Neue Ruhr-Zeitung" (SPD) glaubte, die Ereignisse seien "in gewisser Weise parteipolitisch ausgenutzt worden". "Kommunisten stellen sich an die Spitze der Demonstranten in der Erwartung, Lorbeeren dafür zu ernten. Die Erklärung für diese Aktivitäten liegt nahe. Gegenwärtig finden in wichtigen Betrieben, u. a. bei Krupp, Betriebsratswahlen statt, und bis zu der Landtagswahl am 30. März ist es auch nicht weit. Diese Parteiagitatoren sind sich seit den Gemeindewahlen darüber im klaren, wie gering ihr Ansehen in der Arbeiterschaft ist, weil die Arbeiter wissen, daß das kommunistische Parteigetriebe in Wahrheit nicht ihren eigenen, ja überhaupt nicht deutschen Interessen dient" (NRZ vom 5. 2. 1947 ("Demonstrationen"); Spiegel vom 8. 2. 1947, 4).

Eine Betriebsrätekonferenz, die vom Ortskartell-Verband aller Essener Industriegewerkschaften einberufen war, beschäftigte sich wenige Tage danach mit den Demonstrationen. Eine mit großer Mehrheit angenommene Entschließung rechtfertigte die Aktionen, sah als die Schuldigen am Chaos "die reaktionären Großgrundbesitzer, die reaktionären und faschistischen Elemente in allen politischen und wirtschaftlichen Organisationen und Verwaltungen mit dem Zentralamt für Ernährung und Landwirtschaft unter Führung von Schlange-Schöningen an der Spitze. In einem 10-Punkte-Programm wurde sodann gefordert:

"1. Ausgiebige Brotversorgung ist die Generalforderung für das gesamte Rhein-Ruhr-Gebiet.
2. Sofortige Nachlieferung der uns vorenthaltenen Nährmittel.
3. Nach Beendigung der Frostperiode schnellste Heranschaffung aller verfügbaren Kartoffelbestände für die hungernde Rhein-Ruhr-Bevölkerung.
4. Die sofortige Absetzung von Schlange-Schöningen mitsamt seinem Zentralamt. Eine neue Körperschaft unter Hinzuziehung der besten Sachkenner aus den demokratischen Parteien und vor allem der Gewerkschaften. Das ist das Gebot der Stunde.
5. Schnelle Durchführung der demokratischen Bodenreform.
6. Bildung von Kontrollausschüssen in Stadt und Land zur Sicherstellung der Ernährung.
7. Verstärkter Kampf gegen Schwarzhandel, Schieberei und Wucherei.
8. Todesstrafe für Engrosschwarzhändler durch sofortiges Erhängen.
9. Schonungslose Säuberung aller öffentlichen Verwaltungsstellen und Wirtschaftsorganisationen von faschistischen und reaktionären Elementen.
10. Verstaatlichung der Bergbaubetriebe sowie die entschädigungslose Enteignung der Schlüsselindustrien und der Betriebe der Kriegsverbrecher und Nazis und ihre Überführung in die öffentliche Hand." (Freiheit (KPD) vom 14. 2. 1947; vgl. MANNSCHATZ/SEIDER 1962, 214 f.).

Die Essener Aktion wiederholte sich am 6. Februar: "20. 000 streikten in Oberhausen und Mülheim. Belegschaft der 'Gute-Hoffnungshütte' protestiert gegen schlechte Versorgung. Frauen sperren Zecheneingänge" (Westdeutsches Volksecho vom 7. 2. 1947).

Die erste große, nicht mehr auf einen engen lokalen Bereich begrenzte Demonstrations- und Streikwelle brach einige Wochen später los.

22. 3.: "7. 000 protestieren gegen Hunger - Kundegebung der IG Farbenwerke Leverkusen" (Freiheit vom 25. 3. 1947). Auf dieser vom Betriebsrat einberufenen Kundgebung wurde eine Resolution vorgelegt, in der u. a. eine bessere Erfassung der Nahrungsmittel, ein Fortfall der Zonengrenzen und eine "Organisationsform für die Großchemie" gefordert wurde, "die verhindert, daß sich egoistisches Machtstreben zum Schaden des Volkes auswirken kann" (ebd.).

25. 3.: 80. 000 Arbeiter, Angestellte und Beamte aller Wuppertaler Betriebe legen für 4 Stunden die Arbeit nieder. Eine Kundgebung wird von ca. 35. 000 Menschen besucht. 12 Abordnungen Wuppertaler Betriebe werden vom britischen Stadtkommandanten empfangen, unterbreiten ihm Vorschläge zur Verbesserung der Ernährungssituation und versichern, daß die Demonstration nicht gegen die Militärregierung gerichtet sei. "Die gesamte Demonstration verlief dank der Führung durch die Gewerkschaften in mustergültiger Ruhe und wohldisziplinierter Ordnung" (NRZ vom 26. 3. 1947).

27. /28. 3.: "Höhepunkt der Hungerkatastrophe" (Westfalenpost (CDU) vom 28. 3. 1947). Demonstrationen und Protestkundgebungen in Rheinhausen mit 12. 000, in Mülheim mit 6. 000, in Gladbeck mit 7. 000, in Velbert mit 10. 000 Teilnehmern[38]. Arbeitsniederlegung und Kundgebung der Belegschaften sämtlicher Düsseldorfer Betriebe auf Vorschlag des Ortskartells der Düsseldorfer Gewerkschaften. Etwa 80. 000 beteiligten sich. Eine Gewerkschaftsdelegation soll den deutschen und britischen Stellen das folgende Sofortprogramm unterbreiten (Freiheit vom 1. 4. 1947 ("Düsseldorfer Werktätige streikten gegen Hunger")):

"1. In allen Stadtteilen sind ab sofort die im Jahre 1946 aufgelösten Bürgerausschüsse wieder einzusetzen, die im engsten Einvernehmen mit der Bevölkerung der einzelnen Stadtteile ihre Aufgaben durchführen.
2. Schnellste und endgültige Entfernung aller belasteten Nazis aus ihren jetzigen Stellungen.
3. Einsetzung von Kontrollausschüssen, die alle noch vorhandenen Vorräte an Lebensmitteln, Kartoffeln, Gemüse und deren Verbrauch laufend zu kontrollieren haben.
4. Schlange-Schöningen und mit ihm alle unfähigen reaktionären Landes- und Ortsernährunsleiter wollen entfernt werden; ihre Stellen sind mit wirklich demokratischen Kräften zu besetzen.
5. Sofort sind alle erforderlichen Schritte zu tun, um aus den nicht notleidenden Gebieten alles Verfügbare an Lebensmitteln in die Notstandsgebiete zu leiten.
6. Endliche Durchführung der nun schon fast zwei Jahre geforderten Bodenreform.
7. Der Kontrollrat soll ersucht werden, die Zonengrenzen in Deutschland fallen zu lassen, um eine gesamtdeutsche Wirtschaftsplanung und gerechte Güterverteilung zu ermöglichen".

31. März: "Hungermarsch der Hagener Betriebe". Bei der von ca. 25.000 Teilnehmern besuchten Kundgebung spricht der Ortsvorsitzende der IG Metall als Redner. 2.500 demonstrieren in Herdecke auf dem Rathausplatz, 3.000 in Wetter. In Resolutionen werden u. a. gefordert: Beseitigung des Reichsnährstandes, Zentralverwaltungen, Freilassung der Kriegsgefangenen, Kontrollausschüsse (ebd.).

"Hungermarsch der Krefelder Betriebe - 30.000 Arbeiter demonstrieren gegen den Hunger". Die Demonstration wurde auf Beschluß des Ortskartells der Gewerkschaften in Übereinstimmung mit den Betriebsräten organisiert. Gefordert wird u. a. die Absetzung Schlange-Schöningens (Freiheit vom 4.4.1947).

1./2. April: "Die Hungerdemonstrationen dauern an - Tausende streiken und marschieren - Ruhrgebiet diszipliniert", "Aufmarsch der Hungernden - Eine halbe Million Hungerdemonstranten", "Weg mit Schlange-Schöningen!" - so lauten die Schlagzeilen der "Neuen Ruhr-Zeitung" und des "Westdeutschen Volksechos". In Dortmund folgen 25 - 30.000 dem Aufruf der Gewerkschaften, in Duisburg ca. 100.000 und Gelsenkirchen 35 - 40.000, 40.000 im Rhein-Wupperkreis. Auf allen Kundgebungen wird in Resolutionen die Absetzung Schlange-Schöningens und die Schaffung von Kontrollausschüssen, daneben z. T. auch Entnazifizierung und Bodenreform gefordert. Dasselbe gilt[39] für eine Demonstration in Braunschweig mit 30.000 Teilnehmern.

In Düsseldorf und Braunschweig leisteten sich einige jugendliche Randalierer offene Angriffe auf die Besatzungsmacht und provozierten damit die Drohung mit Militäreinsatz. Zumeist verliefen die Aktionen jedoch ruhig. "Demonstrationen der Betriebe, Massenstreiks der Arbeiter gaben der Erbitterung der Bevölkerung einen im ganzen doch geordneten Auspuff. Die Parteien wetteiferten im Zeichen des Wahlkampfes mit Protestkundgebungen. Der Generalstreik für ganz Nordrhein-Westfalen wurde zumindest erwogen", schrieb der Spiegel vom 3. April.

12. Mai: Einen nochmaligen örtlichen Höhepunkt und vorläufigen Abschluß in der britischen Zone bildet die Arbeitsniederlegung und Demonstration in Hamburg, an der sich 120.000 beteiligten. Auch hier lauten die Forderungen: bessere Ernährung und bessere Organisation der Lebensmittelerfassung und -verteilung[40].

Eine zutreffende Einschätzung dieser hier in chronologischer Abfolge auf der Basis von Zeitungsnachrichten geschilderten Streiks und Demonstrationen wird dadurch erschwert, daß die Informationen darüber ungenau sind. Die kommunistischen Zeitungen berichten am ausführlichsten darüber. Die Angaben über die Zahl der Teilnehmer differieren bisweilen beträchtlich, da sie nur geschätzt werden konnten, die Organisatoren der Aktionen werden oft ebensowenig genannt wie die Initiatoren und Inhalte der Resolutionen.

Dennoch lassen sich einige allgemeine Beobachtungen festhalten:

1. Es handelte sich um spontane, häufig von Betriebsräten oder den örtlichen Gewerkschaften initiierte Aktionen, zumeist kurze, mehrstündige Arbeitsniederlegungen, verbunden mit anschließenden Demon-

strationen und Kundgebungen, die durchweg lokal begrenzt bleiben und bei denen auch bei zeitlichem Zusammenfallen keine zentrale Steuerung erkennbar ist.

2. Es dominieren in allen Aktionen eindeutig der Protest gegen die katastrophale Ernährungssituation. Auch die häufiger auftauchenden politischen Forderungen nach Absetzung Schlange-Schöningens - "das Schlagwortventil der hungernden Massen" (Spiegel vom 12. 4. 1947, 15), Einrichtungen von Kontrollausschüssen und Bodenreform, ja selbst die nach Zentralisierung und Abschaffung der Zonengrenzen hatten einen unmittelbaren Bezug zu dem brennendsten Problem der Verbesserung der Lebensmittellage.
3. Abgesehen von vereinzelten Forderungen nach Bodenreform traten weitere gesellschaftspolitische Neuordnungsforderungen wie Sozialisierung nur selten auf.

Daß die KPD bei dem Versuch der ansatzweisen Politisierung der Hungerdemonstrationen besonders aktiv war, läßt sich zwar vermuten, und punktuell nachweisen, aus dem vorhandenen Material aber nicht generell bestätigen. Der oft artikulierte Verdacht kommunistischer Steuerung gehört daher vielfach zum Propaganda-Arsenal des beginnenden kalten Krieges. Von den Vorgängen im Ruhrbergbau abgesehen läßt sich auch kaum eine pauschale Beurteilung halten, wie sie MANNSCHATZ/SEIDER geben: "Die Massenaktionen im Frühjahr 1947 waren von großer nationaler Bedeutung. Sie zeugten von dem entschlossenen Willen der Werktätigen, die Macht der Monopolisten und Großagrarier in ganz Deutschland endgültig zu brechen und ein demokratisches, friedliebendes und von allen Völkern geachtetes Deutschland aufzubauen"[41] (MANNSCHATZ/SEIDER 1962, 227).

4. Streiks und Massendemonstrationen im Frühjahr 1948

Im Januar 1948 kam eine erneute und stellenweise heftigere Streikwelle ins Rollen. Ihr Ausgangspunkt läßt sich entgegen manchen Behauptungen nicht lokalisieren, da die Streiks an verschiedenen Orten fast gleichzeitig ausbrachen. Die Schlagzeile der Tageszeitung "Die Freiheit" (KPD) v. 5. Januar 1948 veranschaulichte Ursache und Zielrichtung der Unruhen: "Hungerstreiks in Westdeutschland. Protestaktionen der Arbeiter und Angestellten gegen Kürzung der Zusatzkarten - Rückständiges Fett und Fleisch muß geliefert werden - Gewerkschaften sollen handeln"[42].

In der Tat lag allen Protestaktionen der ersten Januartage, an denen sich über 100.000 Arbeiter beteiligten, als Ursache die schlechte Ernährungslage zugrunde. Die Streikträger waren vor allem Belegschaften aus der metallverarbeitenden Industrie, nicht jedoch aus dem Bergbau. Ziel der Streikenden war es zunächst einmal, gegenüber den deutschen Behörden (insbesondere gegenüber dem von H. Lübke in Nordrhein-Westfalen geleiteten Ernährungsministerium), der Empörung über den "katastrophalen Ernährungszustand" Ausdruck zu geben. Die wiederholt von amtlichen Stellen verbreiteten Meldungen über weitere bevorstehende Kürzungen der Rationen schufen ein Klima der Empörung und Unruhe. Die Proteste konnten jedoch in der Regel kanalisiert werden. Gewählte Delegationen aus der Mitte der streikenden Belegschaften übermittelten Aufforderungen, die auf eine Beschleunigung der Maßnahmen zur Verbesserung der Ernährungslage zielten, an den Hauptvorstand in Mülheim, der auf diese Weise auch die spontanen Arbeitsniederlegungen der ersten Tage im neuen Jahr im Griff behielt. Besonders zu erwähnen sind für diesen Zusammenhang die Streiks in Düsseldorf, Duisburg und Köln[43].

Einen ersten Höhepunkt erreichte die Streikwelle 1948 mit dem Hamburger Hafenarbeiterstreik vom 5. - 8. Januar. Dieser Streik läßt zugleich einige allgemeinere Aspekte sichtbar werden, die für die politische Bedeutung der Streiks im Frühjahr 1948 aufschlußreich sind. Seine Beurteilung muß daher etwas ausführlicher behandelt werden.

Die Ursachen des Hamburger Streiks, der auf seinem Höhepunkt einschließlich der Streikaktivitäten der ca. 5.500 Arbeiter der umliegenden Werften von ca. 12.000 Arbeitern getragen wurde, waren ebenfalls die schlechte Nahrungsmittelversorgung und das Fehlen von Kleidung und Wohnraum. Dem Streik war am 7. Dezember 1947 eine Vollversammlung der ÖTV vorausgegangen, auf der eine 40%ige Lohnerhöhung sowie die Belieferung mit Arbeitskleidung und Nahrungsmitteln gefordert worden waren (Telegraf vom 9. 1. 1948), angesichts des von den Alliierten verordneten Lohnstopps zweifellos ein provokatorischer und von politischem Selbstbewußtsein zeugender Akt[44].

Die von der SPD-Führung verbreitete Behauptung, der Hamburger Hafenarbeiterstreik hätte eine Initialzündung für die Streiks im Ruhrgebiet gehabt, ist kaum aufrechtzuerhalten und gehört ins Propagandaarsenal des Antikommunismus. Ursächlich hatten die spontanen Arbeitsniederlegungen im Ruhrgebiet, die z. T. zeitlich sogar vor dem Hamburger Hafenarbeiterstreik einsetzten, mit diesem nicht zu tun. Für beide war unabhängig voneinander die Ernährungskrise die Ursache. Wenngleich der Mobilisierungsgrad der Arbeiter, besonders in Hamburg, zeitweise einen Punkt erreichte, an dem die Gewerkschaften die Führung zu verlieren drohten, lassen sich außer diesem politischen Faktum keine weitergehenden gesellschaftspolitischen Überlegungen erkennen.

Die weitere Streikentwicklung im Revier ergibt folgendes Bild: Hagen: Zweitägiger Streik der Belegschaft des Hüttenwerkes Haspe mit ca. 3.000 Beschäftigten. Dem Streik schlossen sich die Belegschaften der Schraubenfabrik Funke und Hueck sowie des mechanischen Werkes Schluckebier an[45]. Streiks in Düren und Krefeld[46]. Am 8. Januar 48 legten die Arbeiter der Gute Hoffnungshütte in Oberhausen die Arbeit nieder, die Belegschaften der Ludwigshütte in Sterkrade und der Ruhrchemie schlossen sich an. Ursache war auch hier die Ernährungskrise (Neue Zeitung vom 12. 1. 1948).

Essen: Am 9. Januar 48 hatte der Ortsausschuß des DGB Essen zu einer 5stündigen Arbeitsruhe aufgerufen, an der sich neben der Kruppbelegschaft (16. 500 Mann), mit Ausnahme des Bergbaus [47], alle Essener Betriebe, einschließlich der Eisen- und Straßenbahner, beteiligten (Neue Zeitung vom 12. 1. 1948). Auf der anschließenden Protestkundgebung auf dem Burgplatz mit ca. 12. 000 Versammelten, die von einem 400 Mann starken berittenen Polizeiaufgebot überwacht wurden, wurden vom Ortsvorsitzenden Willi Pawlik (SPD) folgende Hauptforderungen aufgestellt:

1. "Das Ruhrgebiet ist als Notstandsgebiet bevorzugt zu beliefern.
2. Die Versorgung der Bergarbeiter muß gesondert durchgeführt werden und darf nicht auf Kosten des gesamten deutschen Volkes geschehen.
3. Für nicht gelieferte Kartoffeln ist ein vollwertiger Ausgleich und nicht nur in Mehl zu geben" (Freiheit vom 9. 1. 1948; Telegraf vom 11. 1. 1948).

Die allgemeine Stimmung spiegelte sich in Pawliks drohender Warnung wider, diese Forderungen nicht zu leicht zu nehmen. "Es dürfte sonst der Zeitpunkt eintreten, an dem die Gewerkschafter nicht mehr so diszipliniert wie heute auf dem Burgplatz antreten. Die Gewerkschaftsmitglieder haben Einsicht und Vertrauen bewiesen. Man soll sie nicht als Schwäche der Gewerkschaften auslegen und dem einzelnen Arbeiter nicht zu viel zumuten. Es könnte sonst sein, daß die Massen der hungernden Menschen über ihre Gewerkschaft hinweggehen. Was dann passiert, wage ich hier nicht anzudeuten" [48].

Solingen: Der zweitägige Proteststreik der Solinger Betriebe vom 8. und 9. Januar, der auch von den Verkehrsbetrieben und der Verwaltung unterstützt wurde, war auf einer Betriebsrätevollversammlung beschlossen worden. Gleichzeitig war vereinbart worden, Delegierte zum Hauptvorstand der Gewerkschaften nach Mülheim und zum Ministerium für Ernährung mit der Aufforderung zu schicken, für eine sofortige Besserung der Ernährungslage Sorge zu tragen. Sie erstatteten einer 30. 000 Köpfe starken Menge in der Solinger Stadthalle am 9. Januar Bericht. Während in kommunistischen Zeitungen auf die "mustergültige Disziplin" und die von zahlreichen Solinger Geschäftsleuten geübte "Solidarität" mit den Streikenden hingewiesen wird, ist im "Telegraf" vom "Kommunistischen Störungsfeuer" die Rede: "Von den systematisch inszenierten stundenweisen Sitzstreiks in einzelnen Betrieben an Rhein und Ruhr abgesehen, folgte im Westen bezeichnenderweise nur Solingen, wo die Betriebsobleute unter besonders starkem kommunistischem Einfluß stehen, dem Beispiel des Hamburger Hafenarbeiters ... Da der Sonnabend naturgemäß nicht als voller Arbeitstag gewertet werden kann, hat es die KPD praktisch erreicht, daß die Produktion in Solingen für eine halbe Woche ausfällt. Damit ist bewiesen, daß es der KPD nicht etwa um die womöglich positive Wirkung einer Protestaktion zu tun ist, sondern, daß es ihr darauf ankommt, durch eine systematische Aktion möglichst auch die wenigen noch funktionierenden Teile des Wirtschaftsapparates zum Erliegen zu bringen ... Es wird jetzt alles darauf ankommen, die Gewerkschaften durch sofortige Hilfe für das Rhein-Ruhrgebiet ... in den Stand zu versetzen, den kommunistischen Manövern wirkungsvoll zu begegnen (Telegraf vom 9. 1. 1948).

Rhein-Wupperkreis: Protestkundgebung am 12. Januar von 50.000 Arbeitern aus 700 Betrieben gegen die ungenügende Ernährungslage (Telegraf vom 15. 1. 1948).

Duisburg: 10.000 Werktätige streikten 24 Stunden auf Beschluß der Betriebsräte und Gewerkschaften am 17. Januar gegen die schlechte Ernährungslage. Dem Protest schlossen sich in Mülheim am gleichen Tage 30.000 Arbeiter und Angestellte an (Freiheit vom 18. 1. 1948).

Bochum: Am 17. Januar kam es auf Beschluß der Betriebsrätevollversammlung und des Ortsausschusses der Gewerkschaften zu einem befristeten Proteststreik. Die Betriebsräte drohten den Verantwortlichen für die schlechte Ernährungslage mit einem allgemeinen Streik, falls sich bis zum 1. Februar keine Besserung der Lage abzeichnen würde (ebd.).

Auch örtliche Vertreter der Bergarbeiter schlossen sich gegen den Willen des Vorstandes des IV Bergbau den ultimativen Forderungen an: "Die Bergarbeiter von 54 Schachtanlagen beabsichtigen, sich der für den 2. Februar geplanten Arbeitsniederlegung der Betriebe in Gelsenkirchen anzuschließen. Der IV Bergbau sprach sich jedoch entschieden gegen dieses Streikvorhaben aus und machte dabei geltend, daß die Kohleförderung unbedingt gesteigert werden müsse, damit Deutschland nicht erst nach erfolgter Aufteilung der Weltmärkte exportfähig sei" (Telegraf vom 21. 1. 1948 und 23. 1. 1948).

In Köln legten am 20. Januar ca. 100.000 Arbeiter aus 200 Betrieben die Arbeit ebenfalls wegen der schlechten Ernährungslage für 24 Stunden (Telegraf vom 23. 1. 1948) nieder. Weitere Streiks wurden am 20. Januar aus Gelsenkirchen, wo 1.200 Arbeiter der Glasfabrik Delog bereits in der zweiten Woche streikten, aus Rheydt, Opladen, Düsseldorf und Aachen gemeldet (Freiheit vom 21. 1. 1948).

Aus einer Zeitungsnotiz geht hervor, daß sich allein in Nordrhein-Westfalen bis zu diesem Zeitpunkt (seit Anfang Januar 1948) ca. 450.000 Arbeiter an den "Proteststreiks gegen die Ernährungssabotage" beteiligt haben sollen (Freiheit vom 22. 1. 1948).

Einen weiteren Höhepunkt erreichte die Streikwelle des Frühjahrs 1948 mit dem in der britischen Zone von ca. 1,6 Millionen Angestellten befolgten befristeten 24stündigen Streik vom 3. Februar[49]. Es handelte sich dabei um einen gelenkten, vom Hauptvorstand der DAG nach erfolgter Urabstimmung beschlossenen Streik, der vom DGB nicht gebilligt wurde (Telegraf vom 30. 1. 1948). Sein Ziel war ein Protest gegen die schlechte Ernährung der Angestellten. In der offiziellen Erklärung der DAG heißt es dazu: "... Der besorgniserregende Gesundheitszustand der Angestellten ist so weit fortgeschritten, daß ein weiteres Hinauszögern von Lebensmittelzulagen für Geistesarbeiter nicht mehr verantwortet werden kann. An dem Streik beteiligten sich alle Angestellten, auch die unorganisierten" (Telegraf vom 2. 2. 1948).

Bemerkenswert ist, daß er offenbar auch von einigen nicht der DAG zugehörigen Gruppen mitgetragen wurde (Neue Zeitung vom 5. 2. 1948). Über die unmittelbare Forderung nach Verbesserung der Ernährung hinausgehende Losungen wurden, soweit sich den spärlichen Nachrichten über den Streik entnehmen läßt, nicht vertreten. Der Streik erfüllte seinen Zweck weitgehend, er wurde auch von alliierter Seite als legal bezeichnet, eine gerechtere Verteilung der Lebensmittel durch deutsche Behörden und eine weitere Finanzhilfe durch die USA wurden zugesagt (Freiheit vom 3. 2. 1948).

Die weiteren Streiks des Jahres 1948 sind hier nicht mehr zu behandeln[50]. Vor allem die Hintergründe und der Verlauf des großen Demonstrationsstreiks vom 12. November 1948 sind von Gerhard BEIER ausführlich dargelegt worden (BEIER 1975). Im Gegensatz zu Frankreich und Italien kam es in der Auseinandersetzung um den Marshallplan zu keinen größeren Demonstrationen, obwohl, wie die Diskussionen innerhalb der Parteien und Gewerkschaften zeigen, hier entscheidende Weichen hinsichtlich einer Neuordnung besonders in der Sozialisierungs- und Mitbestimmungsfrage gestellt wurden (vgl. SCHMIDT 1974, 114 ff.; HUSTER 1972, 166), was auch zumindest den Führungsgruppen durchaus bewußt war.

Wegen seines prononciert politischen Anstrichs sei hier abschließend lediglich noch der Reusch-Konflikt vom Mai 1948 erwähnt, auch wenn er nicht direkt in den Zusammenhang der bisher geschilderten Streikaktionen einzuordnen ist. Reusch, Vorsitzender des Vorstandes der Gutehoffnungshütte in Oberhausen, Gegner der Entflechtungspolitik der Eisen- und Stahlindustrie (vgl. Schreiben von Reusch an die Einheitsgewerkschaft Köln vom 18. 1. 1947, abgedruckt bei POTTHOFF 1957, 42 f.) und exponierter Förderer der Hitlerschen Kriegs- und Rüstungsindustrie, sollte in einen alliierten Ausschuß zur Förderung der Stahlproduktion berufen werden (SCHMIDT 1974, 144). Hiergegen erhob sich der entschiedene Protest des Betriebsrats der Hütte[51], der vom Bundesvorstand des DGB und der IG Metall mitgetragen und voll unterstützt wurde. Interessant ist, daß diese Widerstandsaktion eine Aktionseinheit zwischen Kommunisten und Sozialdemokraten sichtbar werden läßt und daß im Zusammenhang mit diesem Konflikt gesellschaftspolitische Forderungen und 'essentials' der Gewerkschaften formuliert wurden.

So verabschiedete die von 600 Teilnehmern besuchte Vertrauensleutekonferenz der Eisen- und Stahlindustrie am 22. Mai 1948 in Bochum eine Entschließung, die nach Urabstimmung in den Betrieben am 1. und 2. Juni zum Streik aufforderte. Darin heißt es: "Schon die alten Unternehmerkräfte unter Führung von Kirdorf, Thyssen und Krupp waren die stärksten Gegner der Gewerkschaften und haben die Sozialisierungsbestrebungen des deutschen Volkes zu Fall gebracht. Sie waren die Befürworter des vergangenen Wirtschaftssystems, an dessen unheilvollen Folgen wir jetzt als Werktätige noch zu tragen haben. Auch die jetzigen

Unternehmerkreise, besonders Direktor Reusch, versuchen den alten Weg mit neuen Methoden, um eine Demokratisierung der deutschen Wirtschaft zu unterbinden" (s. Dokument 26).

Die Landesleitung der KPD begrüßte diesen Entschluß entschieden: "Diese einmütige Entscheidung der Metallarbeiterfunktionäre gegen die Ernennung des Konzernherrn Reusch zum Leiter der Kommission für Stahl und Eisen, in der Bizone einen 48stündigen Proteststreik durchzuführen, ist ein erster Schritt zur Säuberung der westdeutschen Schwerindustrie von den Wehrwirtschaftsführern Hitlers, den Verantwortlichen des zweiten Weltkrieges. Im Namen der KPD Nordrhein-Westfalen fordert der Landesvorstand alle Sozialisten auf, die von den Gewerkschaften beschlossenen Kampfmaßnahmen gegen Reusch mit ganzer Kraft zu unterstützen" (Freiheit vom 22. 5. 1948).

Auch der Bundesvorstand des DGB schloß sich den Forderungen an. Die Aufforderung des Bundesvorstands an die 150. 000 Arbeiter der Eisen- und Stahlindustrie, am 1. und 2. Juni 1948 in den Streik zu treten, wurde mit folgenden Forderungen begründet:

1. Größeres Mitbestimmungsrecht der Gewerkschaften in den Angelegenheiten der Wirtschaftsverwaltung.
2. Recht auf beratende Mitwirkung bei der Regelung der Stahlproduktion.
3. Die sofortige Abberufung von Reusch (Freiheit vom 3. 6. 1948).

Dieser massive Druck der Gewerkschaft führte zum Nachgeben der Amerikaner und des Wirtschaftsrates. Reusch wurde nicht ernannt und die Kommission gestrichen. Daraufhin brach der DGB den geplanten Streik ab. Gleichwohl kam es in einigen Betrieben zu Streiks, die vor allem darauf zielten, das erste vom DGB formulierte Ziel, das Mitbestimmungsrecht in den Betrieben, durchzusetzen. Es sollen ca. 80 % der Belegschaftsmitglieder Duisburger Betriebe und rund 5. 000 Arbeiter der Hagener eisenschaffenden Industrie gestreikt haben (Freiheit vom 2. 6. 1948). Es kann jedoch vermutet werden, daß diese Streiks mit sehr wenig Nachdruck erfolgten, weil sie in nicht kommunistischen Blättern kaum erwähnt werden.

V. DIE STELLUNGNAHME DER GEWERKSCHAFTSFÜHRUNG, DER POLITISCHEN PARTEIEN UND DER MILITÄRREGIERUNGEN ZU DEN STREIKS UND DEMONSTRATIONEN

So diffus das Erscheinungsbild der geschilderten Aktionen der Jahre 1947 und 1948 und so schwierig auch nach einer solchen eingehenderen Untersuchung eine zutreffende Einschätzung ihrer Qualität und ihrer politischen Möglichkeiten ist, so eindeutig läßt sich doch aus den Reaktionen auf diese Ereignisse ablesen, daß es sich hier um mehr als um unpolitische Demonstrationen des Hungers und der Verzweiflung handelte, selbst wenn wirklich politische Forderungen nur relativ selten klar artikuliert wurden. Aus der Summe der unkoordinierten Aktionen ergibt sich das Bild einer dumpfen sozialen und politischen Gärung, die vor allem von den Führungsgruppen der Arbeiterbewegung, aber auch von führenden Vertretern der britischen und amerikanischen Militärregierung als bedrückend und bedrohlich zugleich angesehen wurde.

Schon in den dem Generalstreik der Bergarbeiter vom 3. April 1947 vorausgegangenen internen Auseinandersetzungen im IV Bergbau war eine starke Spannung zwischen Vorstand und Basis, aber auch innerhalb des Vorstandes feststellbar, die sich politisch tendenziell auf die unterschiedliche Orientierung und Strategie von Kommunisten und Sozialdemokraten zurückführen läßt. Diese Feststellung gilt freilich nur cum grano salis, weil sich 1947 die parteipolitischen Fronten zwischen SPD und KPD zwar zu verhärten begannen, aber noch keinswegs klar abgesteckt waren. Führende Gewerkschaftsfunktionäre lehnten den Streik, der zu einem beträchtlichen Kohleausfall von 180 - 190.000 t führte, ab. Die Konferenz des Bezirksausschusses und der Verbandsvorstände der Gewerkschaften Nordrhein-Westfalens, die am Tage des Streiks von Böckler einberufen wurde, erklärte: "Durch fortdauernde Aktionen wird nicht nur nichts gebessert, sondern die Not noch vergrößert und die Kraft der Gewerkschaftsbewegung zersplittert" (Zit. bei: BADSTÜBNER 1960, 26). Und ein Vorstandmitglied der ÖTV faßte seine Stellungnahme in dem Satz zusammen: "Es ist genug protestiert worden!" (Westfalenpost vom 9. 4. 1947). Auch der IV Bergbau-Vorstand stellte sich erst nachträglich hinter den Streik, als nämlich die britische Militärregierung mit einer "Bestrafung" für den Streik drohte[52].

Die Stellung der Gewerkschaftsspitze zu den übrigen Aktionen im

Jahre 1947 war und blieb gespalten, auch wenn, wie sich gezeigt hat, die örtlichen Gewerkschaftsorganisationen durchaus in zahlreichen Fällen an der Auslösung der Streiks und Demonstrationen beteiligt waren. In einem Aufruf des Bezirksausschusses der Gewerkschaften und der Verbandsvorstände in Nordrhein-Westfalen vom 22. April hieß es:

"Die Hungerkrise in Nordrhein-Westfalen hat in einer Reihe von Städten zu Demonstrationen und Arbeitsniederlegungen geführt. Die hieraus entstehenden Schäden für das Volk und die Wirtschaft, insbesondere für die Kohleproduktion, sind bei längerer Fortdauer der Demonstrationen so schwerwiegend, daß Zusammenbruch und Chaos die Folge sein müssen. Die Gewerkschaften sind gewillt, alles daranzusetzen, diese Gefahr abzuwenden. In entscheidender Stunde wenden wir uns an die Länderregierungen und die Zentralstellen der britischen und amerikanischen Zone und fordern, daß alle fälligen und rückständigen Lebensmittellieferungen sofort an Rhein und Ruhr geleitet werden, um die Bevölkerung, von der entscheidend der Aufbau Deutschlands mitabhängt, vor dem Hungertod zu retten". Zugleich warnten die Vorstände, "daß sie eine Verantwortung für Aktionen irgendwelcher Art nur dann übernehmen, wenn diese ordnungsgemäß von ihren verantwortlichen Organen beschlossen oder angeordnet sind" (Der Bund vom 22. 4. 1947).

Zweifellos gab es bei den Gewerkschaftsführungen wie auch bei der SPD Befürchungen vor einer parteipolitischen Ausnutzung der spontanen Massenaktionen durch die KPD oder auch durch rechtsradikale Gruppen. Dahinter stand letztlich die nicht unberechtigte Sorge, daß die Hungerkrise, wie der "Bund" anläßlich der Hamburger Demonstration schrieb, "nicht nur ganz unmittelbar die Existenz vieler Millionen werktätiger Menschen" und das ohnehin nur rudimentäre Funktionieren der Wirtschaft bedrohe, sondern "sich auch sehr rasch zu einer tödlichen Vertrauenskrise für den demokratischen Aufbau auswachsen und auch die Gewerkschaftsbewegung aufs höchste gefährden" müsse (Der Bund vom 24. 5. 1947).

Die SPD-Führung lehnte zwar "willkürliche Streiks oder Demonstrationen politischen Charakters" entschieden ab, sprach jedoch den Massenaktionen des Frühjahrs 1947 die Berechtigung nicht ab und verteidigte sie sogar gegenüber der Kritik durch die Alliierten. "Eine ungeheure und unmittelbare Not, die Furcht, in Hunger und Elend buchstäblich zu verkommen, gar nicht vergleichbar gewissen angeblichen oder tatsächlichen Mißständen in anderen Ländern, war der Ausgangspunkt", schrieb der SPD-Pressedienst.

"Gemessen an dem Motiv hoffnungsloser Verzweiflung vollzogen sich die Aktionen eindrucksvoll ruhig ... Der Einwand der Gegenseite, solche Kundgebungen seien schon deshalb fehl am Platze, weil der Umfang der deutschen Notlage der Militärregierung ohnehin voll bekannt sei, verkennt die psychologischen Gegebenheiten. Denn für das Objekt der Politik, das Volk, wird nicht maßgebend sein, ob die für die Geschicke des Landes verantwortlichen Stellen eine Notlage kennen, sondern wieweit sie willens oder in der Lage sind, sie zu meistern ... Wenn jemand begründete Furcht hat, verhungern zu müssen, wird man von ihm nicht nur die kühle Überlegung erwarten dürfen, ob sein Protestschritt auch unmittelbaren Erfolg haben werde, sondern man wird auch dafür Verständnis haben müssen, daß elementare Empfindungen und Reaktionen zum Durchbruch kommen"[53].

Demgegenüber war es Unwissenheit oder Zynismus, wenn der britische Deutschlandsminister John Hynd anläßlich einer Ausstellung "Deutschland unter Kontrolle" in Edinburgh behauptete, die allgemeine Ernährungslage in Deutschland sei vielleicht besser als je zuvor seit Beginn der Besatzung und ein Sprecher der Militärregierung in Düsseldorf gar erklärte, möglicherweise sei die Ernährungskrise künstlich erzeugt, um die Deutschen gegen die britischen Behörden aufzustacheln (Spiegel vom 3. 4. 1947).

Die KPD hielt sich zwar mit offiziellen Stellungnahmen zurück, ließ aber keinen Zweifel daran, daß sie alle Aktionen begrüßte und unterstützte, die zur Mobilisierung der Arbeiterschaft und zur nachdrücklichen Vertretung gesellschaftspolitischer Neuordnungsvorstellungen beitrugen (vgl. die Rede Rudi Waschers auf dem Landesparteitag der KPD im Mai 1947, Dokument 20).

Die britische Militärregierung reagierte gelassen, solange es nicht zu Ausschreitungen wie in Braunschweig und Düsseldorf kam. Die Drohung mit militärischem Eingreifen war jedoch unüberhörbar[54].

Hinsichtlich der Haltung gegenüber dem Kohleausfall durch den Generalstreik war die britische Haltung nicht widerspruchsfrei. Deutschland-Minister Hynd hatte einer Pressemeldung zufolge geäußert, die Bergarbeiter sollten "für den Streik nicht bestraft werden". Das wurde so ausgelegt, als solle es keine Nachteile in der Punktezuteilung geben. Die Militärregierungen hatten sich dagegen aufgrund einer von General Robertson und General Clay getroffenen Entscheidung darauf festgelegt, daß das Nachholen der Streikschicht die Voraussetzung für die Ausgabe der Punktwaren sei. Eine Revierkonferenz des IV Bergbau hatte dagegen beschlossen, die Streikschicht auf keinen Fall nachzuholen. Nach langen Verhandlungen zwischen IV Bergbau und NGCC kam es schließlich am 24. Mai zu einem für beide Seiten tragbaren Kompromiß, der festlegte, daß der Monat April nicht 24, sondern nur 23 Schichten haben und den Bergarbeitern nachträglich ihre volle Ration zugeteilt werden sollte. Dazu wurden zwei "Notschichten" am 5. Juni (Fronleichnam) und 31. Oktober (Reformationstag) beschlossen, die der Versorgung der Bevölkerung mit Kohle dienen sollten[55].

Von den Unruhen fühlten sich aber nicht nur die britische, sondern auch die amerikanische Besatzungsmacht betroffen. Deren Haltung war geprägt von einer Mischung aus Zurückhaltung, Unverständnis für die Vorgänge und unverblümter Drohung mit militärischem Eingreifen. "Riots, strikes and disturbances from lack of food hurt only you", erklärte General Clay in seiner Rede vor dem Länderrat der amerikanischen Zone am 15. April 1947 (aus Dokument Nr. 14 C des demnächst erscheinenden Bd. 2 der Akten zur Vorgeschichte der Bundesrepublik) und gab in der Besprechung mit den deutschen Ministerpräsidenten seiner Verwunderung über den "Verlust des guten Willens" im Ruhrgebiet Ausdruck. Die Streiks an der Ruhr hatten nach seiner Einschätzung einen Förderungsverlust von insgesamt rd. 700.000 t gebracht, was beinahe ausgereicht haben würde, um die ganze Exportindustrie für einen Monat mit Kohlen zu versorgen, und das in einem Moment, in dem die Aussicht auf eine industrielle Wiederbelebung so günstig wie noch nie sei. Clay nahm dann noch einmal direkt zu den Unruhen im Ruhrgebiet Stellung und erklärte, "daß die Besatzungsmacht selbstverständlich jederzeit in der Lage sei, solche Vorgänge abzustellen, aber mit einem solchen Verbot würden keine Kohlen gefördert. Die Besatzungsmacht könnte den Bergarbeitern den Willen zur Förderung nicht eingeben, das sei eine reine deutsche Aufgabe. Die Besatzungsmacht werde auch weiterhin Geduld üben im Hinblick auf solche Demonstrationen" (ebd.). Die deutschen Ministerpräsidenten vermuteten in der gleichen Besprechung hinter den Vorgängen an der Ruhr in erster Linie politische Motive.

Eine sehr viel schärfere Sprache schlug einen Monat später der hessische Militärgouverneur Oberst Newman in einer Rundfunkansprache an die deutsche Bevölkerung an, wenn er erklärte:

"General Clay ist gerade von Washington unterrichtet worden, daß im Kongreß eine entschiedene Neigung besteht, sich weiteren Geldbewilligungen für Lebensmittel in Deutschland zu widersetzen. Dies ist zurückzuführen auf die jüngsten Gerüchte über Streiks, Androhungen von Streiks und einen gewissen Widerstand in der Haltung gegenüber der Besatzung, der in letzter Zeit zutage getreten ist. Streiks oder andere Umtriebe gegen die Politik der Militärregierung, die in irgendeiner Weise die Forderungen oder Pläne der Besatzungsmacht gefährden könnten, werden in Hessen nicht geduldet werden; dabei spielt es keine Rolle, ob ihr Zweck ein politischer oder ein anderer sein möge. Jede Person oder Gruppe von Personen, die so handelt, wird bestraft werden, und vergessen Sie nicht, daß nach den Gesetzen der Besatzungsarmeen und der Militärregierung die Schuldigen sogar mit der Todesstrafe belegt werden können ... Vermeiden Sie Streiks, meiden Sie Agitatoren, die Streiks anschüren, und lehnen Sie es ab, jenen zuzuhören, die aus politischen oder selbstsüchtigen Gründen die Besatzungspolitik unnötig kritisieren und zum Widerstand gegen die Gesetze und Forderungen der Militärregierung hetzen. Seien Sie fleißig!" (SCHMIDT/FICHTER 1971, 28).

Die Streikwelle von 1948 war in Umfang und Intensität eher noch stärker als die des Jahres 1947. Dennoch unterschied sie sich vor allem in drei Punkten: Gesellschaftspolitische Forderungen traten bei den in Streiks und Demonstrationen artikulierten Zielen vollständig in den Hintergrund. Gleichzeitig aber machte sich die im Gefolge des kalten Krieges verschärfende Auseinandersetzung mit den Kommunisten innerhalb der Arbeiterbewegung deutlicher bemerkbar als 1947, indem man den Verdacht "kommunistischer Drahtzieherei" offener und schneller äußerte. Schließlich gelang es der inzwischen fest etablierten Gewerkschaftsspitze trotz der Spontaneität der Vorgänge leichter und effektiver, die Bewegungen unter einer gewissen Kontrolle zu halten oder gar ihnen die Spitze abzubrechen. Die gewerkschaftliche Auseinandersetzung mit den Unruhen erscheint zumindest 1948 intensiver gewesen zu sein. Auf der anderen Seite haben die Militärregierungen ihnen, soweit sich das aus dem verfügbaren Material schließen läßt, weniger Aufmerksamkeit geschenkt als 1947 und die Bewältigung der Krisensituation weitgehend den deutschen Stellen zu überlassen gewünscht. Ein Grund dafür mag gewesen sein, daß es im Bergbau 1948 ziemlich ruhig blieb und keine spektakuläre Aktion wie der Generalstreik vom April des Vorjahres die Kohleproduktion und damit auch die unmittelbaren Interessen der Alliierten tangierte.

Die Streikaktivitäten, Unruhen und Demonstrationen führten zunächst zu einem Anstieg von gewerkschaftlichen Versammlungen und Konferenzen. In Duisburg trafen sich am 9. Januar 1948 Betriebsräte und Vertreter der Gewerkschaften zur Beratung der Lage und beschlossen für den 14. Januar eine "gemeinsame Versammlung der Gewerkschaftsausschüsse der vier Ruhrgroßstädte, Essen, Duisburg, Mülheim und Oberhausen" einzuberufen, auf der eine geschlossene Streikaktion für das gesamte Ruhrgebiet beraten werden sollte (Neue Zeitung vom 12. 1. 1948). Gleichzeitig versuchten Duisburger Gwerkschafter bei Ministerpräsident Arnold und Ernährungsminister Lübke, auf eine Verbesserung der Ernährungslage hinzuwirken (Freiheit vom 11. 1. 1948). Große Hoffnungen erweckte das Gespräch jedoch nicht[56]. Auf der Konferenz vom 14. Januar scheint auf die Streikpläne im Ruhrgebiet im Gegensatz zu den Ankündigungen nicht näher eingegangen worden zu sein. Das geht aus den "essentials", die die Gewerkschafter vorlegten, hervor. Sie forderten:

1. Freigabe von Kohle zur Beschaffung von Devisen für die Bezahlung von Lebensmitteln aus dem Ausland.
2. Zwangsumlage für Selbstversorger.
3. Sonderbehandlung der Rhein-Ruhrstädte als Notstandsgebiet (Protokoll der Mülheimer Delegiertenkonferenz, s. Dokument 25).

Gleichwohl sah der Telegraf (vom 15. 1. 1948) in der Konferenz einen Versuch der KPD, den Generalstreik anzuheizen. Der Hintergrund für diese Vermutung ist vor allem in der Beurteilung des Hamburger Hafenarbeiterstreiks und im gleichzeitigen Auftauchen eines ominösen kommunistischen Schriftstücks, des sogenannten "Protokolls M", zu sehen (s. Anmerkung 57).

Die Reaktion der politischen Gruppierungen auf den Hamburger Hafenarbeiterstreik wurde entscheidend von der Bereitschaft der KPD bestimmt, den Streik zu unterstützen: "Die KPD", hieß es in der offiziellen Stellungnahme der Partei, "hält diesen Streik für in jeder Beziehung berechtigt. Dieser Kampf hat die Zustimmung der Werktätigen Hamburgs gefunden, weil sie in dem Streik der Hafenarbeiter eine notwendige Abwehr weiterer Verelendung der gesamten arbeitenden Bevölkerung erblicken" (Archiv der Sozialen Demokratie, Bonn-Bad Godesberg, Zeitungsausschnitte N 27, 1948 (7. 1. 1948)).

Die Folge war eine Verschärfung der Polemik gegenüber den Kommunisten über den Hamburger Raum hinaus. In der überregionalen sozialdemokratischen Presse wurde die Rolle der Kommunisten im Hamburger Hafenarbeiterstreik zu propagandistischen Zwecken benutzt. Der Telegraf brachte am 13. 1. 48 einen Leitartikel unter der Überschrift "Der ferngesteuerte Streik", in dem es hieß:

"Nachträglich wurde uns bekannt, daß eine Partei, die offenbar Interesse an Arbeitsstörungen hat, einige ihrer Spitzenfunktionäre in Versammlungen und interne Zusammenkünfte entsandte, um die Verzweiflungsstreiks der Arbeiter in politische Streiks umzuwandeln. Nach vorliegenden Berichten und den privaten Äußerungen der maßgebenden Hamburger Gewerkschaften gab es geheime politische Kommandostellen, von denen aus der Streik ferngelenkt wurde, um zu einem Parteienstreik, und womöglich zu einem Generalstreik zu werden ... Wollte man in Westdeutschland das französische und italienische Experiment mit inneren Unruhen wiederholen?" (s. Dokument 24) Die entschiedenste Ablehnung zeigte die Ortsverwaltung der IG Metall Hamburgs: "Die Gewerkschaften, die sich stets bei deutschen und britischen Stellen für alle dringenden Forderungen der Arbeiter eingesetzt haben, können die politische Arbeitsniederlegung nicht als ein Mittel des gewerkschaftlichen Kampfes anerkennen" (Telegraf vom 9. 1. 1948). In den für Funktionäre der SPD zusammengestellten Presseausschnitten wird dem Thema Hamburger Hafenarbeiterstreik die Behauptung vorangestellt, daß es einen unmittelbaren Zusammenhang zwischen den Streiks im Ruhrgebiet gäbe: "Die Streikbewegung sprang auf das Ruhrgebiet über und erfaßte dort zehntausende von Arbeitern" (SOPADE 1948, 182; Telegraf vom 15. 1. 1948: "Die KPD treibt zum Generalstreik"). In diesem Zusammenhang wurde das "Protokoll M" als angeblicher Kominform-Plan für Westdeutschland erwähnt, demzufolge die Eskalation der Streiks systematisch betrieben würde, um so die Voraussetzung für eine Neuordnung im kommunistischen Sinne zu schaffen[57].

Max Reimann nannte dieses sogenannte Geheimprotokoll eine "plumpe Provokation". "Mit der jetzigen Provokation, aus London gestartet, will man den Versuch unternehmen, die werktätige Bevölkerung in Stadt und Land von dem Kampf um die Einheit Deutschlands abzulenken ... Die Kommunistische Partei, die kühn und entschlossen als einzige Partei in Westdeutschland für die Einheit Deutschlands eintritt und den Marshall-Plan ablehnt, der dem deutschen Volk die Abhängigkeit von den amerikanischen Monopolkapitalisten bringt, soll in ihrer Arbeit behindert werden" (Freiheit vom 19. 1. 1948).

Es spricht tatsächlich nichts für die Echtheit des "Protokolls", vor allem weil in den folgenden Wochen dieses anfangs vieldiskutierte und hochstilisierte Dokument plötzlich fallen gelassen wurde und nie mehr Gegenstand der Auseinandersetzungen in der sozialdemokratischen Presse war[58]. Es ist daher eher als ein Symptom für den Stil der politischen Auseinandersetzungen im Zeichen des kalten Krieges anzusehen[59].

Die Reaktionen Böcklers auf die Streiks und Demonstrationen waren ebenso wie die des Sekretärs des bizonalen Gewerkschaftssekretariats, Fritz Tarnow, ziemlich pessimistisch. Böckler gab zu erkennen, daß die Gewerkschaften nicht unbedingt die übernommene Aufgabe, Ruhe und Ordnung im Lande aufrechtzuerhalten, gewährleisten könnten und daß "angesichts der katastrophalen Ernährungslage größere Streikbewegungen auch auf den Bergbau und das Transportgewerbe übergreifen würden" (Neue Zeitung vom 12. 1. 1948). Tarnow sprach zwar im Sinne der offiziellen Gewerkschaftsstrategie von der Nutzlosigkeit der Streiks, deutete andererseits jedoch an, daß bei einer weiteren Verschlechterung der Ernährungslage die "wilden Streiks als spontane Auswirkungen der großen Notlage der Arbeiter" noch zunehmen könnten. Die Strategie nahm vorübergehend sogar offensive Züge an: "Wir erwägen zur Zeit, ob wir nicht die Initiative ergreifen und durch eine geeignete Aktion eine äußerste und letzte Anstrengung erzwingen sollen, die im Lande liegenden Möglichkeiten besser auszuschöpfen, um eine bessere Erfassung des Vorhandenen durchzusetzen" (ebd.).

Ähnliche ungewohnt scharfe Worte wurden auf einer Versammlung der Betriebsratsvorsitzenden in Hannover am 11. Januar 1948 von Otto Brenner vorgetragen.

"Die Arbeiter sind am Ende ihrer physischen Kräfte, das Maß ist zum Überlaufen voll. ... Es ist selbstverständlich, daß die Geduld der Schaffenden einmal zu Ende ist. Wir als Gewerkschaftler haben die Pflicht, verantwortungsbewußt zu handeln. Aber das Verantwortungsbewußtsein der Gewerkschaften darf nicht so aufgefaßt werden, daß wir die Aufgaben haben, nur für Ruhe und Ordnung zu sorgen. Wir haben die Interessenvertretung der Schaffenden übernommen, und haben damit die Pflicht, in erster Linie für die Erhaltung der Arbeitskraft der in der Arbeit stehenden Menschen einzutreten. Daraus erwächst für uns die Aufgabe zu prüfen, ob auch alles getan wurde, die arbeitende Bevölkerung vor dem Hunger zu schützen" (Der Bund vom 17. 1. 1948). In einer Resolution wurde gefordert, daß der Einfluß der Gewerkschaften in allen Körperschaften durchgesetzt werden müsse, "die mit Planungs- und Lenkungsaufgaben der Ernährung und Wirtschaft beauftragt sind" (ebd.).

Auch im Bergbau, der aufgrund der Sonderstellung in der Ernährungsfrage seit den Streiks im Frühjahr 1947 etwas zur Beruhigung gekommen war, gärte es wieder. Auf einer vom Hauptvorstand einberufenen Konferenz der Bezirks- und Geschäftsstellenleiter in Essen am 12. Januar 1948 wurde aber mit Erfolg versucht, den von den Ortsausschüssen ausgehenden Druck zu kanalisieren: Die offizielle streikfeindliche Einstellung des Vorstandes wurde akzeptiert. Willi Agatz (KPD) scheiterte mit seiner Absicht, mit "den anderen Gewerkschaften gleichzuziehen", d. h. den Ortsausschüssen mehr Autonomie einzuräumen und örtliche Streiks zu tolerieren oder zu unterstützen. Es gelang vielmehr, die Ortsausschüsse stärker an den Vorstand anzubinden: "Nicht die Ortsausschüsse, sondern der Bund muß entscheiden ...

Wilde Aktionen sind auf keinen Fall zu dulden. Auch keine Aktionen einzelner Ortsausschüsse", erklärte August Schmidt und setzte sich damit durch. Interessant ist, daß in diesem Zusammenhang auch die Forderung der Sozialisierung auftaucht, die nicht von oben durch staatliche Organe, sondern, wie es im Protokoll ausdrücklich heißt, "eventuell durch Volksabstimmung" durchgesetzt werden sollte[60].

Auf örtlicher Ebene wurden die Konferenzaktivitäten erheblich verstärkt. In Bochum beschloß am 15. Januar der Ortsausschuß des IV Bergbau, am 1. Februar in den Streik zu treten, wenn sich bis dahin die wirtschaftliche Lage nicht verbessern würde. Auf einer Ortsausschußvorstandssitzung des DGB in Gelsenkirchen am 16. Januar, die der Vorbereitung einer Betriebsrätekonferenz am folgenden Tag diente, wurde beschlossen, sich dem Votum der Bochumer Kollegen anzuschließen. Im Protokoll heißt es dazu: "Kollege Schader als Entschließung für die Betriebsrätekonferenz: Wenn bis zum 1. 2. keine endgültige Besserung eingetreten ist, (werden) wir ab 2. 2. die Arbeit generell niederlege[n]. Aus der Betriebsrätekonferenz heraus eine Kommission wählen, die diese Entschließung nach Düsseldorf übermittelt"[61]. Dieses nur stichpunktartig geführte Protokoll unterstreicht im Grunde gerade durch die Kürze der Formulierungen die Brisanz der Situation und die Unruhe unter der Arbeiterschaft[62].

Den Höhepunkt der gewerkschaftlichen Aktivitäten stellte die Delegiertenkonferenz der Orts- und Kreisausschüsse des DGB in Mülheim/Ruhr am 30. Januar dar. Die Konferenz hatte nicht zuletzt die Funktion, den kursierenden Generalstreiksgerüchten zu begegnen und eine einheitliche Plattform für ein gemeinsames Vorgehen aller gewerkschaftlich organisierten Arbeitnehmer zu finden. Diese Absicht wurde voll erreicht, gleichwohl zeigte der Verlauf, daß erhebliche Meinungsunterschiede zwischen Gewerkschaftsfunktionären auf der örtlichen und auf überregionaler Ebene bestanden. So stieß das optimistische Referat Werner Hansens zur Ernährungslage auf breiten Widerspruch unter den ca. 1.200 Delegierten. Kritisiert wurde der in Zusammenarbeit mit dem Ernährungsministerium ausgearbeitete Vorschlag, die Ernährungslücke in Nordrhein-Westfalen durch den Entzug von Fettrationen von süddeutschen Werktätigen zu lösen. Bezweifelt wurden auch die bislang getroffenen Maßnahmen der Gewerkschaften zur Verbesserung der Lage; sie hatten sich im wesentlichen auf die Teilnahme an Besprechungen von deutschen und alliierten Stellen beschränkt (ausführlich berichtete Hansen darüber auf der Mülheimer Delegiertenkonferenz, s. Dokument 25). Es wurde der Vorwurf erhoben, daß die vorhandenen Machtmittel der Gewerkschaften nicht voll ausgenützt würden. Im Protokoll der Konferenz heißt es dazu: "Wir Deutsche müßten unser Schicksal selbst in die Hand nehmen und uns den Weg zum Sozialismus erkämpfen. Wenn der Bundesvorstand sich dabei nicht an die Spitze stelle, würde er das Vertrauen der Kollegen verlieren". Vom Ortsausschuß Mülheim wurde ein Antrag eingebracht, der unter Bezugnahme auf den Generalstreik in Bayern am 23. Januar 1948, an dem 1,3 Millionen

Beschäftigte beteiligt waren (vgl. zum Generalstreik in Bayern Telegraf vom 26. 1. ; Freiheit vom 22. 1. ; Nürnberger Nachrichten vom 26. 1. ; Fränkische Presse vom 24. 1. 1948), den Generalstreik für das Ruhrgebiet forderte. Der Versuch des Kölner Funktionärs Christian Fette, die Ursache der Versorgungskrise in der sowjetischen Exportpraxis zu suchen (Exporte aus der sowjetisch besetzten Zone in die Sowjetunion) rief bei einigen Delegierten "heftige Proteste" hervor. Von entscheidender Bedeutung war, daß Hans Böcklers Argumente sich letztlich durchsetzen konnten und es ihm gelang, die Linie der Bundesleitung auch gegenüber den opponierenden Delegierten der Ortsausschüsse erfolgreich mit folgenden Argumenten zu vertreten:

1. Die Ursachen der Krise seien die Niederlage im zweiten Weltkrieg und die Fortdauer des privatkapitalistischen Systems.
2. Gewerkschaftlicher Widerstand setze die Geschlossenheit aller, auch der unorganisierten Arbeitnehmer voraus.
3. Streikbeschlüsse seien Sache der Industrieverbände und der Bundesleitung, nicht jedoch Sache der Ortsausschüsse.
4. Das Ergebnis eines Generalstreiks unter den Bedingungen einer Ernährungskrise müsse negativ ausfallen: "Aber wenn nun immer und immer wieder der Gedanke auftaucht: Generalstreik, dann muß ich mich und müssen sich mit mir alle Verantwortlichen fragen, welches soll der Zweck sein, und was kann im günstigsten Fall als Ergebnis herauskommen? Glücklicherweise haben die meisten unserer Kollegen in Nordrhein-Westfalen bislang begriffen und sie werden es auch fernerhin festhalten, daß der größte Streik uns auch nicht ein einziges Korn, nicht ein einziges Stück Brot mehr bringt ..." (Protokoll der Mülheimer Delegiertenkonferenz, s. Dokument 25).

Die auf der Konferenz verabschiedete Entschließung enthielt keinerlei gesellschaftspolitisch offensive Forderungen. Sie waren vielmehr mit einer Ausnahme sehr pragmatisch und auf die Lösung der augenblicklichen Versorgungskrise ausgerichtet:

"1. Sofortige Freigabe von 1 Mill. t Kohle von den Halden der Ruhr zum Ankauf von Fett im Ausland. Der Verkauf dieser Kohle und der Ankauf von Lebensmitteln muß sich unter Ausschluß aller ausländischen Unternehmungen und unter Kontrolle der Gewerkschaften vollziehen und restlos der werktätigen Bevölkerung beider Zonen zugute kommen.
2. Darüber hinaus sofortige Freigabe und Verwendung von Devisenerlösen aus den Exporten zum Ankauf von Lebensmitteln.
3. Zulassung Deutschlands zum Walfang sowie vergrößerte Zulassung Deutschlands zum Heringsfang.
4. Sofortige Bildung und Einsetzung von Kontrollausschüssen mit Exekutivgewalt unter stärkster Mitwirkung der Gewerkschaft, um die Erfassung der Lebensmittel zu sichern.
5. Rücksichtslose Erfassung und sofortige Verteilung aller gehorteten Lebensmittel unter Kontrolle der Gewerkschaften.

6. Belieferung aller Zusatz- und Schwerarbeiterkarten mit den darauf zustehenden Lebensmitteln.
7. Sofortiger Aufbau einer zentralen Ernährungsverwaltung und Ersetzung der unzuverlässigen Elemente in der Ernährungsverwaltung durch zuverlässige demokratische Kräfte unter Mitwirkung und Kontrolle der Gewerkschaften.
8. Anerkennung des in Nordrhein-Westfalen angenommenen Gesetzes über die Mitverantwortung der Betriebsräte für die Produktionsmeldungen, um die volle Erfassung der Produktion zu sichern.
9. Permiterteilung an die deutsche Fettsyntheseindustrie in Bergkamen, um auch hierdurch die Fettversorgung zu erleichtern" (Freiheit vom 31. 1. 1948).

Zusammenfassend läßt sich über die Streikaktivitäten des Frühjahrs 1948 und ihren Einfluß insbesondere auf die gewerkschaftliche Führung feststellen:

1. Die Ursachen der Unruhen lagen im Frühjahr 48 fast ausschließlich in der Ernährungskrise. Der Protest der streikenden Bevölkerung war vor allem Ausdruck der wirtschaftlichen Not, die ihre Ursache im Zusammenbruch des Verteilungssystems hatte.
2. In der Regel handelte es sich dabei um spontane Aktionen, die ebenso oft wie im Vorjahr von örtlichen Organisationen der Gewerkschaften gestützt wurden. Die Streikhäufigkeit überstieg zeitweise jene des Vorjahrs; die Ausdehnung zum Generalstreik lag im Januar 1948 vorübergehend durchaus im Bereich des Möglichen, zumal die Träger dieser Streiks in fast allen Branchen, von der metallverarbeitenden Industrie bis zum öffentlichen Dienst, zu finden sind. Auch im Bergbau mehrten sich im Verlauf des Monats Januar Anzeichen für die Aufgabe einer vom Vorstand diktierten Linie der Stillhaltepolitik. Es gelang August Schmidt aber anders als im Vorjahr, wenn auch nur mit Mühe, die zentrifugalen Bestrebungen der Ortsausschüsse zu stoppen und die Kompetenzen der Führungsspitze zu stärken.
3. Die Zielsetzungen dieser Unruhen und Streiks lagen unmittelbar darin, auf die Verelendung aufmerksam zu machen, die Unzulänglichkeiten im Versorgungssystem aufzuzeigen und die staatlichen und alliierten Stellen sowie die Gewerkschaften zu einer Reaktion zu bewegen. Insbesondere sollten die Gewerkschaften selbst zu einer aktiveren Einflußnahme auf deutsche und alliierte Behörden ermutigt werden. Der vermehrte Druck der Mitgliederbasis konnte jedoch nur vorübergehend eine die defensive Politik der Gewerkschaften ins Wanken bringende Wirkung zeitigen.

Der hohe Mobilisierungsgrad der Arbeiterschaft, der primär durch die Hungerkatastrophe verursacht worden war, wurde von gewerkschaftlicher Seite politisch nicht genutzt. Die zweifellos vorhandene Möglichkeit, den Druck der Basis in ein gewerkschaftliches Konzept mit offensiven Zügen auf Bundesebene einzubinden, wurde nicht ventiliert. Vielmehr wurde dieser Druck kanalisiert. Die Spitze der Hungerdemonstrationen blieb verwaist, Kampfentschlossenheit wurde durch staatsmännische Überlegungen, wie sie besonders Hans Böckler artikuliert hat, in die Schranken gewiesen (vgl. BEIER 1975).

Auch im Bergbau, wo der Druck der Arbeiterschaft freilich im Vergleich zum Vorjahr weniger massiv war, gab es keine Versuche, den politischen Forderungen der Sozialisierung, die verbal immer wieder gestellt worden waren, gerade zu diesem Zeitpunkt einen ähnlichen Nachdruck zu verleihen wie 1947.

Die Zurückhaltung der gewerkschaftlichen Seite gegenüber gesellschaftspolitischen Fragen wurde auch im Verlauf der weiteren Entwicklung des Jahres 1948 deutlich. So war die Entscheidung für den Marshallplan zugleich das Ende der Realisierungschancen der Sozialisierungsforderungen. Die von Gewerkschaftsseite nur zaghaft kritisierte politisch bedingte Ausbootung kommunistischer Minister (Wiederaufbauminister Hugo Paul und Verkehrsminister Heinz Renner) (Freiheit vom 9. 2. 1948) deutete an, daß die Sonderentwicklung, die die spätere Bundesrepublik in ihrer Einstellung zum Kommunismus im Vergleich zu anderen westeuropäischen Ländern nahm, von gewerkschaftlicher Seite nicht aufgehalten werden würde.

Der kalte Krieg und seine innenpolitischen Rückwirkungen in Gestalt einer rapide wachsenden parteipolitischen Polarisierung bestimmte seit 1948 zunehmend auch die innere Entwicklung der Arbeiterorganisationen. Aktionen, die den programmatischen Forderungen Nachdruck hätten verleihen können, wurden dem Verdacht kommunistischer Subversion oder Steuerung ausgesetzt. Gerade weil sich die Kommunisten immer wieder mit Nachdruck zum Vorkämpfer für eine Neuordnung machten und alle Streiks - aus welchen Motiven auch immer - unterstützten, wurden diese als politisches Kampfmittel der ohnehin streikfeindlichen Gewerkschaftsführung um so verdächtiger. Angesichts dieser Konstellation machten die harten Konflikte zwischen SPD und KPD auch vor der Einheitsgewerkschaft nicht halt [63]. Da die Betriebe und die Betriebsräte am ehesten Stütze und Einflußpotential für die KPD bildeten, traten die Auseinandersetzungen auf dieser Ebene ebenfalls sehr scharf in Erscheinung.

In den Streiks und Demonstrationen hatten die Betriebsräte z. T. mit den örtlichen Gewerkschaftsleitungen, aber häufig gegen die Intentionen der Spitzen von Gewerkschaften und SPD von sich aus Initiative entwikkelt und die Protestaktionen organisiert und getragen. Die latente Spannung zwischen Gewerkschaften und Betriebsräten wurde dadurch verschärft. Sie erreichte zwar nie die Stärke eines offenen Affronts wie nach dem ersten Weltkrieg. Hierin unterschied sich die Situation nach 1945 grundlegend. Der unmittelbare Kontakt zur Belegschaft, das Selbstbewußtsein als "Männer der ersten Stunde" und der fehlende Zwang zur Rücksichtnahme auf die Alliierten aus übergeordneten Interessen und tatsächlicher oder vermeintlicher Verantwortung brachten es aber mit sich, daß sie meist radikaler auftreten konnten und auftraten als die Gewerkschaften. Auf die Rolle der Betriebsräte und auch der Betriebsgruppen der Parteien ist daher abschließend noch genauer einzugehen.

VI. ROLLE UND BEDEUTUNG DER BETRIEBSRÄTE

Die internen und öffentlichen Auseinandersetzungen um die Streiks und Demonstrationen waren, wie sich gezeigt hat, sehr stark von dem Verdacht geprägt, in der KPD sei der eigentliche Urheber der Unruhen zu suchen. Das Protokoll "M" stellte in dieser Hinsicht ein charakteristisches Produkt der auch mit zweifelhaften Mitteln arbeitenden Polemik insbesondere unter den Parteien dar. Dieser parteipolitische Konflikt war innerhalb der Arbeiterbewegung in die offene oder latente Polarisierung zwischen Gewerkschaften und Betriebsräten verflochten und erhielt damit zusätzliche Brisanz und Schärfe.

Eine genaue Einschätzung dieser Spannungen zwischen Betriebsräten und Gewerkschaftsführungen erweist sich auf der Basis des z. Zt. vorhandenen bzw. erschlossenen Materials als sehr schwierig, weil tatsächliche Konflikte, mißtrauische Beobachtungen und Verdachtsmomente und schließlich aus Weimarer Erfahrungen gespeiste Befürchtungen kaum auseinanderzuhalten sind.

Greift man zunächst auf den Aspekt der Tradition zurück, so zeigt sich, daß gerade im Ruhrgebiet die Spannung zwischen der eine "ultrareformistische Politik der Selbstbeschränkung"[64] betreibenden Gewerkschaftsführung im Bergbau und einer radikalisierten Basis besonders ausgeprägt war. Diese Spannungen wirkten bis zum Ende der Republik im Verhältnis der Betriebsräte zur ADGB-Gewerkschaftsführung nach. Die stark auf die Betriebsrätearbeit ausgerichtete Politik der KPD spielte dabei eine zentrale Rolle. Obwohl der Rätebewegung mit dem Betriebsrätegesetz von 1920 der Totenschein ausgestellt worden war (MARTINY 1976, 661), - daran änderte auch die kurzlebige Renaissance im Gefolge des Kapp-Putsches nichts (BIEGERT 1974, 195) -, verschwand das Thema Betriebsräte als politisches Problem niemals von der Tagesordnung der Gewerkschaftskongresse. So forderte etwa auf dem Leipziger Kongreß von 1922 eine starke kommunistische Minderheit, den Betriebsräten gegenüber den Gewerkschaften ein größeres Gewicht einzuräumen, weil sie "eine weit größere Zahl von Proletariern erfassen und vertreten als die Gewerkschaften" und daher "geeignet und berufen" sind, die "Pioniere und Wegweiser im Kampf zur Überwindung des Kapitalismus und Durchführung der sozialistischen Wirtschaftsordnung zu sein"[65]. Nach vorübergehender "Normalisierung" Mitte der 20er Jahre gewann dieses Problem in der Endphase insofern nochmals besondere Brisanz, als die KPD mit ihrer Politik der organisierten Opposition teils innerhab teils außerhalb der ADGB-Gewerkschaften den unter der fatalen Parole vom "Sozialfaschismus" geführten Kampf gegen die SPD unmittelbar in die Gewerkschaften hineintrug und dabei die Betriebsräte zu einem wichtigen Vehikel dieses Kampfes machte (vgl. BAHNE 1974, 332 ff.; ferner die Hansen-Rede, Dokument 17). Für die SPD und die von ihr bestimmten freien Gewerkschaften wurde damit das Bemühen um Unterordnung der Betriebsräte zugleich zum wesentlichen Bestandteil ihrer Auseinandersetzung mit der KPD-Politik.

Nach dem totalen Zusammenbruch von 1945 stellte sich die Ausgangslage vor allem deshalb völlig anders als nach dem ersten Weltkrieg dar, weil eine eigenständige organisierte Arbeiterbewegung nicht mehr existierte, sondern auf allen Ebenen erst wieder aufgebaut werden mußte. Der alte Konflikt zwischen Betriebsräten und Gewerkschaften konnte sich in diesem Wiederaufbauprozeß insofern nicht mehr so stark auswirken, als sich der Wille zur Einheitsgewerkschaft mit elementarer Kraft Bahn zu brechen versuchte[66] und sich auch der alte Gegensatz jetzt nicht mehr ohne weiteres mit der Spannung zwischen zentralisiertem und etabliertem Organisationsapparat einerseits und eher zu spontaner und radikaler Aktion neigenden betrieblichen Interessenvertretung deckte. Denn durch die alliierten Restriktionen war die Entwicklung der Gewerkschaften weitgehend durch die organisatorische Abfolge Betrieb - Ort (Stadt) - Bezirk vorgezeichnet. Damit wurde zwar die Gewerkschaftsbewegung stark behindert, aber zugleich auch die mögliche Kluft zwischen Gewerkschaften und Betriebsräten verringert, zumal sich diese von vornherein als Kern und Motor der wiederentstehenden gewerkschaftlichen Organisation verstanden[67].

Insofern konnte der alte Konflikt - wenn auch nicht in der früheren Stärke - erst in einer Phase aufbrechen, als sich auf regionaler Ebene wieder Gewerkschaften etabliert hatten, deren Führungskader meist schon in Weimarer Zeiten aktiv gewesen waren und die in zu großer Aktivität der Betriebsräte eine mögliche Konkurrenz sahen, denen sich traumatische Erinnerungen aus Weimar aufdrängten und die auch - und dieses Argument wiegt sachlich durchaus schwer - in einer radikalen Betriebsdemokratie eine Gefährdung des übergeordneten gewerkschaftlichen Konzepts der wirtschaftlichen Mitbestimmung sahen (s. Hansen-Rede, Dokument 17).

Sobald der Parteikonflikt zwischen SPD und KPD - unter den Bedingungen der Aufspaltung Deutschlands in Zonen und angesichts der Gründung der SED verschärft - wieder durchbrach, verstärkte sich auch das gewerkschaftliche Mißtrauen gegenüber den Betriebsräten. Denn diese gaben nicht nur eine starke Stütze der KPD ab, sondern von ihnen ging offensichtlich auch eine beträchtliche Initiative bei den Streiks und Demonstrationen aus, was die Skepsis der gegenüber Streiks reservierten Gewerkschaftsführung weiter verstärkte und sie zu entsprechender Aktivität veranlaßte. Unter anderem Vorzeichen, aber formal ähnlich lassen sich dabei in der sowjetischen und in den Westzonen vergleichbare Ziele ausmachen. Versuchte dort die SED und die ihr nahestehende FDGB-Führung die in ihrer Stellung relativ starken und unabhängigen Betriebsräte unter Kontrolle zu bekommen, um ihre ökonomischen Ziele durchsetzen zu können (vgl. dazu STARITZ 1976, 90 ff., 102 ff.), so bemühten sich hier die Alliierten und die deutschen Parteien, den Gewerkschaften den Rücken zu stärken und den Einfluß der KPD unter den Betriebsräten zurückzudrängen. Im Ruhrgebiet, wo die KPD seit den ersten Monaten nach dem Zusammenbruch festen Fuß gefaßt hatte, läßt sich das besonders deutlich beobachten. Schon 1945 stellte Böckler in einer Denkschrift an die britische Militärregierung fest, es bestehe die Gefahr, "daß, wenn nicht bald Gewerkschaften unter maßgeblichem Einfluß der vor 1933 bereits organisierten Arbeitnehmer zustandekommen, mit Bildungen zu rechnen ist, die einen wesentlich radikaleren Charakter tragen" (Zit. bei: BORSDORF 1974, 406). Und noch im November 1947 erklärte R. W. Luce, der Chef der Abteilung für den Arbeitseinsatz, gegenüber Gewerkschaftlern: "Statt daß eure Betriebsräte aus der Gewerkschaft hervorgehen ..., stellen sie sich, gestützt auf ein Gesetz, selber auf, blühen und gedeihen ... unter diesem Gesetz und geben euch das Problem auf, wie ihr sie eurer Organisation einverleibt" (Zit. bei: BALFOUR 1959, 368).

Anders als die SPD, die ihre Reorganisationsarbeit zunächst stärker auf die Partei selbst richtete, konzentrierte sich die KPD von Anfang an mit Erfolg auf die Betriebsarbeit. Erst 1947 verstärkte die SPD energisch ihre Betriebsgruppenarbeit im Ruhrgebiet (vgl. dazu die Dokumente 9 - 13). Die Ergebnisse der Betriebsrätewahlen im Bergbau sind daher ein wichtiger Indikator für politische Bewegungen in der Arbeiterschaft des Ruhrgebiets.

Das vorhandene Zahlenmaterial über die parteipolitische Zusammensetzung der Betriebsräte ist bruchstückhaft und widersprüchlich. Das liegt zum einen daran, daß es darüber keine offiziellen Angaben der Gewerkschaften gibt, die als parteipolitisch neutrale Einheitsgewerkschaften gerade das fatale Erbe der alten Richtungsgewerkschaften der Weimarer Zeit überwinden wollten. Daher basieren die Angaben meist auf Zählungen der Parteien. Zum anderen ist die Vergleichbarkeit der Daten nur bedingt gewährleistet, weil die Auswahl der Betriebe z. T. einseitig ist.

Im folgenden werden die wichtigsten Teil- und Gesamtergebnisse der Betriebsratswahlen aufgeführt.

Aus den Zahlen lassen sich, auch wenn sie beträchtliche und nicht auflösbare Ungereimtheiten zeigen, doch einige Entwicklungstendenzen ablesen. Evident ist die ungewöhnlich starke Position der KPD unter den Betriebsräten in den Jahren 1945 und 1946. Aussagekräftig sind hier vor allem die Teilergebnisse aus den 44 großen Schachtanlagen des gesamten Ruhrgebiets, die in der originalen Form genau aufgeschlüsselt sind und daher als recht zuverlässig erscheinen, während man bei den übrigen Teilergebnissen, die teils aus SPD- teils aus KPD-

Teilergebnisse aus 4 Essener Schachtanlagen vom Oktober 1945 [68]:

	Victoria-Mathias	Gottfried-Wilh.	Mathias Stinnes I, II, V	Bonifazius
Belegschaft	581	640	2154	-
Wahlbeteilig.	474	550	1803	1631
für KPD	301 (63,5%)	317 (57,6%)	1010 (56%)	604 (37%)
für SPD	28 (5,9%)	69 (12,5%)	450 (25%)	123 (7,5%)
für CDU	87 (18,4%)	58 (10,5%)	116 (6,4%)	480 (29,4%)
für Parteilose	58 (12,2%)	106 (19,3%)	227 (12,6%)	424 (26%)

Teilergebnisse aus 80 Schachtanlagen vom 20. November 1945 (nach: Schädel 1974, 47):

für KPD	44%
für SPD	28%
für CDU	16%
übrige	12%

Teilergebnisse von 96 Schachtanlagen im Januar 1946 [69]:

Von 113 121 an der Wahl beteiligten Bergarbeiter wählten

KPD	49 983	(44,2%)
SPD	28 313	(25%)
CDU	16 503	(14,6%)

Teilergebnisse von 44 großen Schachtanlagen im März 1946 (mit Durchschnittsbelegschaft von über 1 600 Mann) [70]:

Von 55 957 Abstimmenden (ca. 75% Wahlbeteiligung) stimmten für

KPD	23 977	(42,1%)
SPD	14 665	(25,8%)
CDU	10 239	(17,9%)
Übrige	8 076	(14,2%)

Teilergebnisse im Ruhrbergbau 1946-1948 in % der Mandate[71]:

SPD-Unterbez.:		Dortmund	Hamm	Gelsenkir.	Recklingh.	Hagen	Bochum	Mandate insgesamt
SPD	1946	50,2	66,2	30,5	24,9	64,7	39,7	448
	1947	51,2	66,6	39,8	36,4	76,0	41,3	617
	1948	51,5	65,6	31,0	36,3	58,4	50,1	675
KPD	1946	30,8	22,0	38,4	59,5	35,3	39,7	406
	1947	30,8	20,0	30,4	32,7	15,2	37,4	417
	1948	25,3	25,2	34,5	30,8	15,6	30,4	418
CDU	1946	12,5	10,4	26,5	9,3	-	15,4	146
	1947	9,3	10,7	19,9	19,2	4,4	13,0	185
	1948	11,8	7,6	23,5	16,5	6,5	11,5	199
Parteilos	1946	6,5	1,4	4,6	6,3	-	5,2	52
	1947	8,7	2,7	9,9	11,7	4,4	8,3	114
	1948	11,4	1,5	11,0	16,4	19,5	8,0	160

Gesamtergebnisse des Ruhrbergbaus 1946 - 1948 in % der Mandate[72]:

SPD	1946	36,8%
	1947	33
	1948	36 (41)
	1949	43
KPD	1946	38,8
	1947	31
	1948	33 (32)
	1949	27
CDU	1946	14
	1947	31,5
	1948	20 (17)
	1949	18
Parteilos	1946	10,4
	1947	4,5
	1948	11,0 (10)
	1949	12,0

Quellen stammen, eher eine parteipolitisch günstige Auswahl vermuten kann, die dann mit den Gesamtergebnissen kaum in Übereinstimmung zu bringen ist. Besonders auffällig ist das für die Daten aus sechs SPD-Unterbezirken im westlichen Westfalen. Diese für die SPD auffallend günstigen Ergebnisse werden erheblich abgeschwächt, wenn man sie mit den - leider nicht aufgeschlüsselten - Daten für das gesamte rheinisch-westfälische Industriegebiet vergleicht. Der schnelle Erfolg der SPD - besonders augenfällig ist z. B. der Zuwachs in Recklinghausen und das gleichzeitge Absinken der KPD von 59,5 % auf 32,7 % - war in erster Linie auf die 1947 einsetzende und z. T. von der innen- und außenpolitischen Situation begünstigte Intensivierung der Betriebsrätearbeit durch die SPD im Bezirk westliches Westfalen zurückzuführen. Die Erfolge der KPD unter den Betriebsräten und auch im IV Bergbau[73] schreckten die SPD auf, die sich, wie ein Parteibericht vom November 1947 kritisch feststellt (s. Dokument 13), bis dahin nicht aktiv genug um die Betriebsarbeit gekümmert hatte. Mit einer groß angelegten, einheitlich gesteuerten Aktion Mitte 1947 wurde die SPD im Ruhrgebiet initiativ. "Da die Betriebsrätewahlen im Bergbau", heißt es in dem Parteibericht, "innen- und außenpolitisch von besonderer Bedeutung sind, war man sich darüber klar, daß dieser Aktion ganz besondere Aufmerksamkeit gewidmet werden mußte. Es galt, eine Propaganda zu treiben, die unsere eigenen Funktionäre, die, teilweise durch die Not bedingt, einer gewissen Lethargie verfallen waren, wieder aufrüttelte, um sie für diesen propagandistischen Kampf zu begeistern". Die Strategie gegen die Kommunisten wurde auf zwei Ebenen verfolgt: Zum einen in einer globalen allgemeinpolitischen Kampagne, zum andern im Auf- und Ausbau sozialdemokratischer Betriebsgruppen und systematischer Betriebsrätearbeit. In 71 Orten und Stadtteilen des westlichen Ruhrgebiets wurde eine große Welle öffentlicher politischer Versammlungen gestartet, an denen jeweils rund 600 - 1.000 Zuhörer teilnahmen. Dazu wurden zwei Plakatserien hergestellt, deren psychologische Stoßrichtung gegen die KPD als "von Rußland ferngesteuerte und mit reichen Geldmitteln ausgehaltene Bewegung" zielte: "Was wissen wir von Rußland - Kommt der 3. Weltkrieg?" und
"Rußland oder Weltkapitalismus - Nein
Das Ruhrgebiet, Kohle und Eisen dem schaffenden Volke
- SPD - ".

Auf betrieblicher Ebene wurde zum einen eine enge Zusammenarbeit mit dem linken CDU-Flügel und christlichen Bergarbeitern angestrebt, was besonders im Unterbezirk Recklinghausen zu einem beträchtlichen Mandatsgewinn führte. Daneben bemühte sich die SPD-Bezirksleitung mit Erfolg, auf allen Schachtanlagen sozialdemokratische Betriebsgruppen zu gründen und damit auf diesem Gebiet ein Gegengewicht gegen die KPD zu schaffen. Mit einer Gesamtzahl von 157 Betriebsgruppen im Bezirk im Herbst 1947 war sie freilich der KPD immer noch weit unterlegen[74]. In gemeinsamen Konferenzen von Betriebsgruppenleitern mit Betriebsräten, Gewerkschaftsfunktionären und SPD-

Ortsvorsitzenden erfolgte eine systematische Schulung und Vermittlung der antikommunistischen Parteilinie der SPD.

Diese doppelte Strategie der eher emotionalen politischen Mobilisierung der Bevölkerung im Ruhrgebiet und der konkreten Schulungs- und Organisationsarbeit in den Betrieben brachte, wie die Zahlen zeigen, in vielen Zechen die gewünschten Ergebnisse.

Der Preis dafür waren freilich ein erbitterter und das Klima vergiftender "politischer Wahlkampf" in den Zechen und harte Auseinandersetzungen innerhalb des IV Bergbau. Erbittert stellte der von dem Kommunisten Schiwon geleitete Bezirksvorstand Gelsenkirchen-Buer in einem anklagenden Schreiben an den Hauptvorstand des IV Bergbau fest: "Die angeblich beabsichtigte Bereinigung der politischen Atmosphäre hat zu einer Entfesselung der niedrigsten politischen Instinkte geführt, und das ist das Niederschmetterndste an den diesjährigen Betriebsrätewahlen. Jeder aufrichtige Gewerkschaftler muß beschämend feststellen, daß die Betriebsrätewahlen 1947 auf einem Niveau geführt werden, das von Anfang an den Keim der Spaltung in sich trägt" (Schreiben vom 14. 10. 1947, Archivsammlung Ernst Schmidt, Essen, Nachlaß Hermes).

Die KPD, die offiziell strikt die Einheitsgewerkschaft und die Unterordnung der Betriebsräte unter die Gewerkschaften verfocht [75], konnte den immer wieder an sie gerichteten Vorwurf der Fraktionsarbeit mit gleichem Recht an die SPD zurückgeben. Der parteipolitische Konflikt schlug zwangsläufig auch innerhalb der Einheitsgewerkschaft durch [76], denn keine Partei konnte und wollte freiwillig auf Stärkung ihres Einflusses in den Betrieben verzichten. Überdies rechnete man in SPD-Kreisen offenbar mit einer Abspaltung des christlichen Flügels und folglich mit einer erneuten Etablierung von Richtungsgewerkschaften, wenn der kommunistische Einfluß unter den Ruhrbergarbeitern nicht zurückgedrängt werde [77].

Wie breit der Rückhalt der KPD auch nach dem Anlaufen der SPD-Kampagne immer noch blieb, zeigen die Gesamtergebnisse der Betriebsrätewahlen von 1948. Erst seit 1949 ergibt sich hier ein rapides Absinken des Mandatsteils und damit der gleiche Trend, der sich 1948 schon bei den Delegiertenwahlen im IV Bergbau durchgesetzt hatte (vgl. Dokument 16).

Die Erklärung dafür, daß der KPD der große Vertrauenskredit, den sie durch engagierte betriebsnahe Arbeit gewonnen hatte, bald wieder verloren ging und die SPD-Aktion schnelle Erfolge erzielte, liegt vor allem in der unkritischen Identifikation der KPD mit der Politik der SED und der Sowjetunion in der Ostzone, die angesichts der beginnenden Verschärfung des kalten Krieges fast zwangsläufig in die völlige Isolierung führen mußte.

Dies zeigt sich mit besonderer Deutlichkeit an den Ergebnissen der politischen Wahlen. Der KPD gelang es zwar, ausgehend von einer starken Stellung unter den Betriebsräten, sich in den Streiks und Demonstrationen von 1947 und 1948 an die Spitze einer Massenbewegung zu setzen, es gelang ihr jedoch nicht, diesen Erfolg politisch umzusetzen. Das gute Ergebnis der Landtagswahlen von 1947 blieb punktuell (HÜTTENBERGER 1973, 115 f.). Freilich gelang auch der SPD kein wirklicher Durchbruch bei den Wahlen in Nordrhein-Westfalen. Dazu waren einerseits die KPD noch zu stark, andererseits das Wählerpotential der bürgerlichen Parteien auch unter der Arbeiterschaft nicht unerheblich, wobei die Tradition des politischen Katholizismus, aber auch die vergleichsweise linke politische Orientierung der CDU in diesem Land (vgl. Ahlener Programm) wesentliche Faktoren gewesen sein dürften. Auch die SPD konnte somit ihre wachsende Stärke in den Betrieben in einem Gebiet mit besonders hohem Arbeiteranteil an der Bevölkerung nicht direkt in gesamtpolitischen Erfolg ummünzen.

VII. SCHLUSSBEMERKUNGEN- DAS PROBLEM VON ORGANISATION U AKTION UNTER DEN BEDINGUNGEN DER NACHKRIEGSZEIT

Die Analyse der Streiks und Demonstrationen hat ergeben, daß es sich um mehr als unpolitische Hungerrevolten, freilich deswegen noch nicht ohne weiteres um "politische Streiks" und Klassenkämpfe handelte. Diese ambivalente Einschätzung folgt nicht einfach der gängigen Maxime, daß die historische Wahrheit in der Regel in der Mitte zwischen den Extremen liege, sondern korrespondiert genau jener innen- und außenpolitisch ambivalenten Situation der ersten Nachkriegsjahre. Die Organisationen der Arbeiterbewegung waren noch voll in einem mit vielen Hindernissen verbundenen Aufbau begriffen, der beträchtliche politische Energien absorbierte. Andererseits war aber auch das gesellschaftliche System noch keineswegs "restauriert" und der Kontrahent, die Unternehmer, organisatorisch noch schwach, so daß angesichts der partiellen Unterstützung gesellschaftlicher Neuordnungsvorstellungen durch die Briten Illusionen über die Notwendigkeit eines Kampfes für die eigenen Ziele Auftrieb erhielten (vgl. Dokument 18) und die gegnerischen Kräfte unterschätzt wurden. Noch bis in den Beginn der 50er Jahre ist diese Unterschätzung feststellbar. Die Gegner wurden zwar öffentlich mehr oder weniger scharf attackiert, dennoch aber wurde keine Strategie zur Realisierung der eigenen Programmatik gegen die schon seit 1946 ansatzweise erkennbaren Widerstände entwickelt. Zu einer solchen Strategie hätte eine engere Verklammerung von Organisation und Aktion gehört, um eine stärkere innere Bindung der Masse der Gewerkschaftsmitglieder an ihre Organisation und deren Programm und damit in Entscheidungssituationen eine breite wechselseitige Unterstützung zwischen Führung und Basis zu erreichen. Diese Verklammerung, die in den Streiks am ehesten möglich gewesen wäre, fand kaum statt. Insbesondere die Gewerkschaften, die nach Kriegsende angesichts der deutschen Katastrophe Anspruch auf umfassende gesellschaftspolitische Mitgestaltung und -verantwortung erhoben, waren in Gefahr, in der Praxis auf die Linie der "Arbeitsteilung" im Organisationsdual von Partei und Gewerkschaft zurückzufallen (vgl. MESSELKEN 1970, 226 ff.) und die Durchsetzung ihrer umfassenden politischen Forderungen den Parteien zu überlassen, ohne ihre organisierte Macht gezielt auch für diese Forderungen einzusetzen. Dies aber wäre umso nötiger gewesen, als die zu parteipolitischer Neutralität verpflichtete Einheitsgewerkschaft ihren Einfluß nicht mehr so direkt gegenüber einer politischen Partei geltend machen konnte, wie es u. U. einer Richtungsgewerkschaft möglich war. Erst im Generalstreik vom November 1948 wurde - neben der Reuschaktion, die aber doch nur begrenzte Bedeutung hatte - eine entsprechende, wenn auch sehr vorsichtige und zu diesem Zeitpunkt zu spät einsetzende Strategie erkennbar. Den Streiks und Demonstrationen begegneten Gewerkschafts- und SPD-Führung rein defensiv, sie sahen in ihnen politisch gefährliche Unruhen, die sich vor allem angesichts der kommunistischen Agitation revolutionär ausweiten konnten, wenn man sie nicht schnell kontrollierte und kanalisierte.

Freilich läßt sich diese deutliche Zurückhaltung von Gewerkschafts- und SPD-Führung gegenüber den Streiks nicht einfach als Ausfluß "bornierter Funktionärshaltung" und der in Deutschland starken Tradition der Streikfeindlichkeit verstehen. Schließlich war es gerade Hans Böckler, der als Exponent einer streikfeindlichen Position in den Jahren 1947 und 1948 im Kampf um die paritätische Mitbestimmung im Montanbereich mit der entschlossenen Streikdrohung 1951 den erfolgreichen Durchbruch erreichte. Die Streiks von 1947/48 waren mit einem doppelten Risiko belastet: Eine schnelle durchgreifende Besserung der Ernährungssituation konnten sie nicht bringen, da diese mehrere Ursachen hatte, die sich nicht in kurzer Zeit beseitigen ließen. Andererseits standen sie immer unter der Drohung eines direkten gewaltsamen Eingreifens der Alliierten. Richteten sie sich gegen die katastrophale Ernährungssituation, trafen sie im Grunde zwar überall auf Verständnis, konnten aber unmittelbar, wie Hans Böckler zu Recht feststellte, "nicht ein einziges Brot mehr" herbeischaffen. Wurden sie dagegen, wie es ohne Zweifel möglich gewesen wäre, politisch aufgeladen, konnten sie leicht eine Stoßrichtung gegen die Besatzungsmächte bekommen und u. U. offene militärische Repressionen provozieren. Ob auch nur ein Teil der Arbeiterschaft dieses Risiko einzugehen bereit war, ist mehr als fraglich. Insofern erklärt sich die streikfeindliche Haltung der Gewerkschafts- und Parteiführungen durchaus auch aus einer schwierigen und unpopulären Verantwortung. Überdies waren die Gewerkschaften aus einem vitalen Eigeninteresse auf ein gutes Verhältnis zu den Alliierten angewiesen, da bei ihnen noch wesentliche Vorbehalte gegenüber dem gewerkschaftlichen Vermögen lagen (BEIER 1975, 21). Dennoch bleibt die Zurückhaltung der Führung angesichts des formulierten gesellschaftspolitischen Anspruchs und der beachtlichen Organisationsstärke unverständlich. Selbst der linker Überzeugungen unverdächtige General Clay erklärte, als seine Politik von einer amerikanischen Gewerkschaftsdelegation kritisiert wurde, die deutschen Gewerkschaften seien nicht militant genug, sie sollten ihre ökonomische Macht stärker einsetzen (BEIER 1974, 43).

Eine pointierte Kritik an der Ablehnung der Streiks durch Gewerkschafts- und SPD-Führer impliziert letztlich, daß bei einer klaren Unterstützung und Leitung der Massenbewegungen durch die Spitze eine Verbindung der verzweifelten Proteste mit einer größeren gesellschaftspolitischen Perspektive möglich gewesen wäre. Auf dieser Linie lag am ehesten die KPD. Sie versuchte, den Streikenden und Demonstrierenden zumindest mit Vorsicht einen Zusammenhang der trostlosen Situation mit der fehlenden gesellschaftspolitischen Neuordnung und der beginnenden Restauration einsichtig zu machen. Gerade dieser Nachweis gelang ihr jedoch nicht. Er konnte auch nur schwer gelingen, weil ein solcher einfacher Zusammenhang nicht bestand und weil zudem die KPD angesichts ihrer völlig unkritischen Haltung gegenüber der SED in der sowjetischen Zone und gegenüber der Politik der UdSSR immer stärker an Glaubwürdigkeit als Protagonist gesellschaftlicher Neuordnungsvorstellungen verlor.

Die teilweise Beibehaltung des Apparats des alten Reichsnährstandes unter Schlange-Schöningen wurde zwar überall zur Zielscheibe der Kritik, aber die Ursachen der Hungerkrise lagen doch tiefer. Sie waren vor allem in der ökonomisch willkürlichen Aufteilung in Zonen und deren unausgeglichener Wirtschaftsstruktur, die hohe Importe notwendig machte, und im Zusammenbruch des Transportsystems zu sehen, dessen Konsequenzen durch den ungewöhnlich harten Winter 1947 noch verschärft wurden (ABELSHAUSER 1975, 156, 132 ff.). Auch die geforderte und heftig diskutierte Bodenreform hätte die akute Ernährungskrise kaum gemildert (dazu TRITTEL 1975).

Wo lagen dann die Möglichkeiten der Führung der organisierten Arbeiterbewegung und wo ist ihr Versagen zu konstatieren?

Es sind vor allem drei Bereiche:

1. Bei einer konsequenten Ausnutzung des Betriebsrätegesetzes des Alliierten Kontrollrats wäre 1946/47 bei einer zentralen betriebspolitischen Strategie, die den Streik nicht fürchtete, eine weitergehende Sicherung von Mitbestimmungsrechten in den Betrieben möglich gewesen, die dann später nicht mehr ohne weiteres, wie das Beispiel der Montanmitbestimmung 1951 zeigt, rückgängig zu machen war. In diesem Punkt ist Theo Pirkers Kritik zuzustimmen. Die Hoffnung auf eine zentrale Regelung auf Länder- oder zentraler Ebene ist zwar verständlich und plausibel, weil sie weniger mühsam war, ihre äußere Realisierungsmöglichkeit fiel jedoch in eine politische Konstellation, in der sie politisch nicht mehr durchsetzbar wurde (vgl. SCHMIDT 1974, 161 ff.).
2. Angesichts der eindrucksvoll demonstrierten Geschlossenheit und Aktionsbereitschaft der Bergarbeiter und ihrer Gewerkschaft und der Haltung der politischen Parteien wäre eine Sozialisierung des Bergbaus, wie sie überall immer wieder gefordert wurde, wahrscheinlich möglich gewesen. Denn anders als alle übrigen Industriezweige hatte der Bergbau eine außerordentlich starke Stellung, weil eine schnelle Produktionssteigerung nicht nur für Deutschland, sondern auch für die übrigen westeuropäischen Länder eine zentrale Rolle spielte. Daß allein im Montanbereich im Gegensatz zu allen übrigen Industrien die paritätische Mitbestimmung durchgesetzt werden konnte, ist ein später Reflex dieser Situation. Daß vor allem der erste Vorsitzende des IV Bergbau August Schmidt trotz seiner wie-

derholten und glaubwürdigen Sozialisierungsforderungen keinerlei politische Strategie entwickelte und bei allen Aktionen der Bergarbeiter, die durchaus eine erkennbare politische Zielrichtung hatten, stets bremste, gehört zu den großen Versäumnissen der deutschen Gewerkschaftsgeschichte nach 1945 und findet verblüffende Parallelen in der Haltung des "Alten Verbandes" nach 1918 (vgl. MOMMSEN: REULECKE 1974, 286 ff.).

3. Der in den Streiks und Demonstrationen sich manifestierende ambivalente Bewußtseinsstand der Arbeiterschaft (Protest aus Verzweiflung mit rudimentären politischen Akzenten) ist von der Gewerkschaftsführung nicht aufgegriffen worden im Sinne einer gezielten gesellschaftspolitischen Aufklärung und bewußten Gewinnung der Massen für die proklamierten Ziele. Eine solche genau begrenzte Politisierung der Unruhen war möglich ohne Provozierung der Besatzungsmacht, weil diese Ziele keineswegs revolutionär waren und sich anfangs sogar in weitgehender Übereinstimmung mit denen der britischen Labourregierung befanden. Eine auf diese Weise erreichbare stärkere politische Mobilisierung und innere Bindung der Basis an die Programmatik hätte zumindest den Organisationen in den späteren Auseinandersetzungen um die sozialstaatliche Ausfüllung des Grundgesetzes und das Betriebsverfassungsgesetz mehr Rückhalt und Gewicht verliehen.

   Aber auch hier zeigte die Gewerkschaftsführung eine auffällige Zurückhaltung. Im parlamentarischen Rat gab es keine effektive Vertretung gewerkschaftlicher Interessen und in der Gewerkschaftspresse wurde dieses Problem noch nicht einmal reflektiert. Als sich schließlich 1952 angesichts der drohenden Verabschiedung des von der der Bundesregierung vorgelegten Betriebsverfassungsgesetzes an der Basis Unruhe und Empörung bemerkbar machten und Massendemonstrationen - dieses Mal mit klaren Zielrichtungen - stattfanden, gab die DGB-Führung wiederum vorzeitig nach und ließ sich von dem - formal zutreffenden, inhaltlich aber unhaltbaren - Argument einschüchtern, durch derartige Aktionen werde das Parlament unter Druck gesetzt und die Verfassungsordnung verletzt (SCHMIDT 1974, 211 f.).

Für die Mehrheit nicht nur der Gewerkschafts-, sondern auch der SPD-Führung wird man angesichts dieser fehlenden Kampfbereitschaft einen "unaufgelösten Widerspruch zwischen einer überhöhten gemeinwirtschaftlichen Utopie und einer praktizierten Wiederaufbaupartnerschaft mit den Militärregierungen, verbliebenen Unternehmern und staatlichen Organen feststellen müssen, deren Konsolidierung die Verwirklichung des Programms zunehmend unwahrscheinlicher machte" (NIETHAMMER 1975, 55).

Allgemein gesprochen war die Restauration und damit das Scheitern einer umfassenden Neuordnungskonzeption sicherlich unvermeidlich, weil sich die Restauration wesentlich als eine innenpolitische Funktion der außen- und weltpolitischen Konstellation des kalten Krieges und der politischen und ökonomischen Dominanz der USA in Westeuropa erwies.

Die Ursachen des kalten Krieges lagen auf einer höheren Ebene, auf die die Deutschen keinen Einfluß hatten, nämlich in der Konfrontation der USA und der Sowjetunion und in der von beiden Mächten betriebenen Politik, die eine weitere Kooperation unmöglich machte (vgl. dazu LINK 1971a, 205 ff.; ders. 1971b).

Der Umfang der Restauration, wie er immer wieder beklagt wurde, war indessen keine historische Zwangsläufigkeit. Die verbleibenden Spielräume waren größer als ihre tatsächliche Ausnutzung. Insofern bildeten die Verabschiedung des Grundgesetzes, in der die weitergehenden Forderungen von SPD und Gewerkschaften kaum noch einen Niederschlag fanden (BEIER 1975, 62), und der "schwarze Tag für die Entwicklung der Bundesrepublik" (Stellungnahme des DGB, Zit. bei SCHMIDT 1974, 220), der Tag der Verabschiedung des Betriebsverfassungsgesetzes 1952, den Endpunkt einer Entwicklung, die in fehlenden Strategien von 1946 bis 1948 ihren Anfang hatte.

Ihrem gewandelten Selbstverständnis von der nach den Alliierten stärksten Macht im "Interregnum"- so rückblickend Werner Hansen (BEIER 1974, 53) - hätte es entsprochen, wenn die Gewerkschaften ihr organisatorisches Machtpotential nachdrücklicher in Aktionen umzusetzen versucht hätten. Daß dies mit Ausnahme der Verteidigung der Montanmitbestimmung kaum geschah, hatte seine Ursache nicht nur in den erschwerenden Bedingungen der ersten Nachkriegsjahre, sondern auch in der Geschichte der deutschen Arbeiterbewegung. Die Handlungsspielräume waren zweifellos durch Besatzung, kalten Krieg und Teilung Deutschlands stark eingeengt, aber es wurde nicht einmal der Versuch gemacht, an ihre Grenzen vorzustoßen und sie zu überschreiten. Trotz aller fundamentaler Situationsunterschiede lassen sich daher innere Kontinuitätslinien zwischen den Jahren der Massenstreikdebatte und der Nachkriegszeit verfolgen.

Die wichtigsten Weichen für die weitere Entwicklung der deutschen Arbeiterbewegung sind vor der Gründung der Bundesrepublik gestellt worden. Zentrale Probleme und Forderungen aus der damaligen Diskussion in den Gewerkschaften und Parteien haben, auch wenn sie in den 50er Jahren zeitweilig fast in Vergessenheit gerieten, bis heute ihre Aktualität keineswegs verloren (HENSCHE 1976, 688 ff.).

ANMERKUNGEN

1 Vgl. etwa, um nur einige Beispiele zu nennen, die Rede Victor Agartz auf dem Gründungskongreß des DGB (britische Zone): "Die Besetzung Deutschlands nach dem Zweiten Weltkrieg hat die notwendige Auseinandersetzung mit dem Faschismus und den hinter ihm stehenden Kräften verhindert. Und wieder droht eine Revolution zu versanden. Die Tatsache, daß es denjenigen Kräften, die den Nationalsozialismus in den Sattel gehoben haben, heute schon wieder wesentlich besser geht als ihren Opfern, bedeutet Permanenz einer sozialen Auseinandersetzung, ohne daß eine Neugestaltung möglich ist". PROTOKOLL des Gründungskongresses des DGB vom 22. - 25. April 1947 in Bielefeld, Düsseldorf o. J., 119. Ähnlich Schumacher auf dem Nürnberger SPD-Parteitag: "Nun krankt Deutschland in Wahrheit an der verhinderten sozialen und politischen Revolution des Jahres 1945. Und diese Verhinderung beruhte doch gewollt oder ungewollt auf der Tatsache der Besetzung. Wir erleben doch heute eine ökonomische und gesellschaftliche Welt, deren Eigentumsverhältnisse an den Produktionsmitteln im Prinzip doch genau so bankrott gegangen sind wie die Produktionsformen des Dritten Reiches". PROTOKOLL der Verhandlungen des Parteitages der SPD vom 29. Juni bis 2. Juli 1947 in Nürnberg, Hamburg o. J., 36. In einer Entgegnung auf die erste Regierungserklärung Adenauers sprach Schumacher davon, daß sich die Bundesrepublik in einer "Periode der absoluten Restauration" befinde. VERHANDLUNGEN DES DEUTSCHEN BUNDESTAGES, Stenographische Berichte, 1. Wahlperiode 1949, Bd. 1, Bonn 1950, 33 A. Der Wille zum Neubeginn spiegelt sich bei fast allen politischen Parteien in den ersten Aufrufen und Programmen, vgl. dazu FLECHTHEIM 1973, 129 ff.

2 H. P. SCHWARZ geht soweit festzustellen, "daß die Geschichte der Bundesrepublik Deutschland zu einem Gutteil entschieden wurde, bevor diese überhaupt ans Licht trat" (LÖWENTHAL/SCHWARZ 1974, 27).

3 Vgl. neben den relativ frühen Arbeiten von PIRKER 1960 und NARR 1966 vor allem: DEPPE u. a. 1969. SCHMIDT/FICHTER 1971. HUSTER u. a. 1972. HOFSCHEN, OTT, RUPP 1975, 30 ff. KLEIN 1972, dessen 2. Auflage im wesentlichen nur Verlag, Preis und programmatischen Titel verändert hat 1974. Dazu die Rezension von BEIER, in: IWK 10, 1974, 262 ff. Speziell für Hamburg CHRISTIER 1975 mit pointierter und sehr problematischer Zuspitzung auf die These, die Restauration sei ein Produkt der inneren, von Traditionszwängen bestimmten Entwicklung der Arbeiterparteien gewesen.

4 Dazu neben KLEIN insbesondere W. ROEDER 1968, 239 ff. Vorschläge zu Problemen des Wiederaufbaus in Deutschland, Landesgruppe der deutschen Gewerkschaften in Schweden, Stockholm 1945. NIETHAMMER 1976, 25 ff.

5 ROTH 1974, 184. Vgl. zu ROTHs teilweise völlig spekulativer Konzeption die Sammelrezension von Rudi SCHMIDT, Die Geschichtsmythologen der 'anderen' Arbeiterbewegung, in: IWK 11, 1975, 178 ff.

6 Die Gewerkschaftsbewegung in der britischen Besatzungszone, Geschäftsbe-

richt des Deutschen Gewerkschaftsbundes (britische Besatzungszone) 1947 - 1949, Köln 1949 (künftig zit. GBBZ). Ebenso fehlt in der "Gewerkschafts-Zeitung", dem Gewerkschaftsorgan der britischen Zone, jeder Hinweis. August SCHMIDT 1958.

7 Rundverfügung des Arbeitsministers von NRW v. 8. 1. 1948 an die Arbeitsämter betr. Berichterstattung über Arbeitsstreitigkeiten und Streiks, Hauptstaatsarchiv Düsseldorf NW 45, Nr. 948 - 994.

8 PROTOKOLL der Verhandlungen des 5. Kongresses der Gewerkschaften Deutschlands, Berlin 1905, 221. Ausführlich dazu: GROH 1973, Kap. 5. 2. 3.

9 P. NETTL, The German Social Democratic Party 1890 - 1914 as a Political Model, in: Past and Present 30 (1965), 88.

10 Zumindest partiell wird in der neueren Literatur auf die historischen Wurzeln und die politischen Implikationen dieser Problematik eingegangen. Vgl. DEPPE 1969, 18 ff. SCHNEIDER/KUDA 1973. PAPCKE 1969. Gewerkschaftliche Monatshefte 5, 1975 mit Beiträgen von G. BEIER, H. GREBING, H. MOMMSEN, H. J. STEINBERG.

11 Hans Böckler auf der 6. Sitzung des Zonenbeirats vom 26. 11. 1946, zit. in: AKTEN ZUR VORGESCHICHTE, 1080. Die Reaktion der Bevölkerung im Raum Bochum/Recklinghausen spiegelt der Situationsbericht des späteren Landrats von Unna, Hubert Biernat (SPD), wieder: "Besonders unverstanden sind gewisse wirtschaftliche Maßnahmen. In diesen Tagen werden besonders im hiesigen Gebiet eine große Anzahl von Betriebsstillegungen bekannt, die angesichts des ungeheuren Bedarfs aller Bevölkerungskreise starkes Befremden und große Erregung hervorrufen ... Zweifellos bestehen in der jetzigen Verwaltungsorganisation der Kohleproduktion erhebliche Manken. Wenn zum Beispiel bestimmte Werke der näheren Umgebung bestimmte Mengen Kohlen mit der Weisung zugesprochen bekommen, sie aus dem Recklinghausen, usw. - Gebiet zu holen, dann löst das im Hinblick auf die Transport-, Benzin-, und Arbeitskraftlage berechtigtes Mißfallen aus". Bericht an den Regierungspräsidenten Fries am 16. 12. 1945, siehe Dokument 2.

12 Zitiert in: GBBZ, 14 ff. Vgl. U. BORSDORF 1974, 399 ff. Als lokales Beispiel aus Hagen vgl. P. HARIG 1973.

13 Allgemein zur Konzeption der britischen Besatzungspolitik, vgl. W. RUDZIO in: VfZG (17) 1969, 219 ff. E. EBSWORTH 1960. H.-P. SCHWARZ 1966, 155 ff.

14 In älteren Untersuchungen von Sidney und Beatrice Webb, Ostrogorsky und insbesondere Robert Michels ist dieser Aspekt erörtert worden, wobei u. a. gezeigt worden ist, daß die in der Gewerkschaftsbewegung notwendige, relativ große Identität zwischen Entscheidenden und Betroffenen im Kampf um die Durchsetzung der Interessen der Arbeitnehmer durch eine erstarrte Bürokratie und Funktionärsclique ("ehernes Gesetz der Oligarchie") verloren gehen kann. Vgl. dazu kritisch FRIEDRICH 1970, 54, 195.

15 Brief vom 27. November 1945 an Hans Böckler, in: DGB-Archiv. In einem weiteren Schreiben, gerichtet an Albin Karl heißt es: "Anscheinend fühlt sich der Deutsche wohl, wenn er Befehle ausführen kann. Wir sehen z. B., daß Sie nie das gleiche System der lokalen Verwaltung mit selbständigen Stadträten, Grafschaftsräten usw. hatten wie in diesem Lande. Berufsbeamte haben den größten Teil der Verwaltungsarbeit getan und der Nichtberufsbeamte war von der Sammlung der wertvollen Erfahrungen in der Verwaltung, die sich sein britischer Kollege oft gesichert hat, ausgeschlossen. Und es ist dieser deutsche Charakterzug, der die Menschen Befehlen zugänglich machte, der es den Nazis

ermöglichte, nicht nur die Aufsicht zu übernehmen, sondern, nachdem sie die Aufsicht übernommen hatten, auch alle Gefühle gegenüber ihrer verabscheuungswürdigen Politik zu ersticken". Beide Schreiben wurden freundlicherweise von Gerhard Beier zur Verfügung gestellt.

16 Das Pressewesen in den westlichen Zonen wurde bis zum Herbst 1949 lizenziert, wobei kirchlichen Publikationsorganen mehr Vertrauen als politischen Organen entgegengebracht wurde. Ende 1946 waren z. B. in der britischen Zone von insgesamt 61 zugelassenen Zeitschriften und Zeitungen nur folgende politische Publikationsorgane zugelassen: Der Neue Weg (KPD, wöchentlich), SPD-Wochenschrift, Der Freie Demokrat (FDP, wöchentlich). Freies Niedersachsen (NLP, wöchentlich), Die Gewerkschaftszeitung/Hamburg. Der Rest waren zahnmedizinische, tierärztliche, juristische, wirtschaftliche, kulturelle, und überdurchschnittlich viele kirchliche Zeitschriften (15). Vgl. Europa-Archiv, Oktober/November 1946, 252; HURWITZ, Die Pressepolitik der Alliierten, in: PROSS (Hg.), Deutsche Presse seit 1945, Bern 1965.

17 Auf diesen Aspekt wies u. a. Bertold Brecht im Dezember 1947 aus seinem Schweizer Exil hin: "Nach allem, was man aus Deutschland hört, läßt man es an einer wirklichen Kritik des Nationalsozialismus fehlen, indem man ihn als 'unter der Kritik stehend' behandelt. Man verläßt sich auf die vernichtende Wirkung des Mißerfolgs; je länger aber dieser Mißerfolg zurückliegt, desto mehr verselbständigt sich natürlich die mißliche Gegenwartslage, welche mehr und mehr neue Maßnahmen, Versuche, Erklärungen hervorbringt, die am Ende schon durch ihre Menge als für hinreichend angesehen werden können, die mißliche Lage zu verursachen. Die Maueranschläge, die ein Jahr nach Mussolinis Hinrichtung in Italien erschienen, 'gebt uns den Stinker zurück' waren für solche Stimmungen charakteristisch!" Bertold Brecht, Arbeitsjournal, hg. von Werner Hecht, Frankfurt/Main 1974, Bd. 2, 500 f.

18 Die Ergebnisse der regelmäßigen Meinungsumfragen in der amerikanischen Zone sind zusammengefaßt bei A. J. und R. L. MERRITT 1970. Als grobe zusammenfassende Trendbeschreibung konstatieren die Verfasser S. 295: "Die Zahl der Deutschen, die behaupteten, über Politik informiert zu sein, fiel von 1945 bis 1947, und das Interesse an Politik blieb konstant niedrig bei etwa 40 %". In der Einstellung zum Nationalsozialismus ließ sich eine steigende positive Einschätzung feststellen, ein Ergebnis, das auch erste deutsche Umfragen bestätigten. Bei einer Umfrage im Gebiet der späteren Bundesrepublik vom Oktober 1948 beantworteten die Frage "Halten Sie den Nationalsozialismus für eine gute Idee, die schlecht ausgeführt wurde?" 57 % mit "ja", 28 mit "nein" und 15 % waren unentschieden. E. NOELLE, E. P. NEUMANN (Hg.) 1956, 134.

19 Die Politik der sowjetischen Besatzungsmacht kann nicht behandelt werden. Sie ist von einem grundlegenden Widerspruch gekennzeichnet. Auf der einen Seite wurden schon sehr frühzeitig demokratische und soziale Reformmaßnahmen unterstützt: Es wurden Parteien und Gewerkschaften zugelassen, die Bodenreform durchgeführt, die Entmachtung faschistischer Konzerninhaber, Wirtschaftsführer und Beamter in Angriff genommen. Daneben stehen aber die massiven Reparationsforderungen, die die Wirtschaftskraft der SBZ ganz erheblich geschwächt und gegenüber der Entwicklung in den westlichen Zonen zurückgeworfen haben. Vgl. STARITZ 1976.

20 Der Bezirk Westliches Westfalen konnte seine Mitgliederzahl gegenüber 1931 bei nur unwesentlichen Bevölkerungsverschiebungen in der Gesamteinwohnerzahl um 165 % erhöhen, der Bezirk Niederrhein bei einer um 330 000 Einwohner verringerten Bevölkerungszahl um 20 000, d. h. 74 %. Bericht A. Naus auf dem Nürnberger Pateitag, PROTOKOLL der Verhandlungen des Parteitags

der SPD vom 29. Juni bis 2. Juli 1947 in Nürnberg, Hamburg o. J., 96.

21 Vgl. Dokumente 18, 19, 21. Der Text des Münchener Grundsatzprogrammes ist abgedruckt bei HUSTER 1972, 388 ff. Zur Programmatik im einzelnen, die bisher nirgendwo zusammenhängend dokumentiert oder analysiert worden ist, vgl. Anm. 4, ferner B. OTTO 1975, 399 ff.

22 Art. 27 der Verfassung des Landes Nordrhein-Westfalen lautet: "(1) Großbetriebe der Grundstoffindustrie und Unternehmen, die wegen ihrer monopolartigen Stellung besondere Bedeutung haben, sollen in Gemeineigentum überführt werden. (2) Zusammenschlüsse, die ihre wirtschaftliche Macht mißbrauchen, sind zu verbieten".

23 Die mit den Landtagswahlen in NRW 1950 gekoppelte Volksabstimmung über die Verfassung, bei der u. a. die Mitbestimmungs- und Sozialisierungsartikel strittig waren, brachte 57 % Ja- und 35,2 % Nein-Stimmen (Keesing's Archiv der Gegenwart 1950, 2421, 2442).

24 Vgl. als anschauliches Beispiel etwa den Bericht des Betriebsratsvorsitzenden Clemens Kraienhorst, in: RUNGE 1968, 24 ff.

25 Die 2. Tagung des gewerkschaftlichen Zonenausschusses der britischen Zone am 30. 5. /1. 6. 1946 gab folgende Beurteilung des Betriebsrätegesetzes: "Zusammenfassend kann gesagt, werden, daß das jetzige Gesetz keinen Fortschritt bedeutet, vielmehr in wichtigsten Bestimmungen hinter der bisherigen Rechtsentwicklung zurückbleibt, aber andererseits auch viel Spielraum zur Fortentwicklung und die Möglichkeit enthält, auf den bisherigen Grundlagen des Arbeits- und Sozialrechts erfolgreich mitzuarbeiten". Protokoll der Tagung, 4, DGB-Archiv Düsseldorf, Ordner Gewerkschaftlicher Zonenausschuß (brit. Zone) 1946. Positiver Otto Brenner in der Gewerkschaftszeitung 3, März/ April 1947: "Wir vertraten von Anfang an die Auffassung, daß dieses Gesetz, wenn auch nur ein Rahmengesetz, doch die Möglichkeit zur Durchsetzung alter sozialer und wirtschaftlicher Forderungen der Gewerkschaften und Betriebsräte bietet". Ein Beispiel extensiv positiver Interpretation gab dagegen Herbert Warnke vom FDGB: "Es legt die Entwicklung des neuen Betriebsrätereches zu einem großen Teil in die Hände der Betriebsräte und der Belegschaften selbst. Es macht die Entfaltung dieser Rechte von deren demokratischem Bewußtsein, von dem demokratischen Handeln der Betriebsräte abhängig ... Es ist das der große Vorzug des Gesetzes, denn es erzieht zur Aktivität im demokratischen Sinne, es fordert und fördert die demokratische Initiative im Betrieb". H. Warnke, Das Betriebsrätegesetz und seine Anwendung, hg. v. Bundesvorstand des FDGB, Berlin 1947, 3.

26 Auf dem Gründungskongreß des DGB der britischen Zone erklärte Böckler dazu: "Der Beitrag, den unsere Betriebsräte zu unserer Arbeit bisher geleistet haben, um uns auf wirtschaftlichen und wirtschaftspolitischen Gebieten möglichst weit nach vorn zu bringen, reicht, so muß ich sagen, nicht aus. Er ist nicht so groß, nicht so gewichtig, wie wir ihn erwartet haben und wie wir berechtigt waren, ihn zu erwarten. Ich setze davon das allermeiste auf das Konto des Umstandes, daß unsere Betriebsräte mit der eigenen inneren Einrichtung viel zu stark beschäftigt waren durch Wahlvorbereitung und Durchführung von Wahlen und wiederum Wahlen. Ich muß sagen, ich habe einen Teil der Aktivität, die unsere Betriebsräte entwickelten auf Gebieten, für die nicht sie in erster Linie, sondern die Gewerkschaft zuständig ist, vermißt, als es galt, sie in anderer Richtung nutzbringender für uns zu entladen". PROTOKOLL des Gründungskongresses des DGB v. 22. - 25. April 1947 in Bielefeld, Düsseldorf, o. J., 29. Ihm antwortete der Essener Betriebsrat Sehlbruch, indem er die Betriebsräte als die "Männer der ersten Stunde" herausstellte, die nicht nur die

wichtigsten Aufräumarbeiten geleistet, sondern auch die Fundamente für die wiederentstehende Gewerkschaftsorganisation gelegt hätten (ebd., 45).

27 Diese Streiks sind bisher nicht näher untersucht worden und lassen sich für das Ruhrgebiet noch nicht durch Beispiele belegen.

28 SCHMIDT 1974, 94. Texte der Musterbetriebsvereinbarung der Gewerkschaften der britischen Zone in GBBZ, 304 ff. und des FDGB-Muster-Entwurfs bei Warnke, 25 ff.

29 GBBZ, 82. Besonders schleppend verlief die Entwicklung auf diesem Gebiet im Bergbau. Dazu Jahrbuch des IV Bergbau 1947, 61 ff. und 1948/49, 91 f.

30 Deutsche Sozialpolitik im Neuen Aufbruch, Bericht des Arbeitgeber-Ausschusses NRW über die Jahre 1915 - 48, Düsseldorf 1949, 76.

31 BERGARBEITER, Ausstellung zur Geschichte der organisierten Bergarbeiterbewegung in Deutschland (Katalog), Text von H. MOMMSEN u. a., Bochum 1969, Kap. 35; MANNSCHATZ/SEIDER 1968, 198 f. "Die Arbeitsleistung im Bergbau scheuert sich an den Eigentums- und Besitzverhältnissen. Auf die Leistung drückt das nicht eingelöste Sozialisierungsversprechen", erklärte Erich Nölting, der Wirtschaftsminister von NRW im Landtag in der Sitzung vom 12./13. November 1946 (zit. ebd., 198).

32 Z. B. die Entschließung der Betriebsrätekonferenz des Ruhrgebietes in Bochum v. 14. 11. 1945, in: Dokumente und Materialien zur Geschichte der deutschen Arbeiterbewegung Bd. III 1, Berlin (O) 1959, 267. Ferner die drei Verbandstagungen der Bergarbeiter in Dortmund, Wattenscheid und Gelsenkirchen am 6. 9. 1946, MANNSCHATZ/SEIDER, 159 f., Protokoll der 1. Generalsversammlung des IV Bergbau am 8./9. 12. 1946 in Herne, 38 f.

33 Bei Abstimmungen von Februar und März 1947 auf 7 Schachtanlagen des Ruhrgebiets stimmten von insgesamt 11.910 Abstimmungsberechtigten 10.973 (= 92,1 %) für die Enteignung. MANNSCHATZ/SEIDER, 218. Von wem die Abstimmung initiiert wurde, wird dort nicht angegeben.

34 Protokoll vom 5. 2. 1947, Archiv der IG Bergbau und Energie, Bochum, Ordner DKBL Nr. 31. Vom IV Bergbau nahmen an der Sitzung teil: die beiden Vorstandsmitglieder Willi Agatz und Franz Meis sowie die Funktionäre Heinrich Gutermuth, Karl Herzfeld, Heinrich Scheppmann und Karl Bergmann.

35 Westdeutsches Volksecho vom 7. 3. 1947. Zum Sozialisierungsproblem im Landtag generell vgl. HÜTTENBERGER 1973, 410 ff. POTTHOFF 1957, 50 ff. Nach dem Bericht des Westdeutschen Volksechos ermahnte Böckler die Delegation zur Ruhe. "Daraufhin erhob sich ein großer Protest. 'Wir sind Delegationen unserer Belegschaft und haben einen Auftrag auszuführen', sagte ein Betriebsrat. 'Wir wollen ja nur unsere Verbundenheit mit den Arbeiterfraktionen zum Ausdruck bringen, um dadurch den Sozialisierungsgesetzen Nachdruck zu verleihen. Warum will man uns nicht hören?' Darauf Böckler: 'Ich habe euch nicht gerufen'. Als ein anderer Betriebsrat erwiderte, daß die Arbeiter, wenn die Sozialisierung abgelehnt würde, in den Streik treten müßten, erklärte Böckler: 'Habt ihr je erlebt, daß durch Streik ein Stück Brot errungen wird?' Da ertönten empörte Zwischenrufe. 'Oberhausen, Essen! Es muß jetzt gehandelt werden'".

36 In der KPD-nahen Literatur wird die Streikwelle von Ende März/Anfang April zumeist als direkte Antwort auf die Landtagsereignisse dargestellt. So REIMANN 1974, 88; SCHMIDT/FICHTER 1971, 27.

37 Die Neue Ruhr-Zeitung (NRZ) vom 5. 4. 1947 berichtete unter der Schlagzeile "Protestaktionen gegen die ausweglose Not - Ruhr-Bergarbeiter führen 24stün-

digen Generalstreik durch - Demonstrationen in allen Orten ruhig verlaufen".

38 NRZ vom 29. 3. 1947; Westdeutsches Volksecho vom 28. 3. 1947. Hier wurde die Zahl der Demonstranten in Rheinhausen mit 12. 000, in der NRZ dagegen nur mit 5. 000 angegeben - ein charakteristisches Beispiel für die erheblichen Zahlendifferenzen in der Presseberichterstattung.

39 Westdeutsches Volksecho vom 4. 4. 1947; NRZ vom 2. 4. 1947. Böckler erklärte dazu: "Es ist die alleräußerste Not, die den Werktätigen in Nordrhein-Westfalen und auch anderwärts Veranlassung gibt, durch Demonstrationen eine weiteste Öffentlichkeit auf die Unerträglichkeit der Lage aufmerksam zu machen. (ebd.)

40 Westdeutsches Volksecho vom 13. 5. 1947. Der Bund v. 24. 5. 1947. "Protestkundgebungen und Arbeitseinstellungen von eins bis zu acht Tagen infolge der Ernährungslage waren erheblich und im ganzen Bezirk von den Ortsausschüssen durchgeführt worden". (Geschäftsbericht der IG Metall 1948, 108)

41 Diese generelle Beurteilung bezieht sich allerdings auf alle Aktionen, schließt also vor allem den Generalstreik der Bergarbeiter mit ein.

42 FISCHER 1971, 440 ff., weist darauf hin, daß die KPD-Zeitungen weitgehend identische politische Zielsetzungen vertraten. Im folgenden wird vor allem die 'Freiheit' benutzt, weil die Argumente in der Presse dieser politischen Richtung austauschbar sind.

43 In Düsseldorf streikten Teile der Belegschaft der Klöckner-Werke, der Mannesmannröhrenwerke, Oberbilker Stahlwerke, Kesselwerke Hein Lehmann & Co., des Metallbetriebs Schwitzke. In Duisburg wurde bei Mannesmann und in der Gießerei Wanheim (1700 Mann) gegen Abzüge bei den Zulagekarten sowie gegen die Nichtzuteilung von Fett gestreikt (3. 4. 48). In Köln/Deutz streikten 1500 Arbeiter der Vereinigten Westwaggonwerke. Weitere kleinere Streikaktionen wurden gemeldet aus: Velbert (Gießerei Yale und Town), Hattingen (Sitzstreik einer Teilbelegschaft der Henrichshütte Ruhrstahl AG.) am 3. 1. 48. Dortmund (Hörder-Verein und Hartmetallwerk Schwallrahm). Essen (Zollverein III/IV). Mülheim (Friedrich-Wilhelm Hütte). Vgl. Freiheit 5. 1. 1948. Über Auflagenhöhe, Zielsetzungen und Geschichte des in Düsseldorf erscheinenden Blattes informiert FISCHER 1971, 590.

44 Die gewerkschaftliche Basis übernahm gleichsam die klassischen lohnpolitischen Aufgaben des Bundes, von dem dieser durch den Lohnstopp entbunden war. (BEIER 1975, 18f.)

45 Die Proteste waren gegen die katastrophale Ernährungslage gerichtet; vgl. Freiheit vom 7. 1. 1948.

46 In Düren streikten für 48 Stunden die Kanal- und Bauarbeiter, in Krefeld die Belegschaften der RAW und der Uerdinger Waggonfabrik. Ursache auch hier die Ernährungsschwierigkeiten (Freiheit vom 7. 1. 48).

47 Eine Ausnahme bildete die Belegschaft des Schachts "Hubert" der Zeche "Königin Elisabeth" (ca. 300 Kumpels). Sie widersetzten sich der Aufforderung des IV Bergbau, Streiks nicht zu unterstützen (Freiheit vom 9. 1. 48).

48 Telegraf vom 11. 1. 1948. "Kreuzzugsstimmung im Ruhrgebiet ... Auch der Hungerkreuzzug des Reviers kann im Chaos enden" heißt es in einem Artikel der Neuen Volkszeitung, Sozialdemokratische Föderation New York vom 21. 2. 1948. Es wird ein Aufruf des DGB vom 9. 1. 1948 kommentiert, der zur Ruhe am Arbeitsplatz aufrief.

49 Vgl. die Berichte zum DAG-Streik in: Telegraf vom 30. 1. 1948, 31. 1. 1948,

2. 2. 1948. Freiheit vom 2. 2. 1948, 3. 2. 1948, 4. 2. 1948. Westfalenpost (CDU) v. 3. 2. 1948. Der Spiegel 6, 1948.

50 Aus der britischen Zone gehören in den gleichen Zusammenhang: Die Streiks der 3. 000 Beschäftigten der Hanomag-Werke Hannover vom 28. 4. 1948 (Neue Westdeutsche Rundschau vom 29. 4. 48, Volksstimme vom 30. 4. 48) von 30. 000 Arbeitern und Angestellten der Metallindustrie am 4. 5. 1948 in Niedersachsen, Solidaritätsaktionen der IG Chemie, Papier und Keramik, der DAG. In Hameln und Umgebung streikten ca. 10. 000 Arbeiter (ohne Versorgungsbetriebe). Alle Streiks hatten die schlechte Fleischversorgung, die ungleiche Lebensmittelverteilung, kurz die Ernährungskrise zur Ursache. Insgesamt dürften Anfang Mai in Niedersachsen ca. 120. 000 Arbeiter in den Streik getreten sein. Hessische Nachrichten vom 8. 5. 1948. NRZ vom 8. 5. 1948; 5. 5. 1948; 12. 5. 1948. Sozialdemokrat vom 4. 5. 1948.

51 In der Protesterklärung des Betriebsrats v. 13. April 1948 hieß es u. a.: "Die Ernennung des Bergassessors Dr. Reusch zum Mitglied der Kommission für die Überwachung und Steuerung der Stahlproduktion hat in unserer Belegschaft Befremden und Empörung hervorgerufen. Wir betrachten sie als eine Kampfansage der ehemaligen Machthaber der Schwerindustrie gegen die neue demokratische Wirtschaftspolitik.
Wir kennen Herrn Dr. Reusch. Er ist Vorsitzender des Vorstandes der Gutehoffnungshütte. Unser Werk war das Kernunternehmen dieses Konzerns, die betrieblichen Anlagen sind heute noch dessen formelles Eigentum und von der neuen Gesellschaft lediglich gepachtet. Wir fragen uns: Wann wird Herr Reusch wieder Herr in unserem Hause sein?
Es besteht kein Zweifel darüber, was die Arbeiterschaft von diesem erklärten Feind der Gewerkschaften zu erwarten hätte, falls er seine alte Konzernposition zurückgewinnen würde. Nun hat er sich in eine wesentlich stärkere Position hineinmanövriert, denn die neugegründete Kommission stellt nichts geringeres dar, als die bizonale Spitzenbehörde der gesamten eisenschaffenden Industrie ..." DGB-Archiv, Düsseldorf, Hansen-Papiere XXIII.

52 "Die Protestaktion wurde zu vollem Recht durchgeführt; sie entsprach den Lebenserfordernissen des schaffenden Volkes an der Ruhr. Es galt, die Welt auf die katastrophale Ernährungslage an der Ruhr aufmerksam zu machen. Die Kennzeichnung der gefahrvollen, reaktionären Entwicklung, sowie die starke Forderung nach schneller Sozialisierung erhielt durch die Bergarbeiterprotestaktion ihr notwendiges Gewicht". Westdeutsches Volksecho vom 9. 5. 1947.

53 Sozialdemokratischer Pressedienst II/42 v. 27. 5. 1947 ("Streiks und Demonstrationen"), Archiv der sozialen Demokratie, Bonn-Bad Godesberg, Eine öffentliche Stellungnahme des Parteivorstandes der SPD vom 4. April 1947 lautete: "Der Zusammenbruch der Ernährungswirtschaft hat eine Welle von Kundgebungen und Streiks hervorgerufen. Sie sind der Ausdruck von Hoffnungslosigkeit und Verzweiflung. Die Sozialdemokratie hat seit langem vergeblich gewarnt. Die gegenwärtige Krise ist das Ergebnis der Politik halber und falscher Mittel in- und ausländischer Kräfte. Diese Politik uneingelöster Versprechungen und ungeklärter Verantwortlichkeiten darf nicht fortgesetz werden. Durchgreifende sofortige Maßnahmen sind unerläßlich: 1. Ausreichende und rechtzeitige Einfuhr von Brotgetreide. 2. Besondere Maßnahmen zur Erfassung aller tierischen und pflanzlichen Fette. Freigabe von Devisen, vor allem für die Fetteinfuhr. 3. Freistellung von Schiffen für Lebensmitteltransporte und Walfang. 4. Aufhebung der Lebensmittelrequisitionen und -exporte in der russischen und französischen Zone. 5. Rücksichtslose Anwendung aller Strafbestimmungen gegen Schwarzhändler und Schieber. 6. Ernährung und gewerbliche Wirtschaft müssen zentral gelenkt werden. 7. Die bizonalen Ämter

müssen sofort mit den notwendigen Exekutivbefugnissen ausgestattet werden, damit die Länder zur Erfüllung ihrer Verpflichtungen gegenüber der Gesamtheit angehalten werden können. 8. Anweisung der Militärregierung an die Länder, ihren rückständigen Ablieferungsverpflichtungen sofort nachzukommen. 9. Endgültige sachliche und personelle Beseitigung des Reichsnährstandes und seine Ersetzung durch eine demokratische Organisation von Erzeugern, Landarbeitern und Verbrauchern. 10. Neuordnung des Erfassungssystems in der Landwirtschaft mit dem Ziel einer Erhöhung des Ablieferungssolls. Belieferung der landwirtschaftlichen Betriebe mit gewerblichen Bedarfsgütern. Die Sozialdemokratische Partei Deutschlands ist davon überzeugt, daß die endgültige Überwindung der gegenwärtigen Notlage nur durch die sozialökonomische Neuordnung erfolgen kann. Sie sieht als Mittel dazu die von ihr vorgeschlagene Agrarreform und die Sozialisierung der Produktionsmittel der Großbetriebe an" (NRZ vom 5. 4. 1947).

54 So gab beispielsweise die Militärregierung in Köln bekannt, Demonstrationen und Streiks, die in Unruhen ausarteten und von der deutschen Polizei nicht mehr zu bewältigen seien, würden zukünftig der Zuständigkeit der Besatzungstruppen übergeben. Die Unruhen der letzten Wochen hätten der deutschen Sache im Ausland sehr geschadet und das Vertrauen in die beginnende demokratische Entwicklung erschüttert (Westdeutsches Tageblatt (FDP) vom 9. 4. 1947).

55 Westdeutsches Volksecho vom 30. 5. 1947. Dem Abkommen waren dramatische Verhandlungen vorausgegangen. In einem Bericht der Arbeitsgruppe Kohle des Verwaltungsrats für Wirtschaft heißt es dazu: "Der Erfolg dieser Verhandlungen, die am Freitag vor Pfingsten von mir eingeleitet und am Sonnabend von Herrn Dr. Deismann zu Ende geführt wurden, waren bis zur allerletzten Minute dadurch in Frage gestellt, daß General Clay, der zusammen mit General Robertson fortgesetzt von der Villa Hügel aus telefonisch in Berlin über unsere Vorschläge informiert wurde, darauf bestand, daß die Punktwaren für die Streikschicht erst nach einem erfolgreichen Ablauf der Fronleichnams-Schicht ausgegeben werden sollten, während es für den Bergarbeiterverband eine "conditio sine qua non" war, die Punktwaren noch an diesem Sonnabend auszugeben. Der Bergarbeiterverband konnte auch gar keine andere Haltung einnehmen, da auf den Zechen die Belegschaften versammelt waren und von Stunde zu Stunde auf die Nachricht von dem erfolgreichen Abschluß der Verhandlungen warteten, um die Waren noch rechtzeitig vor Pfingsten zu empfangen.

Nach einem erneuten negativen Bescheid von General Clay am Sonnabend Mittag um 1 Uhr verließen die Führer des Bergarbeiterverbandes die Verhandlungen auf der Villa Hügel und fuhren nach Bochum, um das Scheitern der Verhandlungen den Betriebsräten bekanntzugeben, was zu unabsehbaren Folgen geführt hätte. In letzter Minute gelang es Herrn Dr. Deissmann, der auf Villa Hügel verblieben war, des britischen Chefs der Fuel and Power Division aus Berlin, Mr. Harrison habhaft zu werden, der zufällig wegen des bevorstehenden Besuches von Lord Pakenham auf Villa Hügel erschien. In klarer Erkenntnis der wirklichen Lage übernahmen es dann Mr. Harrison und sein amerikanischer Partner Forester, dem von uns formulierten Kompromißvorschlag in eigener Verantwortung zuzustimmen und diese Entscheidung in Berlin zu vertreten. Herr Dr. Deissmann fuhr sofort nach Bochum und erreichte den Vorstand des Industrieverbandes noch, als gerade der Bericht über das Scheitern der Verhandlungen entgegengenommen wurde. Die Mitteilung, daß in letzter Minute eine Einigung erzielt worden sei, wurde mit größter Befriedigung aufgenommen und es erging sofort von Bochum aus die Anweisung an die Zechen, die Punktwaren noch an diesem Nachmittag auszugeben.

Bei der Rückkehr zur Villa Hügel ergab sich nochmals eine dramatische Wendung, indem wir informiert wurden, daß General Clay nicht bereit sei, in dem entscheidenden Punkt nachzugeben. Die beiden hohen Beamten der Militärregierung, die inzwischen ihre Zustimmung in eigener Verantwortung gegeben hatten, waren aber noch am telefonieren mit Berlin und während des offiziellen Empfangs bei Lord Pakenham kam endlich die erlösende Nachricht, daß eine Einigung erzielt sei". Aus Dokument Nr. 16 des demnächst erscheinenden Bd. 2 der Akten zur Vorgeschichte der Bundesrepublik. Der Text wurde freundlicherweise von Herrn Dr. W. Werner, Koblenz zur Verfügung gestellt.

56 Hierüber wird kurz berichtet in: Protokoll der Mülheimer Delegiertenkonferenz, siehe Dokument 25.

57 SOPADE 1948, 182. Übernommen aus: Hannoversche Presse v. 15. 1. 1948. Der Wortlaut des "Protokolls 'M' " ist abgedruckt im Sopade-Informationsdienst, Januar 1948, 192. Max Reimann nahm dazu mit einer Erklärung Stellung, in der es u. a. hieß:
"Im Londoner Rundfunk wurde am 14. Januar 1948 ein sogenanntes Geheimprotokoll M. der Kommunistischen Partei der Öffentlichkeit bekanntgegeben. Dieses ist von einem Teil der deutschen Presse und des Rundfunks übernommen worden.

Dieser Plan stellt eine glatte Provokation dar. Der Text dieses erfundenen Dokuments läßt klar erkennen, daß es von einem Komplott des ausländischen Geheimdienstes und deutscher Agenten hergestellt worden ist. Die Plumpheit des erfundenen Dokuments zeigt sich auch darin, daß die Fälscher sich noch nicht einmal der Mühe unterzogen haben, deutsch zu schreiben, und es werden Ausdrücke gebraucht, die in keiner Arbeiterorganisation üblich sind.

An einer Stelle wird gesprochen von Kassenleiterstellen der Gewerkschaften. Wer von den deutschen Gewerkschaftlern kennt einen Kassenleiter? Wir kennen nur Gewerkschaftskassierer.

Ist es denkbar, daß in einem Dokument gesagt wurde: "Die Partei hat sich unter allen Umständen aller Eingriffe zu enthalten. Sie muß damit rechnen, von den Militärstellen enthoben zu werden". Dies ist offensichtlich der englische Sprachgebrauch zu Unterdrückungsmaßnahmen gegen antifaschistische Organisationen ...

Die Arbeitsniederlegung der Arbeiter, Angestellten und Beamten im Lande Nordrhein-Westfalen, in Hamburg und in den Städten der amerikanisch besetzten Zone erfolgt darum, weil sie nichts mehr zu essen haben und demzufolge auch nicht mehr arbeiten können.

Die Schuld an dieser Lage tragen die in Westdeutschland heute wieder zur Macht gelangten kriegsverbrecherischen Monopolherren und Großgrundbesitzer, die ihre politische Heimat in der CDU gefunden haben. Nicht die Arbeiter, Angestellten und Beamten und auch nicht die Kommunistische Partei sind für dieses Chaos in Westdeutschland verantwortlich, sondern einzig und allein die deutschen Monopolkapitalisten und Großgrundbesitzer und ihre Politik, die hier betrieben wird.

Mit der jetzigen Provokation, aus London gestartet, will man den Versuch unternehmen, die werktätige Bevölkerung in Stadt und Land von dem Kampf um die Einheit Deutschlands abzulenken. Dieses erfundene Dokument soll den Kampfeswillen um die Einheit Deutschlands und die Volkskongreßbewegung im Westen Deutschlands behindern. Man will die friedliebenden Kräfte zersplittern, um besser die dunklen Pläne, die Schaffung eines westdeutschen Staates durchführen zu können ... " (Freiheit vom 20. 1. 1948).

58 Das Protokoll wird lediglich im Februar 1948 noch zweimal erklärt. SOPADE Informationsdienst Februar 1948, 2, 26.

59 So auch HÜTTENBERGER, Nordrhein-Westfalen und die Gründung der Bun-

desrepublik Deutschlands, in: Rheinische Vierteljahresblätter 33 (1969), 160.

60 Das Protokoll vom 12. 1. 1948 befindet sich im Presseordner Streik 1946/47 in der Bibliothek der IG Bergbau, Bochum.

61 Protokoll über die DGB Ortsausschußvorstandssitzung Gelsenkirchen am 16. 1. 1948, in: DGB Archiv, Gelsenkirchen 1945-49.

62 Einige Zitate aus diesem Protokoll veranschaulichen dies: "Kollege Scharley führte aus, wir müssen damit rechnen, daß wir täglich oder stündlich zusammenkommen müssen ... Kollege Schader beanstandet auch, daß der Bund bis jetzt noch nichts Greifbares herausgegeben hat. Den Leuten in den Betrieben müssen wir ja auch etwas mitteilen können ... Wir haben uns 100%ig hinter die Gewerkschaft zu stellen: Wir müssen morgen den Betriebsräten in aller Klarheit nicht den Streik, sondern den passiven Widerstand herausstellen. Das würde zur Folge haben, daß auch die Kapitalisten zu einer Stellungnahme herausgefordert würden ... (Kollege Schwarz) ... Kollege Hribar wünscht bei der morgigen Betriebsrätekonferenz eine Geheimabstimmung ... Kollege Kaiser: Wir müssen ein Ventil schaffen, damit die Betriebsräte morgen nicht über uns hinwegfahren ..."

63 Vgl. als Beispiel auf lokaler Ebene die Erklärung gewerkschaftlicher Vertrauensleute in Remscheid, einer Hochburg der KPD, Dokument 15.

64 H. H. BIEGERT, Gewerkschaftspolitik in der Phase des Kapp-Lüttwitz-Putsches, in: H. Mommsen u. a. (Hg.), Industrielles System und politische Entwicklung in der Weimarer Republik, Düsseldorf 1974, 199.

65 Protokoll der Verhandlungen des 11. Kongresses der Gewerkschaften Deutschlands, Berlin 1922, 420. Vgl. dazu auch R. SEIDEL, Die Gewerkschaften nach dem Kriege, Berlin 1925, 150 ff. Die Aktualität des Problems wird belegt durch die Hansen-Rede, siehe Dokument 17.

66 Vgl. als ein sehr frühes und in Stil und Inhalt charakteristisches Beispiel den Aufruf vom April 1945, siehe Dokument 1.

67 Vgl. den Bericht der IG Bergbau, Bezirksleitung Gelsenkirchen-Buer, 1949, 17: "In ihrer unermüdlichen Arbeit wurden unsere Betriebsräte die eigentlichen Gründer und die ersten Funktionäre der neuen Bergarbeitergewerkschaft".

68 MANNSCHATZ/SEIDER 1962, 52 f. (nach Aufzeichnungen des KPD-Funktionärs und Chefredakteurs des "Westdeutschen Volksechos" Willi Pertz).

69 MANNSCHATZ/SEIDER 1962, 53 (nach Materialien aus dem Institut für Marxismus-Leninismus beim ZK der SED).

70 Archiv der sozialen Demokratie, Bonn-Bad Godesberg, SPD-Bezirk Westl. Westfalen Mappe 69/70 (nach Schachtanlagen aufgeschlüsselt).

71 SOPADE-Informationsdienst November 1947, 30 f.; Januar 1949, 31 f.

72 MANNSCHATZ/SEIDER 1962, 208 (für 1946). SOPADE-Informationsdienst Januar 1949, 31 f.; Rheinische Zeitung vom 11. 11. 1949 (nach Angaben der Gewerkschaftsabteilung des SPD-Vorstandes; die eingeklammerten Zahlen für 1948 stammen aus der gleichen Quelle). Die in der Literatur öfter zu findende Angabe (z. B. SCHMIDT 1974, 34, HÜTTENBERGER 1973, 105), die KPD habe ca. 70 % der Betriebsräte im Bergbau gestellt, ist offenkundig falsch. Zum Vergleich seien hier noch einige Daten aus anderen Bereichen angeführt: nach MANNSCHATZ/SEIDER ebd., 208 waren von 864 Betriebsräten der wichtigsten Metallbetriebe im Ruhrgebiet (1946/47) 248 SPD, 242

KPD, 178 parteilose und der Rest Vertreter anderer Parteien. Für das Land Hessen bringt der SOPADE-Informationsdienst, Januar 1949, 31 folgende Angaben: die insgesamt 914 Kandidaten aller Betriebe verteilten sich auf

	1947	1948
SPD	427	472
KPD	120	108
CDU	34	28
Parteilose	276	306

73 Nach MANNSCHATZ/SEIDER ebd., 108 wählten beispielsweise im Bezirk Essen im Februar 1946 37.500 Gewerkschaftsmitglieder im Bergbau 125 Delegierte, von denen 65 der KPD, 19 der SPD, 28 christlichen Parteien und 13 keiner Partei angehörten.

74 So hatte die KPD im Bezirk Ruhrgebiet- Westfalen am 1. 3. 1946 insgesamt (also nicht nur im Bergbau) 285 und am 1. 12. 1946 363 Betriebsgruppen. Damit waren ca. 40 % der KPD-Mitglieder in Betriebsgruppen organisiert (SCHÄDEL 1974, 48).

75 Vgl. als Beispiel den Bericht der Betriebsräteabteilung des Bezirks V des IV Bergbau, über "Die Aufgaben der Kommunisten in den Gewerkschaften", Dokument 14.

76 In dem oben zitierten Brief Schiwons heißt es weiter: "Diese Betriebsrätewahlen und diese vom Hauptvorstand erlassene Wahlordnung sind das Ergebnis einer Politik, die mit dem Punktsystem begann und über Care-Pakete, Drei-Phasen-Plan, Kohlebergbauverwaltung, Sozialdirektoren bis zu den geplanten Sonntagsschichten geradlinig verläuft. Un das riecht ganz verdächtig nach Marshall-Plan und Schumacher-Kurs".

77 Vgl. den Brief W. Hansens vom 21. 4. 1947, Dokument 11 und den Artikel des 'Telegraf' zu den Delegiertenwahlen im IV Bergbau "Gewerkschaftsspaltung vermieden", Dokument 16.

DOKUMENTENANHANG

A. POLITISCHE UND SOZIALE SITUATION

Dokument 1:

Proklamation an die Bergarbeiter (April 1945)

Kameraden:
Mit dem siegreichen Einmarsch der Alliierten Armeen sind auch wir Bergarbeiter nach 12-jähriger Nazityrannei wieder freie Männer geworden. Für diese Befreiung von Terror, Knechtschaft und grenzenloser Ausbeutung schulden wir unseren Befreiern aufrichtigen, heißen Dank. Doch dies allein genügt nicht, wir müssen uns der wiedergewonnenen Freiheit auch würdig erweisen, denn mit der Freiheit vor Furcht ist uns die Glaubens- und Gewissensfreiheit, die Rede- und Versammlungsfreiheit, die Koalitionsfreiheit, geschenkt worden. Wir dürfen uns wieder zu wirklichen Kampforganisationen zusammenschließen und damit unsere speziellen Berufsinteressen verfechten. Nicht länger mehr wollen wir mit den Grubengewaltigen, Antreibern und Ausbeutern organisatorisch unter einem gemeinsamen Dach leben, sondern gegen das Unternehmertum uns zu einem klassenbewußten Berufsverband zusammenschließen. Denn einzig und allein im Zusammenschluß liegt die wahre Kraft der Arbeitermassen begründet. Von dieser Erkenntnis ausgehend wurde kürzlich der Allgemeine Industriearbeiterverband Deutschlands ins Leben gerufen, worin die Gruppe Bergbau ihren besonderen Platz einnehmen und behaupten soll. Jetzt liegt es an uns Bergarbeitern, in welcher Art und Weise, in welcher Stärke wir unsere Kraft innerhalb dieser neuen Berufsorganisation zu entfalten vermögen. Unzählige Forderungen und Aufgaben, die während der verfluchten 12 Terrorjahre verschüttet und bewußt versäumt waren, liegen wieder frei vor uns. Aus dunkler Vergangenheit sollen sie nunmehr in das helle Sonnenlicht der Gegenwart empor getragen werden. Da ist vor allem die Forderung der Achtstundenschicht, für Untertagesiebenstundenschicht. Mitbestimmungsrecht in den Betrieben durch selbstgewählte Körperschaften. Verbesserungen des Unfallschutzes. Reorganisation des gesamten Knappschaftswesens. Wiedereinführung von Lohn- und Tarifverträgen. Eine warme, d. h. menschenwürdige Behandlung. Diese letzte Forderung ist nicht weniger bedeutsam wie die erste. Es sind Mindestforderungen, die uns Bergarbeitern auf den Nägeln brennen. Sie können jedoch nur Verwirklichung finden, wenn alle Bergarbeiter, ohne Unterschied in ihrer religiösen oder parteipolitischen Auffassung, nur auf freigewerkschaftlicher Grundlage sich in ihrer einheitlichen Berufsorganisation zusammenschließen und zielbewußt diese Forderungen vertreten. Niemals wieder darf es zu parteipolitischen oder religiösen Auseinandersetzungen kommen, wie sie früher in kräftezehrenden Bruderkämpfen scheußlichen Ausdruck gefunden hatten. Keine Macht der Welt soll noch einmal die Arbeiterschaft allgemein und die Bergarbeiter insbesondere zerklüften, spalten und gegeneinander hetzen. Nicht noch einmal werden wir uns zerfleischen, während die Todfeinde der Arbeiterklasse billige Triumphe feiern und ihre Knute über uns schwingen. Deshalb Kameraden, hinein in den Allgemeinen Industriearbeiterverband Deutschlands. Hinein in die einheitliche Kampforganisation der Bergarbeiter. Ein neues Leben

blüht aus den Ruinen!

Durch Nacht zum Licht!

(Archiv IG Bergbau und Energie Bochum, Weeke-Material, Zeche Prinz Regent, Bochum)

Dokument 2:

Politischer Situationsbericht (Dezember 1945)

Hubert Biernat

Heeren-Werve, Im Schattenweg 23,
16. Dezember 1945

An den
Herrn Regierungspräsidenten Fries

Arnsberg
nachrichtlich dem
Herrn Landrat in Unna

Betrifft: Politischer Situationsbericht.

Die Stimmung in der Bevölkerung ist allgemein depressiv. Zwischen Hoffen und Fürchten wird schwunglos die tägliche Pflicht erfüllt. Die ungeklärte politische und wirtschaftliche Situation Deutschlands wirkt sich ungeheuer hemmend auf allen Lebensgebieten aus. Die Forderung nach endlicher Klarheit über das künftige Schicksal wird allgemein erhoben. Die Ungeklärtheit der Lage bietet gewissen Elementen reichlich Gelegenheit, Gerüchte in die Welt zu setzen und Kombinationen anzustellen. Die politische Willens- und Meinungsbildung wird dadurch negativ beeinflußt. Sachliche Differenzen unter den alliierten Mächten werden benutzt, um eine bestimmte Psychose im deutschen Volk zu erzeugen und eine objektive Willensbildung und einen tatkräftigen Krafteinsatz zu verhindern. Das deutsche Volk ist durch die 12 Jahre lange Naziherrschaft des freien Spiels der Kräfte und des Geistes entwöhnt und nun durch die plötzliche Meinungsfreiheit in seelische und geistige Turbulenz geraten. An politische Führung und einseitige Meinungsbeeinflussung und Orientierung gewöhnt, faßt es den jetzigen Zustand der allseitigen freien Meinungsäußerung in Presse und Rundfunk als Ausdruck allgemeiner Verwirrung und als Vorzeichen neuer internationaler Komplikationen auf. Die Möglichkeit, internationale Differenzen, anders als durch Macht zu lösen, erscheint ihm neu und unmöglich. Notwendig ist daher eine intensivere Aufklärung und Schulung und wünschenswert eine stärkere Wirkungs- und Arbeitsmöglichkeit der Parteien als Exponenten der verschiedenen politischen und wirtschaftlichen Kräftegruppen. Die bisherige Beschränkung der parteipolitischen Betätigung ist bei der derzeitigen Situation und der besonderen Mentalität der Deutschen durchaus nachteilig gewesen. Unzweifelhaft wäre die Grundeinstellung der Deutschen zu allen nationalen und internationalen Fragen positiver, hätten die demokratischen, antinationalsozialistischen Parteien von Anbeginn an aktiv in die Geschehnisse eingreifen können. Das Fehlen eigener Initiative in eigener Sache wird allgemein als schweres Manko empfunden und führt in nicht unerheblichen Fällen zu politischer Desinteressiertheit oder negativer Meinungsbildung. Nicht selten ist bei solchen Leuten, die seit Jahren mehr oder weniger offen gegen den Nationalsozialismus gekämpft haben, die Meinung vertreten, daß sie bei der jetzigen Praxis der Alliierten sich selbst und ihrem Volke unendlich geschadet haben. Die Enttäuschung über das Verhalten der Alliierten zu unmittelbaren Lebensfragen des deutschen Volkes ist groß, es herrscht eine stark abfällige Kritik vor. Man sagt, daß das tatsächliche Verhalten gegenüber dem deutschen Volke im grossen Widerspruch zu den Verheißungen vor Kriegsende und zu den allgemein anerkannten Grundsätzen des demokratischen Prinzips und Völkerempfindens stehe. "Die Alliierten sind nicht besser als die Nazis", so lautet sehr häufig die Formulierung. Besonders unverstanden sind gewisse wirtschaftliche Maßnahmen. In diesen Tagen werden besonders im hiesigen Gebiet eine große Anzahl von Betriebsstillegungen bekannt, die angesichts des ungeheuren Bedarfs aller Bevölkerungskreise starkes Befremden und große Erregung hervorrufen. Der von unkontrollierten Elementen ausgestreute Gedanke, daß das deutsche Volk zu einem Sklavendasein verurteilt sei, erfährt hierdurch Nahrung. Die diesen Stillegungen beigegebene Erklärung, daß sie zeitbedingt und durch die besonders große Kohlen- und Stromknappheit hervorgerufen sei, findet keinen Glauben, zumal große Kohlenhalden im Ruhrgebiet bestehen und auf einigen Schachtanlagen bereits Feierschichten eingelegt werden müssen. In der Meinung des Volkes erfährt die Kohlen- und Brennstofflage überhaupt eine andere Beurteilung als seitens der Mil. -Reg. Zweifellos bestehen in der jetzigen Verwaltungsorganisation der Kohlenproduktion erhebliche Manken. Wenn zB. bestimmte Werke der näheren Umgebung bestimmte Mengen Kohlen mit der Weisung zugesprochen bekommen, sie aus dem Recklinghauser, usw. -Gebiet zu holen, dann löst das im Hinblick auf die Transport-, Benzin- und Arbeitskraftlage berechtigtes Mißfallen aus. Der Deutsche, an rationelles Wirtschaftsdenken gewöhnt, hat für diesen Bürokratismus absolut kein Verständnis. Die Arbeiterschaft, die wohl der positive Träger völkerverbindender Gedanken und Bestrebungen ist und als der sicherste Garant für eine echte Staats- und Wirtschaftsdemokratie bezeichnet werden muß, wird durch gewisse Maßnahmen der Mil. -Reg. häufig negativ beeinflusst. Nachdem sie 12 Jahre lang skrupellos als Ausbeutungsobjekt mißbraucht und nur zum widerspruchslosen Gehorchen degradiert worden war, muß ihr Drang nach Freiheit und Persönlichkeitsentfaltung verstanden und anerkannt werden. Die Forderung nach Entnazifizierung der Verwaltung und Wirtschaft ist mit Mäßigkeit erhoben und häufig in den Fällen, wo Selbsthilfe der Arbeiterschaft eine Lösung herbeiführte, von der Mil.-Reg. ignoriert bzw. rückgängig gemacht worden. Insbesondere im Kohlenbergbau wurden von der Belegschaft abgelehnte Beamte von den Werksleitungen zu Schwesterunternehmungen in gleicher oder höherer Position versetzt, oder aber sogar im eigenen Betrieb weiter verwendet. Daß dies als eine Brüskierung von der Arbeiterschaft empfunden und so ausgelegt wird, als wenn deutsche Reaktion und gewisse Teile der Mil. -Reg. meinungseinig seien, ist die Folge. Nicht die schlechtesten Vertreter der antinazistischen Arbeiterschaft beschweren sich über ungerechtfertigte und persönlich besonders diskriminierende Behandlungsweise englischer Offiziere. Nach diesen Darstellungen muß gewissen Militärdienststellen das richtige psychologische Einfühlungsmoment und eine klare zutreffende Beurteilung der deutschen Gegebenheiten abgesprochen werden. Die Auffassung, daß der Arbeiter nicht nur Objekt, sondern auch ehrempfindendes Subjekt ist, könnte hier eine Stärkung erfahren, da sonst gewisse Komplikationen unausbleiblich und die praktischen Arbeitsergebnisse hemmend beeinflußt werden. Mehr als lieb begegnet man dem Gedanken einer passiven Resistenz für den Fall, daß hier nicht ein grundlegender Wandel geschaffen und die tatsächlichen und historischen Ansprüche der Arbeiterschaft Berücksichtigung finden. Das Bewußtsein der solidarischen internationalen Verbundenheit und der historischen Sendung ist so lebendig und positiv wirksam in den deutschen Arbeiterhirnen und -herzen, daß es ein Kardinalfehler ist, wenn diese Imponderabilien übersehen werden. Nach einem Jahrzehnt der Lüge und knechtischen Unterdrückung muß der Wunsch nach Ehrlichkeit, Gleichheit und Gerechtigkeit verstanden werden. Die Bereitschaft, nach besten Kräften an der Beseitigung aller internationalen Schäden mitzuwirken, kehrt in allen Gesprächen hervor, wenn das deutsche Schicksal mit in die Bestrebungen zur Normalisierung der Ver-

hältnisse in der übrigen Welt eingeschlossen wird. Eine Wandlung in der psychologischen Grundeinstellung der Mil.-Reg. zu den Deutschen muß und wird eine positive Auswirkung auf alle Bereiche haben. Die richtige Behandlung der Arbeiterschaft allein garantiert im Hinblick auf die derzeitigen wirtschaftlichen Verhältnisse eine tatkräftige Förderung der an sich berechtigten Ansprüche der übrigen Länder. Sicherlich würden manche Entbehrungen der Jetztzeit geduldig und ohne Hass getragen werden, wenn das Bewußtsein einer gerechten Behandlung und einer baldigen wirtschaftlichen Wiedergenesung Förderung erführe. Die pessimistische Grundstimmung hat durch die Publikation, daß die deutsche Wirtschaft in drei Etappen aufgebaut und bis 1950 ihren Friedensstandard erreicht haben würde, eine sichtliche Besserung erfahren. Wichtig ist nun, daß diese Tendenzen durch entsprechende praktische Maßnahmen ihre Untermaurung erfahren und dadurch der Meinung entgegengewirkt wird, daß das deutsche Volk bewußt mit schönen Worten abgespeist und im übrigen nur als Büttel mißbraucht würde. Scharfe Zurückweisung erfahren auch die Ansprüche früherer Verbündeter Deutschlands an Deutschland, unverständlich besonders sind die italienischen Forderungen. Gerade die aktivsten deutschen Demokraten erheben stärkste Vorwürfe gegen Italien, weil es die Brutstätte des europäischen Faschismus und der tatkräftige Förderer des deutschen Nationalsozialismus war. Eine gerechte Behandlung dieses Fragenkomplexes würde ebenso wie die bewußte Förderung der deutschen demokratischen Kreise und Kräfte eine Besserung der deutschen Volksmeinung nachsichziehen. Manche unerwünschte Handlung würde im Keime erstickt werden, wenn die psychologischen Voraussetzungen andere wären. Allgemein erwünscht ist, daß die Besatzungsbehörden sich auf die Erteilung von Richtlinien, die Kontrolle der Durchführung beschränken und deutschen Stellen das Recht zugebilligt werde, deutsche Angelegenheiten selbst in die Hand zu nehmen. Sicherlich würde durch die genaue Kenntnis der deutschen Verhältnisse durch Deutsche manches Ärgernis vermieden bleiben. So würden beispielsweise nicht wie heute in großem Umfange geschehen, Wohnungen von Antinazis für alliierte Militärzwecke benutzt werden, während Nazis unbehelligt in ihren Räumen sitzen.
Die Stimmung ist wie gesagt depressiv, aber noch nicht fatalistisch. Durch geeignete Maßnahmen auf dem Gebiete der Ernährung, Bekleidung und Wohnungswirtschaft kann viel dazu beigetragen werden, den durchaus gesunden Kern des deutschen Volkes durchaus gesund zu erhalten und positiv einzusetzen. Bekommt das deutsche Volk den begründeten Glauben, daß es nur noch eine kurze Zeit alle Kräfte anzuspannen und dann Aussicht auf Wiedergenesung hat, dann wird es auch diese Leistung noch vollbringen. Ein gefoltertes und geschundenes Volk lechzt nach Gerechtigkeit.

(gez.) Hubert Biernat

(Nachlaß H. Biernat, Bibliothek zur Geschichte der Arbeiterbewegung, Bochum)

Dokument 3:

<u>Bericht einer britischen Bergarbeitergewerkschaftsdelegation über ihre Informationsreise ins Ruhrgebiet vom 17. bis 29. April 1947</u>

(.....)

Wir verließen London am 17. April 1947 um 1.04 Minuten und kamen in Oberhausen am Freitag, de. 18. April um 7.30 an. Wir wurden von Mr. Tom Maxwell, dem Labour Relation Staff Officer (Arbeitsoffizier) für das Essener Gebiet empfangen und fuhren sofort nach Düsseldorf weiter, unserem Hauptquartier für die 9 Tage unseres Aufenthaltes im Ruhrgebiet.

Unser erstes Interview war mit Mr. Bate, dem Hauptarbeitsoffizier für Nordrhein-Westphalen. Ihm gegenüber erklärten wir unseren Wunsch, sobald wie möglich Kontakt mit Exekutivmitgliedern der deutschen Bergarbeitergewerkschaft zu bekommen und es wurden sofort Schritte unternommen Herrn August Schmidt und so viele wie möglich seiner Kollegen wie in so kurzer Einladungsfrist erwartet werden konnten, einzuladen und uns in Essen um 2 Uhr zu treffen.

Die folgenden deutschen Gewerkschaftsführer besuchten diese Vorbesprechung:
Herr Schmidt, Präsident der Bergarbeitergewerkschaft
Herr Guthermuth, Mitglied des zonalen Exekutivkomitees
Herr Becker, Mitglied des zonalen Exekutivkomitees
Herr Rotthauser, " " "
Herr Goroncy, " " "
Herr Bergmann, Vorsitzender der Essener Bergarbeitergewerk.

(.....)

Zonales Exekutivkomitee der deutschen Bergarbeiter.

Bei unserem ersten formellen Zusammentreffen mit Herrn Schmidt und Mitgliedern des zonalen Exekutivkomitees drückten wir unsere Freude darüber aus, die erste offizielle Delegation der britischen Bergarbeiter seit 1932 zu sein, die Kontakt mit unseren deutschen Kameraden herstellen konnte.

Wir beabsichtigen nicht, uns in diesem Bericht wieder auf Personen zu beziehen, die wir im Laufe unserer Untersuchungen trafen, sondern wir wollen näher die Probleme beleuchten, die vor unseren deutschen Kameraden stehen, wie sie sie uns auf unserem Zusammentreffen mit dem zonalen Exekutivkomitee in Bochum am 21. April unterbreiteten und wie wir sie durch unsere eigenen Beobachtungen gefunden haben.

Lebensmittelbedingungen.

Das erste und wichtigste Problem das vor den deutschen Bergarbeitern an der Ruhr steht, ist der grosse Mangel an Lebensmitteln.

Die gegenwärtige Lage ist hervorgerufen worden durch verschiedene Faktoren, vor allem dadurch dass die britische Zone die grösste ist mit einer Bevölkerung von 23 Millionen Menschen. Wegen der ernsthaften Nachfrage an Arbeitskräften für die Schwerindustrie ist die Zone unfähig mehr als 54 % der Lebensmittelbedürfnisse zu produzieren. Die Bevölkerung ist deshalb von Lebensmitteleinfuhr aus dem Auslande abhängig.

Auf Grund des Fehlschlagens einer koordinierten Ernährungspolitik der 4 Zonen und der Existenz eines sehr komplizierten Rationssystems (für die niemand die Verantwortung bereit ist zu nehmen) ist die Lebensmittelversorgung in dem ganzen Gebiet, das wir besuchten, chaotisch, und die Lage der meisten Menschen ist erschreckend. Als wir dieses Problem mit Vertretern der Britischen Militärregierung diskutierten, wurden wir informiert, daß in voller Übereinstimmung mit der deutschen Landesregierung die gesamte Ausführung und Verantwortung für Produktion und Verteilung von Lebensmitteln den deutschen Autoritäten am 1. August 1946 übergeben wurde. Damals wurde eine zentrale Organisation in Hamburg mit dem Ernährungsminister Dr. Lübke als Leiter gegründet. Daher ist die Britische Militärregierung nicht in der Lage, sich in die Herbeischaffung und Verteilung von Lebensmitteln einzumischen, obgleich es eine Klausel in den Übergangsbestimmungen gibt, die der Britischen Militärregierung das Recht einräumt, Instruktionen an die Deutschen zu erteilen. Die Britische Militärregierung scheint jedoch der Meinung zu sein, daß ein Mangel an gutem Willen unter den Deutschen selbst besteht. Zwischen dem 1. Januar 1947 und dem 15. März 1947 wurden schätzungsweise 167 t Kartoffeln dem Ruhrgebiet zugeteilt. Nur 102 t wurden empfangen. Zu diesem Verlust kamen noch 134 t hinzu, die andere Gebiete nicht in das Bergwerksgebiet sandten.

Jeder scheint überzeugt davon zu sein (einschliesslich der Gewerkschaften), daß diese Nahrungsmittel vorhanden sind, denn die Quoten sind geschätzt auf der Basis von durchschnittlichen Berichten.

Die fehlenden Lebensmittel zur Zeit unserer Untersuchung waren 7 Wochen Versorgung gleichwertig. Wir hatten verschiedene Gelegenheiten, diese Zahlen zu überprüfen, und in einem Haushalt in Düsseldorf, den wir besuchten, zeigte man uns Kartoffelcoupons für 7 Wochen, auf die keine Kartoffeln ausgegeben waren.

Die Fleischsituation ist ebenso unsicher. Für die gegenwärtige Rationsperiode wurde die Viehversorgung als zufriedenstellend betrachtet, aber Schweine und Schafe waren 7,5 und 44 % der Quota.

Das Fehlschlagen der Brotversorgung soll verschiedene Gründe haben - amerikanische Hafenarbeiterstreiks Anfang dieses Jahres und schlechte Wetterverhältnisse. Es gibt aber auch noch eine weiteren Grund - den schwarzen Markt.

Es wurde uns gesagt, dass die Bauern in Bayern und anderen Teilen es vorziehen, ihren Weizen auf dem Schwarzen Markt zu verkaufen, weil sie dabei mehr verdienen.

Erkundigungen, die wir einzogen über die Strafen, welche erteilt werden für Übertreten der bestehenden Ernährungsgesetze, ergaben, daß die Bauern gewöhnlich zu 50 Mark verurteilt werden für das erste Vergehen, 100 Mark für das zweite u. s. w. Wenn sie also einen halben Sack Mehl auf dem schwarzen Markt verkaufen, ermöglicht das ihnen, solche Strafen für eine beträchtliche Zeit zu zahlen.

Während unseres Aufenthaltes an der Ruhr erhielt das deutsche Volk Brot, das zu 80 % aus Mais bestand. Das war gleichwertig dem, womit man vor dem Kriege gewöhnlich Schweine fütterte. In den Bergwerken gab es allerdings andere Brotarten für besondere Fälle, besonders für diejenigen, die nach ärztlichem Befund eine ernsthaftes Magenleiden hatten. Dieses Brot war in manchen Fällen ähnlich dem Standardbrot, was jetzt in England verkauft wird.

Auf Grund dieses sehr ernsten Ernährungsproblems haben Bergarbeiter und andere Gewerkschaften vorgeschlagen, daß man ihnen erlauben sollte, die Bauern zu besuchen, um Untersuchungen anzustellen über die augenblicklichen Knappheiten. Eine Schwierigkeit taucht dabei auf, nämlich daß die Bauern ihrerseits ähnliche Forderungen stellen, um in den Bergwerken Untersuchungen anzustellen, warum es ihnen nicht möglich ist, Kohle zu erhalten.

Eine große Anzahl von Leuten stimmen nicht mit der Entscheidung vom letzten August überein, nämlich, daß die Kontrolle über die Lebensmittelverteilung und Produktion der deutschen Landesregierung übergeben wurde, weil (während unseres Aufenthaltes) der deutsche Ernährungsminister beschlossen hatte, nicht die vollen Lebensmittelvorräte für die 101. Rationsperiode zu verteilen. Das hieß, daß 13,200 Tonnen Getreide, gleichwertig einer Versorgung für 2 1/2 Tage für die halbe britische Zone, für späteren Gebrauch gespart wurden.

Diese Entscheidung wurde von vielen Engländern in Deutschland als nicht sehr klug befunden. Sie dachten, daß das Resultat ernste Schwierigkeiten in der Industrie geben würde. Als wir uns erkundigten, ob nicht gesetzmäßige Bestrafungen allgemein eingeführt werden könnten oder ob man nicht Bauerngüter übernehmen könnte, um eine gute Verteilung zu sichern - wie es das Minsterium für Landwirtschaft und Fischhandel in diesem Lande tut - wurde uns gesagt, daß das viele Schwierigkeiten machen würde, da die deutschen Bauerngüter nicht groß sind und das Personal nicht zahlreich genug ist, um alle Anordnungen, die gegeben werden, auszuführen.

Lebensbedingungen.

(Die) Lebensbedingungen in allen größeren Industriestädten spotten aller Beschreibung.

In Rheinpreussen, einer Kohlenbergwerksgegend mit drei großen Gruben, in denen 7000 Arbeiter angestellt sind, wurde uns versichert, daß es vor dem Kriege 4660 Wohnungen gab und daß von diesen nur 60 unbeschädigt von Bombenangriffen geblieben sind.

In der Rheingegend sind wenigstens ein Drittel der Arbeiter-Häuser vollkommen zerstört, ein Drittel bis zu 60 % beschädigt und der Rest leicht beschädigt.

Materialknappheit ist der Grund zur Verzögerung der Reparaturen des Beschädigten, trotzdem geschätzt wird, daß 5000 Häuser schon wieder in Stand gesetzt sind.

Die Reparatur der Bergarbeiterhäuser geschieht vorzugsweise, 60 % des Baumaterials ist für diesen Zweck bestimmt. Die Arbeit in den gebombten Gegenden ist ernstlich behindert durch den Mangel an Transport, Heizmaterial, Reifen, Ersatzteilen etc. Trotzdem an verschiedenen Orten in der ganzen Ruhr hunderte von Lastwagen unbenutzt liegen, dürfen die Deutschen sie nicht benützen.

Es wird geschätzt, daß in grossen Städten wie Düsseldorf 13, 500 Menschen in Kellern liegen. In Essen ungefähr 12, 000. Andere leben in Bunkern. Bunker sind riesige verstärkte Räume, die während des Krieges gebaut worden sind als Luftschutzzuflucht für Arbeiter der Schwerindustrie. Sie werden gelüftet durch ein Luftreinigungssystem, aber sie sind vollständig ohne Tageslicht, nur mit künstlichem Licht beleuchtet. In manchen, die wir besuchten, waren 175 Menschen, von denen viele seit 18 Monaten unter diesen Bedingungen lebten, andere sogar seit 2 Jahren.

Die Bunker sind eingeteilt in Räume von 24 Fuss zu 10 Fuss und ungefähr 6 Fuss 6 Inches hoch. In manchen dieser Räume leben 3 Familien. Kochen, waschen, essen, schlafen, etc., alles wird in diesem einen Raum gemacht. Da es keine Fenster gibt, wird gereinigte Luft zweimal je 3 Stunden in 24 Stunden durch den ganzen Bau getrieben.

Im ersten dieser Räume sahen wir 3 Familien, zwei davon bestanden aus einem Mann, seiner Frau und einem Kind, die dritte aus einer Frau und 2 Kindern. Im nächsten war ein Vater und eine Mutter und 9 Kinder. Der älteste Sohn arbeitete im Schacht und war auf Nachtschicht während dieser Woche. Er musste am Tage in demselben Raum schlafen, in dem seine Mutter das Essen kochte und in dem die übrigen Familienmitglieder aßen.

Wir besuchten auch Keller und fanden in dem ersten einen Kohlenarbeiter, 49 Jahre alt, welcher seit einer geraumen Zeit nicht gearbeitet hatte weil er an Silicosis leidete. Im zweiten fanden wir einen anderen Kohlenarbeiter, 52 Jahre also, ebenfalls an Silicosis erkrankt, der aber einen Torwächterposten im Kohlenbergwerk bekleidete, für den er 120 Mark im Monat verdiente (gleichwertig 2. 10. - engl. Pfd.).

Die Kohlenarbeiter, die an Silicosis leiden, können Extranahrung bekommen, wenn sie ein ärztliches Zeugnis vorweisen können. Es ist nicht viel und in den meisten Fällen besteht es aus 62. 5 Gr (2. 1 ozs.) Butter und 1/2 Liter (0. 88 pint) Milch täglich.

In einem Kohlenbergarbeiterlager, das wir besuchten und das man als Musterbeispiel im Vergleich zu den allgemeinen Wohnverhältnissen bezeichnen könnte, fanden wir einen Mann, seine Frau und 9 Kinder, die in einer Hütte lebten, die man mit unsern eigenen Armeehütten vergleichen könnte, in Küche und Schlafzimmer geteilt. Zehn Mitglieder der Familie schliefen in einem Raum, und der elfte war in der Küche untergebracht.

Das gibt uns einen Eindruck von den furchtbaren Bedingungen, unter denen die deutschen Bergarbeiter leben, und auch andere Arbeiter leben unter ähnlichen Umständen.

(.....)

Gesundheitszustand.

Der Gesundheitszustand der deutschen Bevölkerung im Land wird seit einer gewissen Zeit immer schlechter. Unterernährung, Überfüllung, Mangel an Hausbrand und Gebrauchsgütern haben nicht nur die Moral herabgedrückt, sondern haben auch die körperliche Widerstandskraft beeinträchtigt.

Daß noch keine ernsthafte Epidemie ausgebrochen ist seit der Besetzung, ist der vereinten Anstrengungen der englischen Militärregierung und der deutschen Behörden zu verdanken, die alle nötigen Vorsehungen treffen, um eine solche Katastrophe zu verhüten.

(.....)

Der Hauptgrund für Besorgnis hingegen ist in den größeren Städten des Ruhrgebietes eine Zunahme von TBC, die jährliche Rate ist gestiegen von 7 pro 10,000 1943 auf 50 pro 10,000 in 1947. Im Augenblick wird geschätzt, daß es 15,000 aktive Fälle gibt, für die kein Hospitalplatz vorhanden ist.

Man braucht wenig Phantasie, um zu erkennen, wie furchtbar die Bedingungen sind, unter denen die meisten der deutschen Bergarbeiter leben und gleichzeitig zu erkennen, wie leicht die Möglichkeit der Verbreitung dieser furchtbaren Infektion ist.

Ebenfalls andere Krankheiten gibt es in Menge - wie Räude, etc. Wir fürchteten, daß diese Krankheit bleiben wird bis die Seifenration erhöht wird und bis es mehr Kleidung für das deutsche Volk gibt.

Trotz des großen Schadens, den Kanalisierung und Wasserversorgung erlitten haben, war Typhus nicht sehr verbreitet, welches hauptsächlich darauf zurückzuführen ist, daß die Behörden auf einer großen Menge von Chlor in der Wasserversorgung bestehen.

Um zu versuchen, die Gesundheit der Bergarbeitergemeinde zu erhalten, sagte man uns, daß in den letzten 7 Monaten 5.000 Bergarbeiter von der Ruhr zur Erholung auf Bauerngüter in die Gegend um Hannover geschickt wurden, aber leider mußte das aufhören, da die Bauern nicht gewillt waren, fortzusetzen außer, wenn sie Kohle im Austausch bekämen.

Gewerkschaftsorganisationen.

Die Politik der Alliierten in Deutschland, was die Gewerkschaften anbelangt, scheint zufriedenstellend für die deutschen Bergarbeiter zu sein, denn überall hört man die Aussicht, daß die Arbeiterverbindungsbeamten der Britischen Militärregierung (Labour Relations Officers L.) sehr hilfreich sind und daß sie überall geholfen haben bei der Gründung der Freien Gewerkschaften in der Britischen Zone.

Bestimmte Bedingungen sind festgelegt worden, um sicher zu sein, daß die Bildung der Freien Gewerkschaften ein Prozeß von demokratischem Bewußtsein und Initiative von unten (d. h. von den deutschen Arbeitern selbst) (ist).

Die Gewerkschaften durften sich entwicklen und frei handeln, so lange ihre Aktivitäten nicht in irgendeiner Weise gegen die alliierten Behörden gerichtet waren.

Für die Hilfe, die ihnen die Alliierten Behörden geben, müssen die Gewerkschaften bestimmte Versicherung geben, daß sie, außer für das Wohl ihrer Mitglieder zu handeln:

1) die Militärische Regierung in der Denazifikation Deutschlands und dem Vernichten des Militarismus unterstützen würden.
2) das deutsche Volk im demokratischen Leben und Denken erziehen würden.
3) mit den Alliierten und deutschen Behörden im Wiederaufbau und in der Entwicklung einer friedfertigen deutschen Ökonomie kooperieren würden.
4) die Alliierte Politik unterstützen sollen, die bestimmt ist, Monopole und Kartelle zu eliminieren.

Was die deutschen Bergarbeiter betrifft, so sind sie sehr zufrieden mit den

Fortschritten, die seit der Besetzung gemacht worden sind.

Als wir das Zonale Exekutivkomitee am 21. April 1947 trafen wurden wir informiert, daß die Gesamtmitgliederschaft der deutschen Bergarbeiterschaft am 1. April 1947 345,000 beträgt.

Die Ruhr ist in 4 Teile geteilt, mit 11 Sekretären, 15 Exekutivmitgliedern und Sektionsleiter mit ihren eigenen Distriktkomitees, die in Gruppen unterteilt sind, mit je einem Sekretär und einem Komitee von 500 Mitgliedern gewählt. Die Arbeit der verschiedenen Beamten war unterteilt in Administration, Organisation und Preislisten, Betriebsräte, Jugenderziehung, Rechts- und politische Abteilung, etc.

Die Zonenexekutive funktioniert unter sehr großen Schwierigkeiten, weil sie nicht genügend Büroräume haben, außerdem wegen Mangel an Transport, Papier, Schreibmaschinen, etc., wirklich fehlt es an allem, was eine Gewerkschaftsorganisation braucht, um erfolgreich zu arbeiten. Es wurde jedoch anerkannt, daß die Britische Militär-Regierung beträchtliche Hilfe gegeben hat, und das Komitee sollte in Kürze in ein neues Bürohaus einziehen, das 17 Zimmer enthält, verglichen mit 2 Zimmern, die sie zur Verfügung hatten, als wir dort waren.

Sie brauchten Hilfe in vielen anderen Dingen. Sie waren sehr besorgt um ihr Eigentum, das von den Nazis in 1933 konfisziert worden war. Die Gewerkschaftsgelder, die von den Nazis genommen wurden, betrugen schätzungsweise 7,800,000 Mark.

Unter der augenblicklichen Zonentrennung ist es außerordentlich schwer zu sehen, wie es möglich sein könnte, für sie Verhandlungen zu führen für eine Rückgabe.

Unsere deutschen Kameraden sind jedoch alle der Meinung, daß es besser für sie jetzt ist als vor 1933, weil sie nur eine einzige Organisation haben, die sich um alle diejenigen kümmert, die im Bergbau beschäftigt sind (außer für ein paar Leute, die in hohen administrativen Stellungen sind).

Sie umfassen die Techniker, die Windmaschinenwärter und alle anderen, die im Bergbau arbeiten und auch in den Steinkohlenfabriken. Sie wissen, daß sie dadurch in einer viel stärkeren Position sind und hoffen, die Bergarbeiterlöhne und Arbeitsbedingungen zu verbessern, welche im Augenblick nicht gut sind im Vergleich mit denen der britischen Bergarbeiter.

(.....)

Schlußfolgerungen.

Wir fanden, daß unsere dt. Bergarbeitergenossen eine viel engere Verbindung zwischen der N.U.M. (National Union of Miners) und ihnen wünschen, besonders während der gegenwärtig kritischen Periode. Wir glauben, daß ihr Präsident eingeladen werden sollte, unser National Executiv Committee zu besuchen, so bald es möglich ist. Wir glauben auch, daß die dt. Bergarbeiter laufend informiert werden sollten über die Geschehnisse in England, und sie sollten mit Material versehen werden, um sie in ihrer Kampagen für Nationalisierung der Bergwerksindustrie zu unterstützen.

Wir sind der Meinung, daß die Verantwortung für die Ernährung die der Besatzungsmächte ist, und wenn sie Steigerung der Kohlenproduktion wünschen, müssen Schritte unternommen werden, damit die dt. Ernährungslage verbessert wird.

Wir sind der entschiedenen Ansicht, daß Deutschland als wirtschaftliche Einheit behandelt werden sollte mit einem allumfassenden Plan, um die Lebensmittelversorgung zu koordinieren und die Wirtschaft zu stabilisieren, damit dem Lande geholfen wird. Wir sind ferner der Ansicht, daß Demokratie unter den bestehenden Verhältnissen nicht funktionieren kann.

Wenn die Deutschen zu wählen hätten zwischen Diktatur plus Lebensmitteln und Demokratie plus Fortdauer der gegenwärtigen schrecklichen Bedingungen, würden sie sich für das Erstere entscheiden.

Durch den vollständigen Mangel an Transportmöglichkeiten wurden wir auch gebeten, bei den entsprechenden Autoritäten vorstellig zu werden, daß besondere Beachtung der Versorgung der Gewerkschaftsbewegung in Deutschland mit angemessenen Fahrzeugen geschenkt werden sollte, um sie in die Lage zu versetzen, ihre Pflichten zu erfüllen.

Edward Jones,
T. Stephenson

(Archivsammlung Ernst Schmidt, Essen, Nachlaß Hermes)

Betriebsräte, Betriebsvereinbarungen

Dokument 4:

Betriebsrätegesetz des Alliierten Kontrollrats
(Gesetz Nr. 22 vom 10. April 1946)

Der Kontrollrat hat das folgende Gesetz beschlossen:

Artikel I

Zur Wahrnehmung der beruflichen, wirtschaftlichen und sozialen Interessen der Arbeiter und Angestellten in den einzelnen Betrieben wird hiermit die Errichtung und Tätigkeit von Betriebsräten in ganz Deutschland gestattet.

Artikel II

1. Der Betriebsrat eines Betriebes ist lediglich aus dem Kreise der Personen zu bilden, die tatsächlich in diesem Betrieb tätig sind.
2. Funktionäre der früheren Deutschen Arbeitsfront oder Mitglieder der NSDAP können nicht Mitglieder des Betriebsrats sein.

Artikel III

1. Die Wahl der Mitglieder des Betriebsrats muß unter Anwendung demokratischer Grundsätze und mittels geheimer Abstimmung erfolgen.
2. Die Mitglieder des Betriebsrats üben ihr Amt für höchstens ein Jahr aus, jedoch ist Wiederwahl zulässig.

Artikel IV

1. Die Arbeiter und Angestellten eines Betriebes können einen vorbereitenden Ausschuß zu dem Zwecke bilden, Vorschläge für die Zusammensetzung des Betriebsrats und die Durchführung der Wahl von Betriebsratsmitgliedern zu machen. Diese Vorschläge bedürfen der Zustimmung der Arbeiter und Angestellten des Betriebes, die durch Mehrheitsbeschluß zu geben ist.
2. Anerkannte Gewerkschaften können an der Bildung der vorbereitenden Ausschüsse und an der Organisation der Wahlen zu Betriebsräten teilnehmen und Kandidaten für den Betriebsrat aus den Reihen der Arbeiter und Angestellten des betreffenden Betriebes aufstellen.

Artikel V

1. Soweit nicht anderweitige gesetzliche Regelungen oder Beschränkungen bestehen, kann sich der Betriebsrat mit den folgenden, den Schutz der Interessen der Arbeiter und Angestellten eines Betriebes betreffenden grundsätzlichen Aufgaben beschäftigen:

a) mit den Arbeitgebern über Anwendung der Tarifverträge und der inneren

Betriebsordnung in den einzelnen Betrieben zu verhandeln.

b) mit den Arbeitgebern über Vereinbarungen für den Erlaß von Betriebsordnungen zum Zwecke des Arbeitsschutzes, einschließlich der in das Gebiet der Unfallverhütung, ärztlichen Betreuung, betriebshygienischen und sonstigen Arbeitsbedingungen, Regelung von Einstellungen und Entlassungen und Abstellung von Beschwerden fallenden Angelegenheiten, zu verhandeln.

c) dem Arbeitgeber Vorschläge für die Verbesserung der Arbeitsmethoden und der Produktionsweise zur Vermeidung von Arbeitslosigkeit zu unterbreiten.

d) Beschwerden zu untersuchen und mit dem Arbeitgeber zu erörtern. Arbeitern, Angestellten und Gewerkschaften bei der Vorbereitung von Fällen, die den Gewerbeausichtsbeamten, den Sozialversicherungs- und Arbeitsschutzbehörden, den Arbeitsgerichten und anderen Behörden, die für die Schlichtung von Arbeitsstreitigkeiten zuständig sind, unterbreitet werden sollen, behilflich zu sein:

e) mit den Behörden bei der Verhinderung aller Rüstungsindustrie und bei der Denazifizierung von öffentlichen und privaten Betrieben zusammenzuarbeiten.

f) an der Schaffung und Leitung von sozialen Einrichtungen, die der Wohlfahrt der Arbeiter eines Betriebes dienen sollen, unter Einschluß von Kinderheimen, ärztlicher Fürsorge, Sport und ähnlichen Einrichtungen, mitzuwirken.

2. Die Betriebsräte bestimmen im Rahmen dieses Gesetzes selbst ihre Aufgaben im einzelnen und die dabei zu befolgenden Verfahren.

Artikel VI

1. Der Betriebsrat oder dessen Vertreter haben das Recht, Zusammenkünfte im Betriebe abzuhalten und von dem Arbeitgeber oder dem von ihm bestimmten Vertreter gehört zu werden, um mit ihm über die zu ihrer Zuständigkeit gehörenden Angelegenheiten verhandeln zu können.

2. Der Arbeitgeber hat dem Betriebsrat in regelmäßigen Zeitabständen alle Unterlagen, die zur Durchführung seiner grundsätzlichen Aufgaben erforderlich sind, zu unterbreiten.

3. Der Betriebsrat und der Arbeitgeber treffen ein Übereinkommen über den Inhalt der dem Betriebsrat zu unterbreitenden Berichte und über Tag und Stunde von Zusammenkünften. Ein solches Übereinkommen kann die Anwesenheit von Vertretern des Betriebsrates bei Zusammenkünften der leitenden Organe des Betriebes zu Informationszwecken vorsehen.

Artikel VII

Die Betriebsräte führen ihre Aufgaben in Zusammenarbeit mit den anerkannten Gewerkschaften aus.

Artikel VIII

Außerhalb ihrer regelmäßigen Sitzungen müssen die Betriebsräte mindestens ein Mal vierteljährlich in einer Generalversammlung der beteiligten Arbeiter und Angestellten einen vollständigen Tätigkeitsbericht vorlegen.

Artikel IX

Kein Arbeitgeber darf die Errichtung von Betriebsräten in seinem Betriebe verhindern, deren Tätigkeit stören oder Mitglieder des Betriebsrates benachteiligen.

Artikel X

Die Behörden der Militärregierung können Betriebsräte auflösen, wenn deren Tätigkeit den Zielen der Besatzungsmächte zuwiderläuft oder gegen Bestimmungen dieses Gesetzes verstößt.

Artikel XI

Die Bestimmungen dieses Gesetzes gelten auch für solche Betriebsräte, welche bereits vor dem Inkrafttreten dieses Gesetzes bestanden haben.

Artikel XII

Alle deutschen Gesetze, welche zu diesem Gesetz in Widerspruch stehen, werden aufgehoben oder gemäß den Bestimmungen dieses Gesetzes geändert.

Artikel XIII

Dieses Gesetz tritt mit dem Tage seiner Verkündigung in Kraft.

(Amtsblatt des Kontrollrats in Deutschland, S. 133 ff.)

Dokument 5:

Schreiben eines Offiziers der Britischen Militärregierung an die Arbeitgeber-Versammlung Schaumburg-Lippe zum Abschluß von Betriebsvereinbarungen (28. Februar 1947)

Betrifft: Betriebsrat (Gesetz 22 der Militärregierung)

Im Auftrage der Militärregierung teile ich Ihnen folgendes mit:

Aus den bisher eingegangenen Informationen ist ersichtlich, daß der Sinn des Gesetzes 22 sowohl seitens der Arbeitgeber wie auch der Arbeitnehmer völlig mißverstanden ist. Um künftige Zweifel und Irrtümer zu vermeiden, hat die Militärregierung folgende Punkte als Richtlinie und zur Erläuterung des fraglichen Gesetzes bekannt gegeben:
Bei der Abfassung der Betriebsvereinbarungen sind folgende Punkte unbedingt zu beachten:

a) Die Betriebsräte haben kein Recht Einblick in die Firmenbücher zu nehmen.
b) Die Frage der Löhne und Gehälter für die Arbeiter und Angestellten ist allein Angelegenheit der Betriebsleitung, die ihrerseits an die mit der Gewerkschaft vereinbarten Tarife gebunden ist.
c) Die Einstellungen oder Entlassungen von Arbeitnehmern und Angestellten ist ausschl. das Vorrecht der Betriebsleitung.
d) Die Frage der Verhütung von Kriegsproduktion und die der Entnazifizierung wird ausschl. von der Militärregierung in Zusammenarbeit mit der Betriebsleitung und dem Betriebsrat verantwortlich durchgeführt.
e) Die Frage der Beförderung oder Versetzung ist das Vorrecht der Betriebsleitung.
f) Wenn auch die Militärregierung es vom Produktionsstandpunkt als gute Firmenpolitik ansieht, in Fragen der Einführung neuer oder der Änderung alter Arbeitsmethoden den Betriebsrat zu hören, so ist die Betriebsleitung dazu doch nicht verpflichtet. Es obliegt ihr auch nicht, die Firmenpolitik mit den Betriebsräten zu erörtern.
g) Alle die Betriebsleitung betreffenden Anordnungen der Firmen - nicht aber interne Verfügungen der Gewerkschaften - brauchen nur von der Firmenleitung herausgegeben und unterzeichnet werden. Das Gegenzeichnen der Betriebsräte ist nicht erforderlich.
h) Wenn die Betriebsleitung die Teilnahme von Vertretern des Betriebsrates an ihren Sitzungen wünscht, wird diesen die Vergünstigung nur zum Zwecke der Information, nicht aber mit Stimmberechtigung gewährt.

i) Die Betriebsleitung ist nicht verpflichtet, den Betriebsräten Geschäftsberichte oder Bilanzen vorzulegen.
j) Bei Entlassungen sind die Betriebsräte nicht zu benachteiligen. Sie haben keinen besonderen Schutz.
k) Alle Versammlungen der Betriebsräte - ausgenommen die Fälle, in denen die Betriebsräte an Versammlungen der Betriebsleitung teilnehmen - und alle Versammlungen der Arbeiter und Angestellten müssen außerhalb der bezahlten Arbeitszeit abgehalten werden.
l) Alle Ausgaben, die dem Betriebsrat bei der Erfüllung seiner Aufgaben entstehen, sind von der Gewerkschaft zu tragen. Die Betriebsleitung ist jedoch verpflichtet, dem Betriebsrat für seine Versammlungen einen geeigneten Raum zur Verfügung zu stellen.
m) Wenn die Betriebsleitung es dem Betriebsrat gestattet, zu den Verhandlungen einen Vertreter der Gewerkschaft heranzuziehen, hat dieser Vertreter aber kein Stimmrecht.

Die Funktionen des Betriebsrates sind im Artikel 5 des erwähnten Gesetzes festgelegt. Dieser Artikel gibt dem Betriebsrat das Recht, mit der Betriebsleitung zu verhandeln, aber keine vollziehende Gewalt.

Es wird vorgeschlagen, in die Betriebsvereinbarungen eine Klausel aufzunehmen, durch die der Fall geregelt wird, in dem Betriebsleitung und Betriebsrat zu keiner Einigung kommen. Zu diesem Zweck soll ein Schiedsgericht gebildet werden, das sich aus einem Vertreter der Betriebsleitung, einem Vertreter des Betriebsrates und einer dritten neutralen Person zusammensetzt.

Alle dem Gesetz 52 unterworfenen Betriebe haben vor Eingebung einer Vereinbarung mit dem Betriebsrat einen Entwurf des Abkommens der Militärregierung - Property Control - vorzulegen.

Bereits abgeschlossene Vereinbarungen, die den obigen Richtlinien nicht entsprechen, sind mit sofortiger Wirkung als ungültig zu erklären.

Bielefeld, 28. 2. 1947

Property Control Branch (Kreis Gr. H. Bielefeld), 514 H. Q. C. C. G. (BE) PAOR

Arbeitgeber-Versammlung für Schaumburg Lippe
Beratung über vorstehende Rechtsauffassung betr. Auslegung des Betriebsrätegesetzes Kontroll Ges. Nr. 22

Stellungnahme des Zonensekretariats der Gewerkschaften dazu
(nach: Der Bund Nr. 1 vom 22. April 1947):

1. Der betreffende Beamte der MilReg. war nicht berechtigt, überhaupt eine Auslegung des Betriebsrätegesetzes zu erlassen, noch viel weniger Anweisungen herauszugeben, die in irgendwelcher Form die Ansichten der Mil. Reg. in diesen Fragen festlegen.
2. Die Mil. Reg. sieht es nach wie vor als eine deutsche Angelegenheit an, wie die Bestimmungen, der in Frage kommenden Gesetze deutscherseits kommentiert werden, und sie beabsichtigt, nur in solchen Fällen einzuschreiten, wo es sich um prinzipielle Fragen handelt, die nach ihrer Meinung in einem dem Gesetz widersprechenden Sinne ausgelegt worden sind. Eine solche Stellungnahme der Militärregierung kann aber in keinem Falle von anderen als den höchsten zuständigen Behörden getroffen werden und steht nicht im Ermessen örtlicher Beamter der Mil. Reg. Die Mil. Reg. wird durch ihre zuständigen Stellen für die Zurück-

ziehung der Anordnung Sorge tragen.

(Archiv der sozialen Demokratie, Bonn-Bad Godesberg, Zeitungsausschnitte NZ 25)

Dokument 6:

Gewerkschaftliche Richtlinien zum Mitbestimmungsrecht der Betriebsräte

Die Betriebsvereinbarung über das Mitbestimmungsrecht
Aus dem Geschäftsbericht des DGB der britischen Zone 1947 bis 1949

Das Mitbestimmungsrecht ist in erster Linie durch die Aktivität der Gewerkschaften und Belegschaften sowie der Betriebsräte selbst zu sichern. Es soll seinen Ausdruck finden im Abschluß von Betriebsvereinbarungen, die sich als Folge aus den Bestimmungen des Artikels 5 und des Gesetzes Nr. 22 des Alliierten Kontrollrates ergeben. Die Vereinbarungen bedürfen gemäß Artikel 7 des Kontrollratsgesetzes der Zustimmung der zuständigen Gewerkschaften. Dasselbe gilt auch für die Aufkündigung. Wo es notwendig ist, sollen die Gewerkschaften durch Anwendung gewerkschaftlicher Mittel den Abschluß von Betriebsvereinbarungen über das Mitbestimmungsrecht herbeiführen.

Das Mitbestimmungsrecht in sozialen und personellen Fragen

Die Gewerkschaften tragen dazu bei, den Betriebsräten das Mitbestimmungsrecht in sozialen und personellen Fragen gleichberechtigt mit den Arbeitgebern zu sichern, wodurch den Betriebsräten insbesondere folgende Aufgaben entstehen:

1. Kontrolle der Durchführung der Tarifverträge, Vereinbarungen und gesetzlicher Vorschriften, welche zum Schutze von Leben und Gesundheit der Arbeiter bestehen.

2. Mitbestimmungsrecht bei Einstellungen, Entlassungen, Versetzungen, Beförderungen, Berufsumschulung und Berufsausbildung sowie Gestaltung privater Arbeitsverträge und Abstellen von Beschwerden jeder Art. Ist eine Einstellung oder Entlassung sowie Versetzung oder Beförderung usw. beabsichtigt, dann ist dem Betriebsrat rechtzeitig vorher unter Angabe der Gründe Mitteilung zu machen. Dabei hat der Arbeitgeber bei Neueinstellung eines Arbeitnehmers dem Betriebsrat bekanntzugeben, für welche Arbeit und für welchen Arbeitsplatz der Einzustellende vorgesehen ist und welche Arbeitsbedingungen vereinbart werden sollen. Die Unterlagen über die Person des Einzustellenden sind dem Betriebsrat zur Einsicht zur Verfügung zu stellen.

Sollte der Betriebsrat, bedingt durch sachliche Gründe, mit der beabsichtigten Maßnahme nicht einverstanden sein können, so kann er seine Zustimmung verweigern. In diesem Fall hat der Arbeitgeber die Stelle anzurufen, welche über die vom Arbeitgeber beabsichtigte Maßnahme zu entscheiden hat.

3. Mitbestimmungsrecht bei Regelung der Arbeitszeit, der Kalkulation und Festsetzung der Akkord- und Stücklohnsätze, der Einführung neuer Löhnungsmethoden sowie der Festsetzung des Urlaubsplanes, Abschluß von betrieblichen Arbeitsordnungen zur Regelung dieser und anderer betrieblicher Angelegenheiten.

4. Mitbestimmungsrecht bei der Organisation und Kontrolle des betrieblichen Gesundheits- und Arbeitsschutzes, der Beschäftigung von Körperbehinderten, Frauen und Jugendlichen. Insbesondere hat der Betriebsrat für die Gleichberechtigung der Frau im Betrieb zu sorgen.

5. Mitbestimmungsrecht bei der Schaffung und Leitung sozialer Einrichtungen, die der Wohlfahrt der Beschäftigten dienen sollen (Betriebsküchen, Kindergärten,

Gartenland, Wohnungen, ärztliche Fürsorge und ähnliche Einrichtungen).

6. Zur Durchführung vorstehender Aufgaben muß der Betriebsrat Einsicht in alle Unterlagen haben, die der Lohnzahlung, dem Arbeitsschutz, dem Urlaub, der Leitung und sozialer Einrichtungen usw. dienen. Er muß außerdem zwecks Durchführung seines Mitbestimmungsrechtes bei Einstellungen und Entlassungen die Einsicht in die Personalakten haben.

Das Mitbestimmungsrecht in Wirtschaftsfragen

1. Die gleichberechtigte Mitbestimmung des Betriebsrates in wirtschaftlichen Fragen soll mit dazu beitragen, den Aufbau der gesamten Wirtschaft auf demokratischer Grundlage zum Wohle des ganzen Volkes und der Befriedigung seines Bedarfes zu sichern und das Wiederaufkommen jeder Rüstungsproduktion zu verhindern. Daher soll sich unter Anleitung der Gewerkschaften das wirtschaftliche Mitbestimmungsrecht der Betriebsräte insbesondere auf folgende Aufgaben erstrecken:

a) Art der Produktion,
b) Festlegung des Produktionsprogramms,
c) Entscheidung über Anschaffung, Verwendung und Veräußerung von Betriebsanlagen,
d) Einführung neuer Fabrikations- und Arbeitsmethoden,
e) Änderung des Betriebsumfanges bei Arbeitseinschränkung, Betriebserweiterung, Fusionierung und Betriebsstillegung,
f) bei der maßgeblichen Bestimmung des Absatzes
g) bei wesentlichen Kapitalinvestitionen und Veränderungen,
h) in der Kalkulation und Preisgestaltung,
i) Kontrolle des Warenabsatzes,
j) Verhinderung der Aufrechterhaltung konzernmäßiger Bindungen des Betriebes.

2. Zur Durchführung dieser Aufgaben muß der Betriebsrat Einsicht nehmen in alle Unterlagen, welche die Produktionsgestaltung und die Preiskalkulation des Werkes betreffen. Die Betriebsleitung muß verpflichtet werden, ihm regelmäßig Geschäftsübersichten sowie die Bilanzen mit den erforderlichen Erläuterungen zu übermitteln. Er bedarf der regelmäßigen Besprechungen mit der Betriebsleitung und muß über den Geschäftsgang und die Produktion des Betriebes unterrichtet werden.

3. Der Betriebsrat hat das Recht, bei Prüfung der Geschäftsvorgänge, soweit es erforderlich und sachdienlich ist, beeidigte Sachverständige hinzuzuziehen. Die Kosten der Sachverständigen hat das Unternehmen zu tragen.

4. In Betrieben, für die ein Aufsichtsrat oder ein ähnliches Organ besteht, hat der Betriebsrat das Recht, Vertreter in diese Organe zu entsenden. Die Vertreter haben in diesen Organen die Interessen der Arbeitnehmer zu vertreten und die Rechte des Betriebsrates zu wahren. Die Vertreter sind verpflichtet, über die ihnen gemachten vertraulichen Angaben Stillschweigen zu bewahren, soweit dies zur Vermeidung unlauteren Wettbewerbs erforderlich ist. Die Schweigepflicht gilt nicht gegenüber den Mitgliedern des Betriebsrates.

Kommissionen im Betrieb

Zur Unterstützung der Durchführung seiner Aufgaben im Betrieb bedarf der Betriebsrat verschiedener Ausschüsse und Kommissionen (Produktion, Preiskalkulation, Ersparungen, Löhne, Akkorde, Arbeitsschutz, Betriebsküche, Frauen, Jugendliche usw.) Die Kommissionen und Ausschüsse sind von den gewerkschaftlichen Kollegen und Kolleginnen des Betriebes zu bilden. Die Mitglieder dieser Kommissionen sind ebenso wie die sonstigen gewerkschaftlichen Vertrauensleute im Betrieb in ihrer Tätigkeit durch Aufnahme entsprechender Bestimmungen in den Betriebsvereinbarungen zu schützen.

(GBBZ, S. 732 ff.)

Dokument 7:

Auszüge aus Betriebsvereinbarungen Essener Betriebe

Firma Essener Eisenwerke, Schnutenhaus & Linnemann:

Absatz 2: "Alle Anordnungen, die die Verhältnisse der Arbeitnehmer betreffen, werden von der Betriebsleitung gemeinsam mit dem Betriebsrat getroffen, und zwar:

Regelung der Löhne und Gehälter im Rahmen der bestehenden Tarifverträge einschließlich Sonderverträge sowie besonderer Zuwendungen und Vergünstigungen, Regelung des Urlaubs, Festlegung der Arbeitszeit, Durchführung der Unfallverhütungs- und sonstigen Arbeitsschutzbestimmungen. Einführung und Durchführung hygienischer Maßnahmen, Einrichtung und Verwaltung von Kantinen, Werksküchen, Pensionskassen, Sozialfonds und dergleichen."

Absatz 3: "Der Betriebsrat wirkt entscheidend mit bei der grundsätzlichen Regelung der Produktion, der Preisgestaltung und des Absatzes. Er nimmt zu diesem Zweck an allen Verhandlungen und Besprechungen der Betriebsleitung (Direktion) über Fragen des Betriebes, der Arbeitsplanung usw. teil und wird auch zu den betrieblichen Besprechungen mit den Behörden herangezogen. Die Betriebsleitung gibt dem Betriebsrat monatlich einen Bericht über den Stand und die Leistung des Betriebes."

Absatz 4: "Zur Erfüllung dieser Aufgaben muß dem Betriebsrat Einsicht gewährt werden in alle Betriebsvorgänge. Er ist berechtigt, die Lohnbücher, Gehaltslisten und Personalakten einzusehen. Ebenso wird ihm jederzeit Einsicht gewährt in alle Geschäftsbücher und Unterlagen. Die Bilanzen, Gewinn- und Verlustrechnung sind vorzulegen. Diese Urkunden sind durch den Arbeitgeber ausreichend zu erläutern, so daß der Betriebsrat oder sein Beauftragter vollen Einblick in die betrieblichen Verhältnisse erhält. Außerdem ist der Betriebsrat berechtigt, in den jährlichen Prüfungsbericht der Revisionsgesellschaft des Betriebes Einsicht zu nehmen."

Absatz 16: "Die Mitwirkung beim Abschluß von Lehrverträgen, die Ausbildungskontrolle und Schulung aller Lehrlinge wird dem dafür zuständigen Betriebsrat zugesichert. Die Ernennung des Leiters der Lehrwerkstatt erfolgt im Einvernehmen mit dem Betriebsrat.

Eisenwerk Steele, GmbH.:

Absatz 2: "Mitwirkung des Betriebsrates in Sozialangelegenheiten. Der Betriebsrat wirkt als gleichberechtigter Verhandlungspartner mit bei der Regelung der Löhne, Akkorde und Gehälter im Rahmen der bestehenden Tarifverträge, zu welchem Zwecke er auf Anfordern Einblick in die Lohnunterlagen und Gehaltslisten der Tarifangestellten erhält. Soweit Einblick in Personalakten erforderlich erscheint, müssen die Betroffenen zustimmen. Er wirkt ferner mit bei der Verteilung besonderer Vergünstigungen und Zuwendungen, der Festlegung der Arbeitszeit, Regelung des Urlaubs, Durchführung hygienischer Maßnahmen, Verwaltung von Kantinen und Werksküchen, bei der Vergebung von Wohnungen, der Verwaltung von Unterstützungskassen und ähnlichen Einrichtungen, bei der Betriebskrankenkasse im Rahmen der gesetzlichen Bestimmungen.

Der Betriebsrat oder von ihm gewählte Unfall-Vertrauensmänner arbeiten in den Fragen der Unfallverhütung mit und nehmen an von den Organen der Gewerbeaufsicht oder Berufsgenossenschaft veranstalteten Unfallterminen teil. Sie sorgen für möglichste Verbreitung des Unfallverhütungsgedankens in der Belegschaft. Die gesetzliche Verantwortung für die Unfallverhütung wird der Werksleitung hierdurch nicht abgenommen.

Arbeitgeber und Betriebsrat sind gemeinsam bestrebt, den Arbeitsbehinderten, Frauen und Jugendlichen eine ihren Fähigkeiten entsprechende Arbeit zu verschaffen, sie zu fördern und ihnen beizustehen.

Firma Krupp:

§ 2: "Der Betriebsrat wirkt gleichberechtigt mit
a) bei dem Abschluß bzw. der Genehmigung der inneren Arbeitsordnung zum Zwekke des Arbeitsschutzes einschl. der in das Gebiet der Unfallverhütung, ärztlichen Betreuung, betriebshygienischen und sonstigen Arbeitsbedingungen fallenden Angelegenheiten;
b) bei Verhandlungen mit der Geschäftsleitung bzw. den Betriebsleitungen über die Anwendung von Kollektivverträgen;
c) bei der Zusammenarbeit mit den Behörden zur Verhinderung aller Rüstungsindustrie und bei der Denazifizierung."
§ 3: "Die Geschäftsleitung erstattet vierteljährlich dem Betriebsrat einen eingehenden Bericht über die Lage und die Zukunftsaussichen der Firma."
§ 5: "Die Geschäftsleitung legt dem Betriebsratsvorstand bzw. -ausschuß alljährlich nach ihrer Fertigstellung die Bilanzen und die Gewinn- und Verlustrechnungen vor. Sie werden durch die Geschäftsleitung und auf Wunsch auch durch den öffentlich bestellten Wirtschaftsprüfer derart erläutert, daß der Betriebsratsvorstand bzw. -ausschuß den notwendigen Einblick in die Betriebsverhältnisse gewinnt.
Zur Erläuterung sind, falls dies notwendig erscheint, auch die Bilanzen und die Gewinn- und Verlustrechnungen früherer Jahre heranzuziehen. Auf Wunsch erhält der Betriebsrat einen allgemeinen Bericht."
§ 8: "Der Betriebsrat muß einmal im Vierteljahr in einer Generalversammlung der Arbeitnehmer des Werkes einen Tätigkeitsbericht erstatten. Diese Betriebsversammlung findet innerhalb der Arbeitszeit statt. Für außergewöhnliche Betriebsversammlungen ist vorher eine entsprechende Vereinbarung mit der Geschäftsleitung herbeizuführen."
§ 14: "Geschäftsleitung und Betriebsrat sind gemeinsam bestrebt, den Körperbehinderten, den Opfern des Naziregimes, Frauen und Jugendlichen eine ihren Fähigkeiten entsprechende Arbeit zu verschaffen, sie zu fördern und ihnen sonst beizustehen."

(Geschäftsbericht der Industriegewerkschaft "Metall", Ortsverwaltung Essen, 1946 - 1948 o. O., o. J., 30 f.)

Dokument 8:

Aus dem Jahresbericht des Bezirks V (Gelsenkirchen) des IV Bergbau für 1947

Betriebsräteabteilung

(.....)

Infolge der bei den letzten Betriebsrätewahlen zutage getretenen Strömungen sah sich die Abtlg. Betriebsräte veranlasst, in scharfer Form gegen jegliche parteipolitische Einmischung bei den Wahlen Stellung zu nehmen. Sie kann aus Gründen der Erhaltung der Einheit und Kampfkraft der Organisation nicht gestatten, die Organisation zu einem Tummelplatz politischer Leidenschaften zu machen. Auch die Frage der Zuständigkeit und der Kompetenzen zwischen Betriebsrat und

Schachtgewerkschaft sowie der Arbeitsteilung war oft Gegenstand unliebsamer Streitigkeiten. Das Bezirkssekretariat hat deshalb für notwendig erachtet, in einem vom Bezirksausschuss und den Geschäftsstellenleitern beratenen Entwurf ein Merkblatt für alle Funktionäre der Bezirkskonferenzen zur Annahme und zur Beglaubigung durch den H. V. vorzutragen. Was erreicht werden soll, ist, die gesamte Organisationsarbeit einschliesslich der Tätigkeit der Betriebsräte, auf eine grosse gemeinsame Linie zu bringen. Der Erfolg unserer Arbeit als Betriebsräte kann nur durch eine gemeinsame Arbeit zwischen Schachtgruppe und Betriebsrat herbeigeführt werden. Sie ist vor allem auch ein Teil des grossen Erziehungswerkes der Gewerkschaftsbewegung. Die Erfahrungen des letzten Jahres haben mehr und mehr gezeigt, dass der Schwerpunkt unserer Arbeit als Betriebsräte, die den verlängerten Arm der Gewerkschaften im Betrieb darstellen, auf betrieblichem, arbeits- und vertragsrechtlichem Gebiet liegen. Die reaktionären Verwaltungen haben es nur zu gern gesehen und geduldet, dass sich Betriebsräte überwiegend mit Aufgaben beschäftigen, die sie vom eigentlichen Kerngebiet ihrer Tätigkeit entfernen. Auch hier gilt unser Bestreben und Grundsatz: Engster Kontakt des Betriebsrates mit dem Kumpel am Arbeitsplatz! In Erwartung der künftigen Entwicklung (Währungsreform, Tarifgestaltung, Lohnpolitik, Mitbestimmungsrecht) sieht die Abteilung Betriebsräte in der Bildung eines ständigen Arbeitsausschusses eine notwendige Einrichtung, um durch ihn zu einer einheitlichen Aufgabenstellung und Arbeit des Betriebsrätekörpers im ganzen Bezirk zu kommen. Die sich langsam aber stetig anbahnende Stabilität der Organisationseinheit im Betrieb lassen erfreulicherweise der berechtigten Hoffnung Raum, dass auch die Betriebsrätebewegung in unserem Bezirk getragen wird von einem grossen und einheitlichen Wollen. Der beste Betriebsrätekörper ist ein Versager, wenn er sein Dasein ausserhalb des Gewerkschaftsrahmens fristet und nicht versteht, seine Tätigkeit in den Gesamtrahmen harmonisch einzufügen. Das bedeutet, dass es von der Tätigkeit der Betriebsräte im weiten Masse mit abhängt, die Belegschaft mit gewerkschaftlichem Geist zu erfüllen, der die Voraussetzung für erfolgreiche Gewerkschaftsarbeit und Gewerkschaftskämpfe ist.

(.....)

(Archivsammlung Ernst Schmidt, Essen, Nachlaß Hermes)

Betriebsgruppenarbeit der politischen Parteien:

Dokument 9:

Protokoll

der gemeinsamen Sitzung von Partei (SPD)- und Gewerkschaftsfunktionären am 15. 3. 1947 im Lokale Landsknecht in Dortmund, Kaiserstr.

Tagesordnung: Abgrenzung der Aufgaben von Partei und Gewerkschaft.

Gen. Henßler eröffnete um 10. 30 Uhr die Sitzung.
Anwesend waren:

Gen.	Buchholz,	Bochum	Gen.	Schippke,	Gelsenkirchen
"	Braumann,	"	"	Schrader,	"
"	Geldmacher,	"	"	Surkamp,	"
"	Hossiep,	"	"	Olejnik,	Gladbeck

Gen.	Schürmann,	Bochum	Gen.	Freitag,	Hagen
"	Bauer,	Dortmund	"	Steinhoff,	"
"	Bischof,	"	"	Treichel,	"
"	Emanuelson,	"	"	Gollinski,	Hamm
"	Gundlach,	"	"	Bürich,	Herdecke
"	Hoffmann,	"	Genossin	Grummrich,	Hohenlimburg
"	Seegers,	"	Gen.	Lippert	"
"	Sträter,	"	"	Harich	Iserlohn
"	Wenke,	"	"	Rustemeyer,	"
			"	Schulte,	Münster
			"	Linke,	Neheim
			"	Ringsdorf,	Unna

Gen. Henßler leitete die Sitzung mit einer kurzen Darstellung des Problems ein. Er führte aus:

Die Ungeklärtheit dieses Problems bringt die Gefahr der Spaltung der eigenen Anhänger. Es muß deshalb eine klare Stellungnahme der Partei zu diesem Problem erfolgen. Die Partei erkennt die Notwendigkeit der Bildung von Betriebsgruppen. Die Gewerkschaft fordert jedoch, daß eine Einflußnahme der Partei auf die Gewerkschaft unterbleibt. Um Spannungen zu vermeiden und die Zusammenarbeit zu sichern, ist daher eine genaue Abgrenzung der Aufgaben von Partei und Gewerkschaft notwendig.

Anschließend erhielt Gen. Kappius das Wort zu einleitenden Ausführungen:

Mit der Bildung von Betriebsgruppen wurde teils begonnen, teils ist sie bereits durchgeführt. Die Veranlassung war die Aktivität der KPD, die befürchten ließ, daß die Gewerkschaften zu kommunistischen Einrichtungen wurden, und zwar nicht wegen der besseren Politik der Kommunisten, sondern infolge mangelnder Aktivität unserer Genossen.

Welche Aufgaben erwachsen uns aus dieser Feststellung?

Unsere Aufgabe ist der Kampf gegen den kommunistischen Einfluß. Sollen wir ihn auf der Basis reiner Fraktionsarbeit führen, d. h. durch Festlegung von Marschrouten, Taktiken bei Wahlen und Versammlungen zur Durchsetzung unseres Parteistandpunktes? Soll es Aufgabe der Betriebsgruppen sein, die Gewerkschaft zu Organen der SPD. zu machen?

Um diese Frage zu klären, müssen zunächst die Aufgaben von Partei und Gewerkschaft umrissen werden.

Aufgabe der Partei ist es, die Macht im Staate zu erobern, um mit Regierungsgewalt eine Änderung der Gesetze und Einrichtungen des Staates im Sinne des Parteiprogramms durchzuführen. Diese Änderung umfaßt alle Teile des gesellschaftlichen Lebens: Politik, Wirtschaft und Kultur.

Ursprünglich bestand die Aufgabe der Gewerkschaft darin, die Lebens- und Arbeitsbedingungen innerhalb einer bestimmten Ordnung zu bessern. Sie hatte an Ort und Stelle den täglichen Kampf gegen die Ausbeutung zu führen; sie sah ihre Aufgabe nicht in der Änderung des bestehenden Systems, um die Ausbeutung grundsätzlich abzuschaffen. Die soziale Ordnung war ein Wunschbild, aber nicht das Ziel des gewerkschaftlichen Kampfes.

Neuerdings verlangt die Gewerkschaft auch Einflußnahme auf die Wirtschaftspolitik sowie auf die Einrichtungen zur Lenkung und Kontrolle der Wirtschaft.

Soweit Forderungen in bezug auf die Gesetzgebung und Einrichtungen im Staate gestellt werden, müssen diese Forderungen durch die Parteien durchgesetzt werden. Die Gewerkschaft wendet sich nicht an eine bestimmte Partei, sondern an diejenige, die ihre Forderungen durchzuführen gewillt ist.

Daher ist die Gewerkschaft die Kampforganisation aller wirtschaftlich Ausgebeuteten, unabhängig von der Verschiedenheit des politischen oder weltanschaulichen Denkens und Strebens.

Hieraus ergibt sich die Forderung nach der Einheitsgewerkschaft. Sie hat den Vorzug großer Stoßkraft durch die Einheit; sie ist sinnvoll zur Durchsetzung der gewerkschaftlichen Ziele, sie ist möglich durch Beschränkung auf gewerkschaftliche Ziele.
Wir wollen deshalb weder kommunistische, noch sozialdemokratische, noch christliche Gewerkschaften. Jeder Versuch, die Gewerkschaft in die Parteipolitik hineinzuziehen, gefährdet die Gewerkschaftseinheit.
Die Kommunisten versuchen ständig, die Gewerkschaft ihrer Partei dienstbar zu machen. Ihre Personalpolitik ist der eindeutige Versuch, die Gewerkschaft zu beherrschen. Zwar haben sie nicht die Absicht, die Gewerkschaft zu sprengen, ihre Politik muß aber zur Spaltung führen, weil Sozialdemokraten und Christen die kommunistische Parteipolitik nicht mitmachen werden.
Es ist daher im Interesse der Gewerkschaftsarbeit notwendig, die kommunistische Absicht zu durchkreuzen. Keine neuen, keine sozialdemokratischen Fraktionen sollen neben den kommunistischen gebildet werden mit dem Ziel, die Gewerkschaft unter den Einfluß der SPD zu bringen, sondern was wir wollen, ist ehrliche Gewerkschaftsarbeit und entschiedenes und rücksichtsloses Eintreten gegen jede Fraktionstätigkeit.
Macht und Einfluß wird nicht durch bloße Fraktionsarbeit erlangt, sondern dadurch, daß Sozialdemokraten die besten Gewerkschafter sind. Hierzu ist notwendig:

1. intensive Schulungsarbeit,
2. aktive Betätigung in der Gewerkschaft und im Betriebe, ,
3. Verantwortungsbewußtsein, Ausharren, Kämpfen um jede Position.

Aufgabe dieser Konferenz ist es, die folgenden Fragen zu beantworten:

1. Wollen wir eine Einheitsgewerkschaft oder sozialdemokratische Gewerkschaften?
2. Sind Betriebsgruppen notwendig, und wenn ja
   I. welche Aufgaben sollen sie haben,
   II. welcher organisatorische Rahmen soll geschaffen werden?

Aussprache:

An der Aussprache beteiligten sich die Genossen:

Freitag	Schippke
Emanuelson	Gollinski
Seegers	Buchholz
Steinhoff	Schrader
Gundlach	Bauer
Treichel	Surkamp
Braumann	Henßler
Sträter	

Ergebnis der Aussprache:

Zu 1) Es wurde fast einhellig die Auffassung vertreten, die Einheitsgewerkschaft und keine sozialdemokratischen Gewerkschaften anzustreben. Die Auffassung, es werde doch zur Spaltung kommen und wir sollten lieber gleich zur Bildung eigener Gewerkschaften schreiten, wurde als falsch und als gefährlicher Defaitismus zurückgewiesen.

Zu 2) Die Notwendigkeit der Bildung von Betriebsgruppen wurde allgemein bejaht.
I. Aufgaben der Betriebsgruppen
a) Alle Sozialdemokraten müssen aktive Gewerkschafter werden, d. h. sie müssen da sein, wenn Versammlungen stattfinden, und bis zum Schluß der Versammlung bleiben. (Disziplin.)
Sie müssen wissen, was gespielt wird, und sich gegen jeden Versuch der Kommunisten, sie zu überfahren, wehren.

Sie müssen sowohl sich untereinander kennen als auch die Kommunisten und ihre Absichten.
Sie müssen sich um die Angelegenheiten im Betriebe kümmern.
Sie müssen sich bei den Wahlen konzentrieren und dürfen nicht mehr Kandidaten aufstellen als gewählt werden sollen.
Sie müssen politische Aufklärungsarbeit im Betriebe leisten.

b) Schulungsarbeit ist nicht Sache der Betriebsgruppe.
Die Partei schult in den Partei-Ortsgruppen.
Die Gewerkschaft schult in den Gewerkschaftsgruppen.
Gewerkschaftspolitk wird von der Gewerkschaft festgelegt, nicht von der Partei.

c) Es ist also nicht so sehr die Aufgabe, abgeschlossene sozialdemokratische Gruppen zu bilden. Die Aktivgruppen im Betriebe sollten Gewerkschaftsgruppen sein. Aber unsere Genossen sollten zu den aktivsten Mitgliedern dieser Gruppen zählen und sich dadurch Vertrauen und Ansehen erobern; dann werden sie auch zu Funktionären gewählt. Aufgabe des Betriebssekretärs ist es in erster Linie, diese Auffassung zu verbreiten und dafür zu sorgen, daß unsere Genossen entsprechend handeln. Wo die Betriebsgruppe an die Öffentlichkeit tritt, nimmt sie Stellung zu Wirtschafts- und wirtschaftspolitischen Fragen, natürlich im Sinne sozialdemokratischer Auffassung.

II. Der organisatorische Rahmen.

Die Parteiortsgruppen sollen eine Kartei nach Industriegruppen anlegen und die Genossen nach solchen Gruppen erfassen und für ihre betrieblichen Aufgaben schulen.
Die Genossen sollen auch in den Betrieben eine Gruppe bilden und sich dort über Aufgaben und Methoden verständigen.
Örtlich soll die engste Verbindung zwischen Betriebssekretär und Gewerkschafts-Funktionären hergestellt werden. Zweckmäßig ist die Bildung von Ortsausschüssen, in denen Gewerkschafts- und Parteifunktionäre sich verständigen können.
Die Gewerkschaften müssen den Betriebsfunktionären Material geben, damit sie ständig informiert sind.

Die Sitzung wurde gegen 14. 00 Uhr geschlossen.

Hemer-Westig, den 21. 3. 1947
Ka/Lü

J. Kappius

(Hauptstaatsarchiv Düsseldorf, RWN 249 Nr. 38 (Nachlaß Hansen, Bl. 20ff.))

Dokument 10:

Sozialdemokratische Partei
Bezirk Westliches Westfalen

Entwurf

Richtlinien

für die Arbeit der Betriebsgruppen

1. In allen Betrieben sind die Mitglieder der Partei zu Betriebsgruppen zusammenzufassen.

2. Die Bildung von Betriebsgruppen ist notwendig aus der Erkenntnis heraus, daß
   a) die Tätigkeit der Kommunisten in den Betrieben zu immer stärker werdender Einflußnahme der KPD auf die Gewerkschaften führt,
   b) die Ziele und Methoden der SPD nicht genügend klargelegt und diskutiert werden.

3. Die Bildung der Betriebsgruppen erfolgt in der Überzeugung, daß die Einheitsgewerkschaft die Form der gewerkschaftlichen Organisation ist, welche am besten geeignet ist, die wirtschafts- und sozialpolitischen Interessen der breiten Massen wirksam zu vertreten.

4. Die Betriebsgruppen haben daher nicht die Aufgabe, die Gewerkschaften zu sozialdemokratischen Gewerkschaften zu machen. Sie haben vielmehr die Aufgabe, zu verhindern, daß die Gewerkschaften für die Ziele der Kommunistischen Partei mißbraucht werden.

5. Erste Aufgabe der Betriebsgruppen ist daher, durch Aufklärung und Aktivierung der sozialdemokratischen Betriebsangehörigen die Fraktionsarbeit der Kommunisten zunichte zu machen.

   Dazu ist vor allem erforderlich, die Delegierten- und andere Wahlen sorgfältig vorzubereiten durch

   Aufklärung unter den Betriebsarbeitern über Qualität und Parteizugehörigkeit der vorgeschlagenen Kandidaten,
   Beschränkung der eigenen Vorschläge auf die Zahl der zu wählenden Kandidaten,
   strengste Disziplin und Ausdauer während der Wahlen und Wahlversammlungen.

6. Die darüberhinaus zu leistende politische Aufklärungsarbeit in Versammlungen und Diskussionen, die von der Betriebsgruppe bzw. deren Mitgliedern durchgeführt bzw. geführt werden, geht von dem Grundsatz aus:
   Gewerkschaftspolitik wird von den Gewerkschaften festgelegt, nicht von der Partei.
   In den Betrieben sollte vor allem die Wirtschafts- und Sozialpolitik der SPD diskutiert und gezeigt werden, in wieweit durch die SPD Forderungen der Gewerkschaften vertreten werden.

7. Die Parteiortsgruppen sollen eine Kartei nach Industriegruppen anlegen und die Genossen nach solchen Gruppen erfassen und für ihre betrieblichen Aufgaben schulen.

8. Örtlich sollte eine möglichst enge Verbindung geschaffen werden zwischen Betriebssekretären und Gewerkschaftsfunktionären, die Parteigenossen sind. Zweckmäßig ist die Bildung örtlicher Ausschüsse, in denen Betriebssekretär und Gewerkschaftsfunktionäre sich verständigen können.

9. Die Betriebssekretäre sollten von den Gewerkschaftsfunktionären ständig auf dem Laufenden gehalten und mit Material versorgt werden.

Dortmund, den 21. 3. 1947
Ka/Lü

(Hauptstaatsarchiv Düsseldorf, RWN 249 Nr. 38 (Nachlaß Hansen, Bl. 18 f.))

Dokument 11:

Brief Werner Hansens an Jupp Kappius vom 21. April 1947 zu dem Richtlinien-Entwurf für die Arbeit der (SPD)Betriebsgruppen

Lieber Jupp,

Ich komme leider erst heute dazu, Deinen Brief vom 1. 4. mit dem Entwurf für die Richtlinien zur Betriebsgruppenarbeit zu beantworten. Ich habe auch wiederholt darüber nachgedacht, welchen Weg es gibt, der kommunistischen Fraktionsarbeit ein Gewicht entgegen zu stellen, das nicht ebenfalls zur Fraktionsarbeit wird, sondern echte gewerkschaftliche Interessen und Aufgaben vertritt. Ich bin bisher zu keiner Lösung gekommen, denn wenn man selbstverständlich auch gedanklich Abgrenzungen ziehen kann, so haben sie meines Erachtens nur theoretischen Wert. In der praktischen Betriebsarbeit von sozialdemokratischen Gruppen wird sich sehr bald herausstellen, daß sie zur sozialdemokratischen Fraktion werden müssen, weil sie geboren sind in der Kampfstellung und zur Bekämpfung des kommunistischen Einflusses und weil sie als eine Parteigruppe nicht die Gewerkschaft, sondern die Partei als vorderste Aufgabe im Auge haben. Eine echte Bekämpfung des kommunistischen Einflusses kann meines Erachtens nur dadurch erreicht werden, daß die Gewerkschaften selber eine aktive Aufklärung und Schulung betreiben und daß sie im Kreise ihrer Mitglieder ein möglichst großes Mass von Selbständigkeit und Initiative entfalten. Es wird stets ungesund bleiben, wenn diese Aktivität und Initiative von außen durch eine Parteigruppe in die Gewerkschaft hineingetragen wird. Eine solche parteiliche Arbeit wird zwangsläufig die gewerkschaftlichen Interessen nur als Nebenzweck betrachten können.

Selbst wenn, wie Du es in Deinen Richtlinien versuchst, man sich von oben her bemüht, Gewerkschafts- und Parteipolitik zu trennen, wird in der Vergröberun der praktischen Arbeit der Kampf zweier Parteien um die Mehrheit im Vordergrunde stehen und das Gesicht der Betriebsgruppenarbeit bestimmen.

Ich glaube, daß im Grunde genommen die sozialdemokratische Partei die kommunistische Gefahr in den Gewerkschaften ebenfalls nur dadurch wirklich bekämpfen kann, daß sie innerhalb ihrer eigenen Bildungsarbeit die schläfrigen Kleinbürger aufrüttelt und sie zur Aktivität auf allen Gebieten des öffentlichen Lebens bringt. Hier trifft dasselbe zu, das ich bereits über die Gewerkschaften gesagt habe. Was mit den Betriebsgruppen versucht wird, ist nur ein vermeintlicher Ausweg, der auf die Zerschlagung der gewerkschaftlichen Einheit hinausführt.

Sehr wahrscheinlich erübrigt sich allerdings die Diskussion dieses Fragenkomplexes, weil zum mindesten von christlicher Seite die Absplitterung eine beschlossene Sache zu sein scheint. Das Vorhandensein des christlichen Flügels in der Einheitsgewerkschaft hat die sozialdemokratischen Gewerkschaftsfunktionäre bisher in parteipolitischer Beziehung zu ziemlicher Zurückhaltung gezwungen. Mit dem Hinausgehen der Christen wird diese Zurückhaltung sehr wahrscheinlich fallen. Die alten Gewerkschaftsfuhrleute werden dann nicht davor zurückscheuen, brutal gegen kommunistische Einflüsse vorzugehen; ohne Fraktionsbildung geschieht es übrigens auch jetzt bereits. Wir werden z. B. keinen Kommunisten in den Bundesvorstand hineinlassen, weil wir nicht wollen, daß die Unterhaltungen dieses Gremiums der kommunistischen Partei und damit Moskau offen liegen.

Zu Deinen Richtlinien habe ich im Einzelnen wenig zu sagen. Sie zeigen meines Erachtens allerdings bereits, was ich anfangs anzudeuten versuchte: Die Vertretung der parteilichen Forderungen steht im Vordergrund.

Was in dem Protokoll über Deine Rede steht, ist allerdings an manchen Stellen bereits angreifbar. Wie sich bereits jetzt z. B. bei der Frage der Sozialisierung gezeigt hat, ist selbst bei der Beschränkung auf gewerkschaftliche Ziele die Einheitsgewerkschaft in Frage gestellt. Da in Deutschland selbst solche sich aus der Interessenvertretung ableitenden Aufgaben zu weltanschaulichen Streitobjekten werden, ist es offenbar nicht möglich, eine Einheitsgewerkschaft unabhängig vom weltanschaulichen Denken und Streben aufzubauen, wenn sich diese Gewerkschaft nicht zu sehr in ihren Aufgaben beschneiden will.

Ich hoffe, Dir mit diesen Ausführungen geholfen zu haben; sie sind noch nicht ausgegoren, weil ich, wie gesagt, noch selber keinen Ausweg fand. Vielleicht haben wir ja mal Gelegenheit, uns über diese Fragen zu unterhalten.

Mit recht herzlichen Grüßen, auch an Änne,

Dein

(Werner Hansen)

(Hauptstaatsarchiv Düsseldorf, RWN 249 Nr. 38 (Nachlaß Hansen), Bl. 15 f.)

Dokument 12:

Kommunistische Partei Deutschlands
Bezirksleitung Ruhrgebiet
- Sekretariat -

Herne, 19. 9. 1947
Hermann-Löns-Str. 46

An alle Kreisleitungen und Leitungen der Betriebsgruppen!

Werte Genossen!

Nachfolgend übermitteln wir Euch ein Rundschreiben (8/47) der Unterbezirksleitung der SPD Dortmund vom 9. 9. 1947.

Wir weisen Euch noch einmal auf unsere Stellungnahme, dargelegt im Artikel des Gen. Ledwohn hin. Sie hat und wird sich nicht ändern.

Ihr seht, wenn Ihr das Rundschreiben der SPD aufmerksam studiert selbst, daß Funktionäre der SPD vor der Spaltung des Industrieverbandes BERGBAU nicht zurückschrecken, wenn es darum geht, auch endlich Einfluß in den Betrieben zu bekommen.

Mit Fraktionsarbeit bekommt man aber keinen politischen Einfluß bei den Bergarbeitern, den kann man nur durch praktisches Handeln für die Interessen der Bergarbeiter gewinnen.

Wir sollten aber alle Verbands- und Arbeitskollegen auf diese spalterischen Absichten einiger unverantwortlicher SPD-Führer aufmerksam machen. Auf der anderen Seite werden wir die Einheit der Gewerkschaften verteidigen, im Kampf für die Interessen der Bergarbeiter diese festigen und durch zähes beharrliches Ringen um die Einheit zur Verteidigung der Lebensrechte der Bergarbeiter das Vertrauen der Mehrheit der Kumpels zu gewinnen.

Sozialdemokratische Partei
Unterbezirk Dortmund
Betriebssekretariat.

Dortmund, den 9. 9. 1947
Schliepstr. 3
Fernruf 21402

Rundschreiben Nr. 8/47.

An alle Ortsgruppen und Betriebsgruppen der Schachtanlagen des Unterbezirks Dortmund ! An alle Betriebsräte!

Werte Genossen!

Die in der letzten Woche des Oktobers stattfindenden Betriebsrätewahlen im gesamten Ruhrbergbau geben uns Veranlassung auf die Bedeutung und Wichtigkeit dieser Wahl hinzuweisen.
Eigentlich sollte diese Wahl eine rein gewerkschaftliche Angelegenheit sein. Leider aber ist es so, daß die Gewerkschaften die ja als Einheitsgewerkschaften eingerichtet und aufgebaut sind, auf Grund der politischen Konstellation noch von scharfen Kämpfen und Auseinandersetzungen durchwühlt und erschüttert werden. Besonders die KP. versucht mit allen ihr zu Gebote stehenden Mitteln, den denkbar größten Einfluß in den Gewerkschaften zu erringen, und es muß eingestanden werden, daß sie in dieser Beziehung eine bessere Übung, Disziplin und Aktivität besitzt. Bessere Übung, weil die KP. schon vor 1933 in der Zellenarbeit ihre wichtigste Funktion erblickte und durchführte. Ihre ganze Struktur beruht in der Zelle, der Betriebsgruppe. Die politische Ortsgruppe ist bei ihnen ein Faktor zweiten Ranges. Ihre letzte Konsequenz ist die Eroberung des Betriebes.
Sie haben bessere Disziplin und aus diesem Grunde sind ihre Leute aktiver. Genau dosierte, von einer zentralen Stelle ausgegebene Befehle und Parolen, werden bis zum letzten Mann geleitet und strikt und stur durchgeführt, solange, bis der neue Befehl kommt, der dann mit derselben Intensität durchgeführt wird, obwohl er manchmal das Gegenteil von dem bedeutet, was vorher propagiert wurde. Aber Befehl ist Befehl.
Diese kurz skizzierten Tatsachen haben der KP. bei den vorjährigen Betriebsrätewahlen zum Teil sehr beachtliche Erfolge eingebracht. Wir müssen nun versuchen, mit allen uns als Partei verfügbaren Mitteln, die kommende Wahl zu einem Erfolg für uns zu beeinflussen. Diese Wahl hat nämlich auch eine große politische Bedeutung.
Gerade jetzt, im Zeichen des Marshall-Planes und der Sozialisierungsbestrebungen, kommt es darauf an, unserem Einfluß, politisch wie wirtschaftlich gesehen, größtmögliche Geltung zu verschaffen. Es ist deshalb unbedingt notwendig, auch unsere Ortsgruppen in den Wahlkampf einzuschalten. Überall im gesamten Ruhrgebiet werden öffentliche Versammlungen durchgeführt werden, in denen ganz bestimmte politische Tendenzen und Probleme behandelt werden sollen.
Der Unterbezirk Dortmund als stärkster von allen im Ruhrgebiet, muß auch jetzt vorbildlich sich einschalten. Alle Ortsgruppen müssen schon jetzt Vorbereitungen treffen und alles in die Wege leiten, das zum Gelingen beitragen kann.
Alle Ortsgruppenleiter nehmen am besten sofort mit den Betriebsgruppenleitern der Schachtanlagen Fühlung, die in ihrem Bereich liegen und beraten über die besten Möglichkeiten zur Durchführung der Versammlungen.
Da die Zeit drängt, bitten wir die in Frage kommenden Ortsgruppenleiter, uns sofort über den Termin ihrer Versammlung in Kenntnis zu setzen.
Alle Mann ans Werk. Heraus aus der Verteidigung. Der Angriff ist die beste Parade.

Mit Parteigruß!
Emil Emanuelsson
(Betriebssekretär)

(Archivsammlung Ernst Schmidt, Essen, Nachlaß Hermes)

Dokument 13:

Sozialdemokratische Partei
Bezirk westl. Westfalen.

Dortmund, den 10. 11. 1947
Westenhellenweg 51.

Bericht über die Betriebsrätewahlen im Bergbau.

Auf Grund der Erfahrungen, die in der Vergangenheit gemacht worden sind und die deutlich bewiesen, daß wir uns gerade gegenüber der KP nicht aktiv genug einsetzten und auch der Propaganda der kommunistischen Betriebsgruppen keine ausreichende Beachtung schenkten, wurde zwar erkannt, daß wir mit unserer bisherigen Arbeit nicht zum Zuge kamen, aber die notwendigen Folgerungen blieben aus.

Dieses änderte sich gegen Mitte dieses Jahres, als die Organisation und Propaganda einheitlich ausgerichtet wurde. Da die Betriebsrätewahlen im Bergbau innen- und außenpolitisch von besonderer Bedeutung sind, war man sich darüber klar, daß dieser Aktion ganz besondere Aufmerksamkeit gewidmet werden mußte. Es galt, eine Propaganda zu treiben, die unsere eigenen Funktionäre, die teilweise durch die Not bedingt, einer gewissen Lethargie verfallen waren, wieder aufrüttelte, um sie für diesen propagandistischen Kampf zu begeistern. Gerade im Ruhrgebiet wurde der kommunistische Einfluss in den Schachtanlagen sehr spürbar, obwohl er in keinem Verhältnis zur politischen Stärke der KP stand.

Der Genosse Meyer-Hagen, der als früherer kommunistischer Sekretär besondere Erfahrungen hatte und Taktik und Methoden der KP aus eigener Anschauung kannte, ließ sich auf Anregung des Bezirksvorstandes für die Zeit bis zu den Betriebsrätewahlen von seinem Amt als Stadtrat beurlauben, um die Betriebsgruppenarbeit im Bezirk zu übernehmen. In einer Besprechung der Genossen Wenke, Meyer und Harich und anschließend mit den Partei- und Betriebssekretären der Unterbezirke wurde beschlossen, eine große offizielle Versammlungswelle der SPD im Ruhrgebiet starten zu lassen. Hierfür wurden besonders wirkungsvolle Plakate herausgebracht mit dem Thema:

Was wissen wir von Russland - Kommt der 3. Weltkrieg?

Es wurden Referenten eingesetzt, die gegenüber der KP als besondes wirksam bekannt waren. Der Genosse Meyer stellte zur einheitlichen Zurichtung das Referentenmaterial zusammen. Zur Aufstellung der Kandidaten wurden ebenfalls einheitliche Richtlinien herausgegeben, des weiteren das taktische Vorgehen gegen die KP in den Betrieben besprochen. Diese ganzen Vorbereitungen und Besprechungen wurden sehr vertraulich behandelt. Unsere Absicht war, die Versammlungswelle mit einem Schlage zu beginnen und die Propaganda in den Betrieben wuchtig vorzustoßen. Durch dieses Einsetzen der ganzen Stoßkraft, mit der wir den Wahlkampf begannen, wurde von vornherein bezweckt, die KP in ihrer Organisationsarbeit durcheinander zu bringen und sie nicht mehr zu einer klaren und positiven Abwehr kommen zu lassen. Diese Rechnung, die wir uns stellten, ging vollkommen auf, und wir erreichten tatsächlich, daß die KP in völlige Verwirrung geriet und somit im Augenblick nur noch auf das persönliche Vorgehen ihrer Funktionäre angewiesen war.

Das vom Parteivorstand herausgegebene Material gegen die KP wurde außerdem Sopade-Dienst nicht für zweckmäßig gehalten, da dieses besonders durch die Karrikaturen und durch Texte als schlechte Propaganda bezeichnet werden kann, während es im Gegenteil doch jeden Menschen ansprechen soll. Wir sollen den anständigen Mitläufer nicht von uns stoßen, sondern solche Propaganda betreiben, mit der wir den ehrlichen Kommunisten für uns gewinnen.

Da die Art und Weise unserer Propaganda von der bisher üblichen abgewichen ist, die Erfahrung aber zeigte, daß wir mit diesen Methoden sehr gute Erfolge hatten, geben wir nachstehende Ausführungen und Anregungen:

Die KP hatte wieder, wie vor 1933, sofort nach dem Zusammenbruch 1945 mit der Tätigkeit ihrer Betriebszellen und Gewerkschaftsfraktionen begonnen und sich an vielen Stellen durch Überrumplung in den Besitz von Gewerkschafts- und Betriebspositionen gesetzt. Auf einer Reihe von Schächten übten sie bereits wieder einen Terror aus, der im geraden Gegensatz zu ihren "demokratischen" Beteuerungen steht. Der Gefahr, daß sich diese von Rußland ferngesteuerte und mit reichlichen Geldmitteln ausgehaltene Bewegung in den Besitz der Gewerkschaften setzte, mußte mit aller Kraftanstrengung entgegengetreten werden.

Zur allgemeinen Ausrichtung und als Einleitung der Kampagne in dieser Richtung wurde mit dem Nachbarbezirk Niederrhein eine gemeinsame Konferenz am 31. August 1947 in Bochum durchgeführt, auf der die Genossen Bergmann - Essen und Meyer - Hagen grundsätzliche Ausführungen über die Wahlordnung machten. Über die Richtung im Wahlkampf wurde Übereinstimmung erzielt, besonders auch darüber, daß dort, wo die Möglichkeit besteht, eine Zusammenarbeit mit allen Anhängern der Einheits-Gewerkschaft, die sich nicht zur gewissenlosen Propaganda der KP bekennen, herbeigeführt werden soll. Es kann gesagt werden, daß auf diese Weise allerorts Erfolge erzielt wurden. Die bekannte Stellungnahme der westdeutschen Bischöfe, unter Führung des Kölner Kardinals Frings, nur christliche Betriebsräte zu wählen, ist als Abwehr bezeichnend. Es wurde durch diese Taktik nicht nur die Differenzierung im christlichen Lager vorangetrieben (es gibt Beispiele des Übertritts), sondern diese Kreise an die Gewerkschaftseinheit herangeführt. Wir haben gezeigt, daß wir Vereinbarungen einhalten und man zu uns Vertrauen haben kann, was bei den Kommunisten nicht der Fall war.

Die engste Zusammenarbeit mit den christlichen Bergarbeitern, die sich zum Sozialismus bekennen, wurde in den Unterbezirken Recklinghausen und Gelsenkirchen erreicht, wo man gemeinsam eine von 600 Bergarbeitern besuchte Konferenz am 20. 9. in Recklinghausen organisierte. Referenten waren das Hauptvorstandsmitglied (Bergbau) Gutermuth, der erst vor kurzem von der CDU zur SPD übergetreten ist und Erich Meyer, Hagen. Ersterer behandelte die gewerkschaftlichen Fragen, während der Genosse Meyer in einem ausführlichen politischen Referat auf die Zusammenhänge und die Bedeutung der Wahl hinwies. In den beiden Unterbezirken konnten bei der Wahl den Kommunisten gegenüber dem Vorjahr die meisten Mandate abgenommen werden.

Konferenzen auf breiterer Basis der Unterbezirke fanden am 18. 9. in Dortmund, am 22. 9. in Hamm, am 24. 9. in Bochum, am 26. 9. in Essen und am 19. 9. in Oberhausen statt. Referent war der Genosse Meyer, Hagen, der sich für diese Arbeit besonders spezialisiert hatte. Gerade diese Tagungen gaben einen guten Auftakt, und nahmen die Leiter sämtlicher Betriebsgruppen, die Ortsgruppenvorsitzenden der Partei, die Gewerkschaftsfunktionäre und die Betriebsräte daran teil. Kurz vor der Wahl wurden diese Konferenzen in Hamm, Bochum und Gelsenkirchen wiederholt, um die letzten Anweisungen zu geben. Zu erwähnen ist besonders die Konferenz in Bochum. Wie stark das Interesse und die Aufmerksamkeit für die Betriebsrätewahlen waren, zeigte, daß von 504 geladenen 500 an dieser Tagung teilnahmen. Wenn auch auf den anderen Konferenzen nicht immer eine fast 100 %ige Beteiligung erreicht werden konnte, so war aber doch überall ein sehr großes Interesse festzustellen.

Laufend wurden den Betriebsgruppen, die jetzt restlos auf allen Schachtanlagen bestehen, Anweisungen gegeben, wie sie bei der Aufstellung der Kandidaten zu verfahren haben. Unsere Taktik wurde in einer besonderen Besprechung mit maßgeblichen Funktionären in folgende 4 Punkte zusammengefaßt:

1. Es kommt darauf an, so viele unserer Genossen oder mit uns Sympathisierende auf die Einheits-Gewerkschaftsliste zu bringen, wie angekreuzt werden müssen. Voraussetzung ist natürlich restloses Erscheinen unserer Anhänger in den Vertrauensmänner- und Gewerkschaftsversammlungen. Zu diesem Zweck muß ein Schleppdienst durch die Betriebsgruppen organisiert werden. Es kommt bei dieser Wahl wirklich auf die Erfassung jedes einzelnen uns Nahestehenden an.

2. Es sind so viel unserer Anhänger aufzustellen, daß mit Einbeziehung der Angestellten die Zahl der anzukreuzenden Kandidaten erreicht wird.

3. Zusammengehen mit allen Anhängern der Gewerkschaften, die der kommunistischen Propaganda nicht verfallen sind, um die Zahl der anzukreuzenden Kandidaten, oder wenigstens die Mehrheit zu erreichen. Es ist zu bedenken, daß der Betriebsratsvorsitzende vom Gesamtbetriebsrat zu wählen ist.

4. Wenn keine dieser 3 Möglichkeiten erzielt wird, ist nach Prüfung der Lage ein neuer eigener Wahlvorschlag einzureichen, und dafür mit aller Kraft zu kämpfen. Es ist jedoch der § 9 - Ziffer 1 und 4 - der Wahlordnung zu beachten. Für den eigenen Wahlvorschlag sind 20 Unterschriften erforderlich. Angestellte und mit uns sympathisierende Gewerkschaftler sollen unbedingt berücksichtigt werden.

Die Kommunisten versuchten zuerst auf der Basis eines Kampfes gegen das Punktesystem zu operieren. Wir konnten ihnen aber nachweisen, ein wie unehrliches Spiel sie dabei trieben, wie insbesondere ihr Exponent im Hauptvorstand, der KP-Landtagsabgeordnete Agatz, eine schwankende Haltung in dieser Frage eingenommen hat. Als wir auch ein Interwiev mit dem Vorsitzenden der Industriegewerkschaft, August Schmidt, veröffentlichten, sah man ein, daß man sich auf diese Weise von den Massen isolierte. Praktisch trug man die Zersetzung in die eigene Partei, sodaß man das Hauptvorstandsmitglied des Industrieverbandes aus der KP ausschließen mußte. (Herzfeld)

Jetzt stürzte man sich auf die vom Hauptvorstand erlassene Wahlordnung und besonders auf den § 10, der vorsieht, daß soviel Kandidaten angestrichen werden müssen, als Betriebsräte zu wählen sind. Es setzte eine wüste Hetze auf allen Schachtanlagen ein, und man brachte es auf einer ganzen Reihe von Anlagen dazu, daß eine besondere Wahlordnung beschlossen wurde, die an die Stelle der Muss-Vorschrift die sogenannte Kann-Vorschrift setzte. Der Hauptvorstand des Bergarbeiterverbandes hatte wahrscheinlich diese Sicherheitsmaßnahme getroffen, damit die KP nicht auf Grund ihrer bisherigen aggressiven Tätigkeit und Propaganda Überrumpelungsversuche vornehmen konnte, um dadurch zu einer Mehrheit zu gelangen, die nicht dem politischen Willen der Wählerschaft entsprach. Wir können dazu sagen, daß der Hauptvorstand auch in dieser Hinsicht nicht gut beraten gewesen ist, vielleicht auch, weil er von unserem Angriff keine Kenntnis haben konnte. Wir nehmen bestimmt an, daß auf Grund einer freien Wahlordnung die KP eine noch größere Niederlage erlitten hätte, als es jetzt schon der Fall war, denn kurioserweise wurde auf einigen Anlagen, wo die Kommunisten die Kannvorschrift durchsetzten, nicht ein einziges kommunistisches Betriebsratsmitglied gewählt.

Während die KP versuchte, die Bergarbeiter mit dieser demagogischen Angelegenheit zu verwirren, wurde bereits in den politischen Richtlinien der ersten Bochumer Konferenz beschlossen, zur politischen Beeinflussung, um den Betriebsgruppen bei der politischen und gewerkschaftlichen Führung des Wahlkampfes zu helfen, eine Versammlungswelle mit dem zu Anfang erwähnten Thema durchzuführen. Die Organisation dieser Versammlungen leitete das Bezirksbüro. Diese Kampagne, die, wie schon gesagt, eigentlich im gesamten Ruhrgebiet, dem Bezirk Niederrhein und das westliche Westfalen, Schlag auf Schlag folgen sollte, wurde leider nur im westl. Westfalen 100 %ig durchgeführt, und wurden von hier aus auch 4 Versammlungen im Bezirk Niederrhein organisiert und mit Referenten versehen. Alle Versammlungen wurden durch die Referenten Emanuelson-Dortmund, Geldmacher-Bochum, Gleisner-Hamm, Grobe-Hattingen, Gutermuth-Recklinghausen, Heiland-Marl, Jacobi-Iserlohn, Meyer-Hagen, Steinhoff-Hagen, Treichel-Hagen, Walter-Bochum, Wenke-Dortmund und Jella Schaar bestritten.

In einer ganzen Reihe von Versammlungen fassten die Säle nicht die Menschen und viele hörten bis zum Schluss draussen den Ausführungen unserer Redner zu. Zur Erzielung der Einheitlichkeit wurde ein Referentenmaterial herausgegeben, das ganz auf politische und theoretische Erkenntnisse aufgebaut ist. Dieses Referentenmaterial des Genossen Erich Meyer fand auch den Beifall des Hauptvorstandes in Hannover, der uns mitteilte, daß er es für die Gesamtpartei drucken lassen will. Die KP versuchte, das Thema in abgewandelter Form, nachdem sie die Wirkung erkannte, in öffentlichen Versammlungen aufzugreifen, hatte jedoch keinen Erfolg, da der Besuch nur mäßig war. Lediglich eine Reimann-Versammlung in Dortmund war stärker besucht. Auch in der Presse der KP war unser Druck zu spüren.

Wir veranstalteten in folgenden Orten öffentliche Versammlungen, an denen ungefähr ca. 600 - 1000 Zuhörer teilnahmen:
Ahlen, Altenbochum, Altenbögge, Altenessen, Aplerbeck, Bergkamen, Bochum-Hövel, Bottrop, Bodelschwingh, Bövinghausen, Brackel, Brambauer, Buer, Castrop-Rauxel, Datteln, Derne, Dortmund-Mitte, Erkenschwick, Essen, Essen-Kray, Essen-Stoppenberg, Eving, Gelsenkirchen, Gelsenkirchen-Bismarck, Gelsenkirchen-Horst, Gerthe, Gladbeck, Gladbeck-Zweckel, Habinghorst, Hamme-Hordel, Harpen, Herne, Heeren, Herringen, Herten, Hervest-Dorsten, Heessen, Hochlarmark, Holzwickede, Huckarde, Ickern, Kamen, Laer, Langenbeckum, Langendreer, Linden-Dahlhausen, Lindenhorst, Lünen, Lütgendortmund, Marl, Marl-Hüls, Marten, Mengede, Niedersprockhövel, Oberraden, Ostwennemar, Recklinghausen, Rellinghausen, Röllinghausen, Scharnhorst, Scherlebeck, Scholven, Suderwich, Unna, Waltrop, Wattenscheid, Werne, Werries, Wiemelhausen, Wiescherhöfen, Witten.

Um eine Steigerung dieser Versammlungswelle zu erreichen und um gegen die Propaganda der KP besser vorgehen zu können, wurde ein großes Din A 1 Textplakat

Russland
oder
Weltkapitalismus
NEIN
Das Ruhrgebiet
Kohle und Eisen dem
schaffenden Volke
-SPD-

herausgebracht und zwar in einer Auflage von 5000 Stück. Mit diesem Textplakat wurde eine starke politische und psychologische Wirkung erzielt. Darüberhinaus wurde den Unterbezirken Papier für die Erstellung von Flugblättern zur Verfügung gestellt.

In ca. 80 Lichspielhäusern liefen 2 Diapositive, die einmal Gewerkschaft - Sozialismus und Demokratie herausstellten, zum anderen dazu aufriefen, daß nur sozialistische Betriebsräte die Einheit der Gewerkschaften garantieren. Dadurch wurde nicht nur im Ruhrgebiet, sondern auch in anderen Unterbezirken der Parteiarbeit ein neuer beachtenswerter Auftrieb gegeben.

Dort, wo noch keine Betriebsgruppen bestanden, sind diese gebildet worden, sodaß jetzt im Bergbau folgende Betriebsgruppen vorhanden sind:

Unterbezirk Dortmund	24 Gruppen
Bochum	60 Gruppen

Hamm	13 Gruppen
Recklinghausen	28 Gruppen
Gelsenkirchen	20 Gruppen
Hagen	11 Gruppen
Münster	1 Gruppe.

An einigen Stellen gingen die Genossen nur zögernd an die Betriebsgruppenarbeit heran. Das hatte zwei Ursachen; einmal, weil die Genossen größtenteils dem Druck der aggressiven KP-Propaganda keinen Widerstand mehr entgegensetzten, da sie mehr oder weniger auf sich allein angewiesen waren und dadurch bereits der schon erwähnten Lethargie verfielen. Weiter war zu verzeichnen, daß einzelne Genossen noch nicht einsehen wollten, daß die Demagogie der Kommunisten uns zwang, aktiv in die Propagandatätigkeit einzugreifen. Durch stattgefundene Konferenzen und durch sehr eingehende Besprechungen wurde aber jedem Funktionär klar, daß nunmehr die ganze Schlagkraft der Organisation eingesetzt werden würde.

Dieses Vertrauen führte sehr schnell zur Belebung der Aktivität der Funktionäre und sehr bald war festzustellen, daß sie sich genau so hingebend einsetzten, wie in den besten Kampfjahren unserer Partei. Damit wurde auch der anfängliche Widerstand vieler SPD-Gewerkschaftsfunktionäre überwunden. Wo man kein Einsehen hatte, war zu verzeichnen, daß nicht wir, sondern die KP den Nutzen ziehen konnte.

Manches von Hannover kommende Material wurde abgelehnt und als zu flach bezeichnet. Mit dieser Propaganda muß so schnell wie möglich Schluss gemacht werden, denn dadurch fördert man nur die politische Indifferenz und die KP. Es müssen die Hintergründe einer Politik beharrlich durch Argumente aufgezeigt werden.

Sehr guten Anklang fand die 4-seitige gedruckte Betriebszeitung "Der Pütt" in der Größe Din A 4 und in einer Auflage von 200. 000 Stück. Diese Zeitung wurde größtenteils durch den Genossen Heinrich Wenke ausgestaltet und wirkte psychologisch nicht allein auf geschulte Bergarbeiter, sondern auf den Nachwuchs, weil in dieser Zeitung ein historischer Überblick über die Entwicklung im Bergbau gegeben wurde.

Erfreulicherweise klappte nur in einigen Betriebsgruppen die Verteilung nicht, die, wie wir schon erwähnten, glaubten, daß unsererseits keine Betriebspropaganda betrieben werden sollte.

Um ganz sicher in unserer Taktik zu gehen, wurde in den einzelnen Unterbezirken ein besonderer Fragebogen herausgegeben. Auch hier waren nur wenige Betriebsgruppen, die ausweichend antworteten, oder eine Propaganda durch Flugblätter usw. ablehnten. Es wurden trotzdem auf allen Schachtanlagen noch besondere Flugblätter herausgegeben, auf denen die Namen der von uns propagierten Kandidaten bekanntgegeben wurden. An einigen Orten wurde selbständig Material herausgegeben. So begrüßenswert dies ist, können sich aber große politische Fehler dabei herausbilden, und deshalb sollte alles Werbematerial vorher mit den zuständigen Stellen beraten werden. Die Einheitlichkeit einer Aktion muß in Zukunft in jedem Falle gewahrt werden. Auf verschiedenen Schachtanlagen wurde die Parteizugehörigkeit der Kandidaten mit auf dem Stimmzettel vermerkt, z. B. bei einem christlichen Arbeiter die CDU. Der psychologische Fehler liegt auf der Hand, denn ein sozialistischer Arbeiter wählt keinen CDU-Mann, er ist aber bereit, einen christlichen Gewerkschaftler zu wählen, der sich auf dem Wege zu klarer sozialistischer Erkenntnis bewegt. Jede Parole muß also gut überlegt werden.

Wie lebhaft sich unsere Propaganda und Aktivität ausgewirkt hat, zeigt, daß bereits manche Anregungen seitens der Betriebsgruppen gegeben werden. So wünscht die 25 Genossen starke Betriebsgruppe Wellheim (U. -B. Recklinghausen) die regelmäßige Herausgabe von schriftlichem Material.

Hervorzuheben ist noch die Arbeit der nur aus 12 Personen bestehenden Betriebsgruppe Prosper I (UB: Recklinghausen), die sich in den Belegschaftsversammlungen durchsetzte und der Wahlordnung zur Annahme verhalf. Hier wurden zum erstenmal ein Genosse und zwei mit uns sympathisierende Betriebsangehörige gewählt, die die KP verloren hat. Das zeigt, daß auch von einer zunächst nur schwachen Position Erfolge erzielt werden können. Die Zusammenarbeit mit den christlichen Bergarbeitern wurde nur von wenigen Gruppen abgelehnt. So schreibt rein gefühlsmäßig die 46 Genossen starke Gruppe Zollverein 1/12 UB. Essen) "... Unter keinen Umständen mit den Christen zusammenarbeiten, das sind Wölfe im Schafspelz". Einen ähnlichen Standpunkt nimmt die 70 Genossen starke Betriebsgruppe Wilhelmine-Viktoria (U. B. Gelsenkirchen) ein. Die 200 Mann starke Betriebsgruppe Nordstern (UB. Gelsenkirchen) berichtet von außergewöhnlichem kommunistischen Terror. Mit 200 Genossen sollte doch hier Wandel zu schaffen sein. Auch die 120 Genossen starke Betriebsgruppe Bergmannsglück (UB. Bochum) berichtet von fanatischen kommunistischen Funktionären. Das Wahlergebnis zeigt jedoch den Verlust von 3 KP- und den Gewinn von 2 SPD-Betriebsräten. Die 62 Genossen starke Betriebsgruppe der Schachtanlage de Wendel (Hamm-Herringen) teilt mit, daß durch das Aufstellen unserer Gruppe im Betrieb die Stimmung stetig zu unseren Gunsten umschlägt.

In vielen Berichten der Betriebsgruppen wird vom Hauptvorstand der Industriegewerkschaft gefordert, daß er sich endlich gegen die Quertreiber und Spalter durchsetzt. Die 110 Genossen starke Gruppe auf Prosper III (Bottrop), die sich ganz besonders gegen den Terror der KP einzusetzen hatte, schreibt über die Stimmung der Belegschaft, daß die Partei nicht nur in der Betriebspropaganda aktiv sein soll, sondern sich auch in den Parlamenten für die Behebung der Not und der Misstände mit der gleichen Energie einzusetzen hat.

In den öffentlichen Versammlungen waren besonders die Ostflüchtlinge eine starke Stütze für uns. Das zeigt, daß wir auf diesem Gebiet besonders tätig sein müssen, um diese Hunderttausende dauernd für uns zu gewinnen. Es gilt hier praktische Hilfe zu organisieren.

Ferner war festzustellen, daß fast auf allen Schachtanlagen sehr viel Jugendobmänner von der KP eingesetzt wurden. Hier gilt es jetzt den Hebel anzusetzen, um diese jungen Menschen, die sich größtenteils in den Bergarbeiter-Umschulungslägern befinden, diesem Einfluß zu entziehen und für unsere Idee zu gewinnen.

Trotzdem wir die Funktionäre darauf hingewiesen hatten, daß bei den öffentlichen Versammlungen sich gerade unsere Leute in den vorderen Raum begeben sollten, damit einer kommunistischen Störung sehr schnell ein Ende gemacht werden könnte, kamen dieser Anordnung nicht alle nach und muß auch hierauf immer wieder hingewiesen werden.

Es wurden bereits wichtige Lehren aus dem Wahlkampf gezogen. Besonders gilt es in Fortführung der Linie überall wo wir die Möglichkeit haben, den Betriebsratsvorsitzenden zu stellen. Dort, wo sich die Genossen zu schwach fühlen, muß ihnen unsere besondere Hilfe zuteil werden. Es gilt konkrete Richtlinien auszuarbeiten und sie dann so schnell wie möglich in die Tat umzusetzen, um weiter die eigentlichen Betriebsratsaufgaben im sozialdemokratischen Sinne zu erfüllen. Der Ausgang der Wahl ergibt sich aus den folgenden Zusammenstellungen:

Unterbezirk	SPD	KP	CDU	parteilos
Dortmund	148 (132)	82 (91)	27 (33)	25 (17)
Hamm	100 (96)	30 (32)	16 (15)	4 (2)
Gelsenkirchen	78 (46)	49 (82)	52 (45)	20 (6)
Hagen	35 (22)	7 (12)	2 (-)	2 (-)
Recklinghausen	99 (51)	89 (122)	52 (19)	32 (13)
Bochum	187 (146)	146 (138)	54 (48)	41 (30)
insgesamt westl. Westf.	647 (493)	403 (477)	203 (160)	124 (68)

Absolute Mehrheiten in Schachtanlagen:

SPD	44 (28)	+ 13	
KP	14 (25)	- 11	
CDU	-	-	
parteilos	1 (4)	- 3	
	60 (62)	- 2	erreichte keine Partei die Mehrheit.

Bei Beginn unserer Vorbereitungen für diesen Wahlkampf war anzunehmen, daß durch die gegenwärtige Not und die Sorge um den kommenden Winter mit dem Ansteigen der kommunistischen Stimmen zu rechnen sei, und wir nur bei einer intensiven Aufklärung eine stille Hoffnung auf das Ansteigen der SPD-Stimmen haben konnten.

Wie wertvoll sich die gutdurchdachte Organisation und die Einsatzkraft des Genossen Erich Meyer, sowie aller Funktionäre auswirkten, bewies, daß die KP trotz aller demagogischen Propaganda einen spürbaren Rückschlag hinnehmen mußte, und damit die Bergarbeiter den politischen Hasardeuren eine klare Absage erteilten.

Es gilt jetzt die Schachtanlagen, bei denen wir noch keine Mehrheiten erzielen konnten, intensiv zu bearbeiten und nunmehr auch eine verstärkte Schulung unserer Betriebsgruppenfunktionäre vorzunehmen. Die Betriebsgruppenarbeit wird jetzt eine stetige Aufgabe und ein wichtiger Teil der Parteiarbeit sein. Durch die Betriebsgruppen müssen wir laufend über das politische Gesprächsthema der Belegschaft unterrichtet werden, damit die Partei daraus die notwendigen Folgerungen ziehen kann.

WIR WOLLEN NICHT DIE METHODEN OSTEUROPAS
WIR WOLLEN NICHT DEN WELTKAPITALISMUS DER WESTMÄCHTE

Wir kämpfen für

DEMOKRATIE und SOZIALISMUS

(Archiv der sozialen Demokratie, Bonn-Bad-Godesberg, SPD-Bezirk Westl. Westfalen, Mappe 69/70)

Gewerkschaften

Dokument 14:

Willi Agatz: Die Aufgaben der Kommunisten in den Gewerkschaften
(Februar 1947)

Um jeder Verdächtigung auf "Anweisung zur Fraktionsarbeit", die unsere sozialdemokratischen Freunde aus Gründen ihrer Sorgen um die eigene Fraktionsarbeit heutzutage so gerne gegen uns erheben, den Boden zu entziehen, sei hiermit noch einmal erklärt, daß wir Kommunisten die Verfolgung enger und beschränkter parteiegoistischer Ziele in den Gewerkschaften grundsätzlich ablehnen. Unser Bekenntnis zur Gewerkschaftseinheit ist kein taktisches Manöver, um im trüben fischen zu können. Wir wissen genau: die gewerkschaftliche und auch die politische Einheit der deutschen Arbeiterklasse ist die erste und wichtigste Voraussetzung für den Aufbau eines demokratischen Deutschlands.

Wir müßten keine Kommunisten sein, wenn wir nicht aus der verhängnisvollen Entwicklung der deutschen Arbeiterbewegung in der Vergangenheit, die im wesentlichen durch die Spaltung verursacht wurde, die richtigen Lehren zu ziehen vermöchten.

Wir betrachten die heutigen Einheitsgewerkschaften als die Fundamente des demokratischen Neuaufbaus Deutschlands. Wir setzen alle Kraft daran, diese Fundamente so fest und tragfähig wie nur möglich zu machen. Darum werden wir Kommunisten, als Garanten der Gewerkschaftseinheit, besonders über das demokratische Bestimmungsrecht der Gewerkschaftsmitglieder wachen, weil dieses die nicht wegzudenkende sachliche Grundlage der Einheit bildet, die den Kampf der Arbeiter und Angestellten gegen kapitalistische Ausbeutung und Unterdrückung führen.

Wir Kommunisten wissen, daß sie diesen Kampf nur erfolgreich zu Ende führen können, wenn sie dabei das geschichtliche Ziel der Arbeiterbewegung, die endgültige Beseitigung des Kapitalismus, nicht aus den Augen verlieren. Dabei müssen wir klar erkennen, daß die ideologische Klarheit und Reife der Gewerkschaftsmitglieder sehr unterschiedlich ist und daß der langjährige Vernichtungskampf des Faschismus gegen die Sozialisten und Kommunisten sich besonders hemmend auf die Kampfkraft der Arbeiterklasse auswirkt.

Da aber die Verwirklichung des Sozialismus nur das Ergebnis eines bewußten Kampfes der Arbeiterklasse sein kann, werden wir Kommunisten als deren fortschrittlichster Teil in den Gewerkschaften eine äußerst notwendige, viel Können und viel Geduld erfordernde Arbeit leisten müssen. Wir müssen aus den, von dumpfer Sehnsucht getragenen, mit äußerst unklaren Vorstellungen behafteten Massen der Gewerkschaftsmitglieder bewußt handelnde Klassenkämpfer machen. Neben einer gründlichen Schulungs- und Propagandaarbeit haben wir vor allem die Pflicht, die Arbeiter und Angestellten zu Aktionen und Kämpfen für die gewerkschaftlichen Forderungen zu organisieren und zu führen. Erst durch die Erfahrungen in diesen Kämpfen lernen die Massen, ihre Kräfte richtig zu erfassen und anzusetzen, deren Kompliziertheit, Vielseitigkeit als auch die Notwendigkeit ihrer ununterbrochenen Dauer verstehen.

Die Gewerkschaften unserer Zeit haben große Aufgaben durchzuführen. So wird die Demokratisierung der Wirtschaft entweder ihr Werk sein, oder sie wird wieder scheitern. Durch richtige und zielbewußte Arbeit der Kommunisten zur Verstärkung der gewerkschaftlichen Massenkraft werden bedeutend größere Erfolge bei der Lösung auch der schwersten Aufgaben zu erzielen sein. Es ist klar, daß die Aufgaben der Kommunisten in den Gewerkschaften äußerst kompliziert und schwer sind. Gute Gewerkschaftsarbeit dürfte überhaupt der Maßstab sein, mit dem ihre marxistisch-leninistische Qualität gemessen werden muß.

Nehmen wir als praktischen Anschauungsunterricht unseren Kampf um die Gewerkschaftseinheit.

Diese Einheit kann sich auf die Dauer nur auf die Zusammenarbeit der Gewerkschaften beider Arbeiterparteien gründen. Es wäre also sehr verhängnisvoll, wenn diese Zusammenarbeit gestört und zunichte gemacht würde. Wir Kommunisten wünschen darum diese Zusammenarbeit nicht nur in den Gewerkschaften, sondern wir streben darüber hinaus auch die parteipolitische Einheit mit unseren sozialdemokratischen Freunden an und bieten die ganze Kraft unserer Partei auf, um einen Rückfall in den unseligen Bruderkampf der Zeiten vor 1933 zu verhindern.

Was wir allerdings zur Sicherstellung einer loyalen Zusammenarbeit in den Gewerkschaften fordern müssen, ist die strikte und ehrliche Anwendung der Prinzipien der Demokratie. Der zum Beschluß erhobene Wille der Mehrheit der Gewerkschaftsmitglieder muß für alle Teile, auch für die Führung, bindend sein.

Wir machen kein Hehl daraus, daß wir alles daransetzen werden, die Willensbildung der Gewerkschaftsmitglieder im Sinne unserer gewerkschaftlichen Anschauungen zu beeinflussen. Wir werden jedoch nicht mehr dulden, daß dieser notwendige Kampf um die Klärung der Anschauungen über den Weg der Gewerkschaften jemals wieder in einen niedrigen und gehässigen persönlichen Kampf ausartet.

Wir sehen die Gefahr. Wir wissen, daß engstirnige Elemente versucht haben und auch weiter versuchen werden, demokratische Entwicklungen, die ihrer begrenzten Parteiauffassung entgegenlaufen, mit unlauteren, jedem demokratischen Empfinden hohnsprechenden Mittel aufzuhalten. Dagegen werden wir, selbstverständlich im Einvernehmen mit allen ehrlichen Gewerkschaftlern, entschieden Front machen. Wir werden das in gewerkschaftlich und politisch qualifizierter Art und Weise tun. Unbestreitbar stellen die heutigen Einheitsgewerkschaften, sowohl ihrer Form wie auch ihrem Inhalt nach, etwas ganz Neues dar. Wie wir auf keinem Gebiete fortsetzen können, wo wir 1933 aufhörten, so müssen erst recht alle Gewerkschaftler die gewerkschaftliche Neuschöpfung unserer Zeit verstehen und gestalten lernen. Bei allseitig gutem Willen, auf den wir Kommunisten unermüdlich hinwirken, wird es gewiß dazu führen, daß in den Gewerkschaften, trotz naturgegebener verschiedener Färbung der politischen Meinung und auch trotz der unbedingt notwendigen inneren Auseinandersetzungen um die Herausarbeitung des jeweils besten Weges zur Erreichung der gewerkschaftlichen Ziele, über die Grundsätze der innergewerkschaftlichen Demokratie eine Meinung herrschen wird. Dann wird die Idee der Einheitsgewerkschaften im Bewußtsein der gesamten Arbeiterklasse unerschütterlich feststehen.

Diese Gestaltung und Entwicklung der Gewerkschaften streben wir Kommunisten an. Für diese wahrhaft demokratische Gewerkschaftsorganisation sich einzusetzen, verpflichtet uns unsere Partei.

Wir Kommunisten meinen, daß nur bewußten Feinden der Einheit der Arbeiterklasse diese unsere Auffassung über unsere Aufgaben in den Einheitsgewerkschaften mißfallen kann. Aber die Sozialisten der beiden Arbeiterparteien, als auch alle guten Gewerkschaftler aus dem christlichen und dem parteilosen Lager bieten, das beweist unsere tagtägliche Erfahrung, Ihrerseits die Hand zu fester kameradschaftlicher Zusammenarbeit. Gemeinsam mit allen Gutgesonnenen werden wir Kommunisten weiter um die Einheit der Arbeiterklasse ringen.

Es ist uns hier in den westlichen Zonen keine andere Wahl gegeben. Die von den kapitalistischen Besatzungsmächten mit reaktionären Kräften geführte Politik zwingt unsere Gewerkschaften dazu, Kampforganisationen zu sein. Die Einheit unserer Gewerkschaften, die sich im Kampfe um Frieden, Demokratie und Sozialismus weiter festigen wird, ist die Garantie unseres Sieges.

(Aus: Neuer Weg, Diskussionsmaterial für den Bezirksparteitag der KPD Ruhrgebiet - Westfalen am 8./9. Februar 1947 in Wanne-Eickel, Archivsammlung Ernst Schmidt, Essen)

Dokument 15:

Erklärung gewerkschaftlicher Vertrauensleute in Remscheid
(Juni 1947)

An die gewerkschaftlich organisierte Arbeiter- und Angestelltenschaft von Groß-Remscheid

Die Lage der Remscheider Arbeitnehmerschaft ist im Augenblick eine geradezu katastrophale. Daß es zeitweise nicht anders möglich ist, als letztes Mittel auch den Streik als Abwehrmaßnahme einzusetzen, wenn unhaltbare Zustände beseitigt werden müssen, ist ohne weiteres klar.

Mit diesen Mitteln soll man aber haushälterisch umgehen, was jedoch in Remscheid nicht der Fall zu sein scheint.

In einem Abstand von nur wenigen Wochen
2 Großkundgebungen durchzuführen, ist etwas,
was auch für unsere disziplinierte Arbeiterschaft eine
sehr starke Belastung darstellt, ganz abgesehen von den etwa
zu erringenden Erfolgen.

Wenn nun noch dabei das Gefühl auftaucht, daß eine politische Richtung lediglich aus Agitationsbedürfnis diese Aktionen durchführt, hat die gewerkschaftlich organisierte Arbeiterschaft das Recht, diese Entwicklung sehr aufmerksam zu betrachten.

Es kann nicht angehen, daß die Einheit der Gewerkschaften durch derartige Machenschaften in Gefahr gerät.

Die Führung muß zielklar und gewerkschaftlich ausgerichtet sein.

Was ist nun mit der Führung hier in Remscheid?

Kollege Hofmann, Sekretär des Ortsausschusses der Gewerkschaften in Groß-Remscheid, sprach sich in der letzten Kundgebung am 23. Mai 1947 in scharfer Form gegen die Einstellung der Westmächte und die Anwendung ihrer Methoden aus.

Er ging in seinen Ausführungen jedoch mit keinem Wort auf die Einstellung der Ostmacht ein.

Hofmann wurde anschließend von ausländischen Pressevertretern aufgefordert, die gegen die Westmächte erhobenen Vorwürfe zu beweisen, wozu er jedoch nicht in der Lage war.

Gleichzeitig wurde anschließend von ihm die Behauptung aufgestellt, daß die Remscheider Arbeiterschaft und darüber hinaus die Gesamtarbeiterschaft der Westzone jederzeit bereit sei, größere Streiks durchzuführen.

Auf Befragen des 2. Vorsitzenden des Ortsausschusses durch die ausländischen Reporter mußte diese Behauptung jedoch durch denselben bestritten werden und zwar mit vollem Recht.

In der Gewerkschaft wird nicht diktiert, sondern der
Gesamtwille der Mitgliedschaft entscheidet über derartige
Maßnahmen.
Diese Angelegenheit hatte noch ein Nachspiel.

Am 28. Mai 1947 wurden die Remscheider Gewerkschaftsvertreter mit dem Kollegen Hofmann zum Gouverneur von Nordrhein-Westfalen, Mr. Ashbury, geladen. In einer internen Aussprache gab Hofmann folgende Erklärung ab:

"Ich bin nicht imstande, die gegen die Westmächte erhobenen
Anschuldigungen aufrechtzuerhalten. Des weiteren bin ich bereit,
mich dafür einzusetzen, daß Streiks und Hungerdemonstrationen
für die Folge in Remscheid unterbleiben."

Diese Erklärung des Kollegen Hofmann wurde am 31. Mai 1947 und 2. Juni 1947 gleichfalls durch den Rundfunk bekanntgegeben.

Wir fragen nun mit aller Eindeutigkeit:
Wer bestimmt den Kurs der Remscheider Gewerkschaften?

Haben wir hier eine Demokratie oder diktiert der Sekretär Hofmann die Linie der Abwehrmaßnahmen, die die Gewerkschaften für notwendig erachten?

Nebenbei bemerkt, ist Hofmann Mitglied der kommunistischen Partei.

Wir stellen folgendes fest:

Den Kurs der Gewerkschaften und die sich ergebenden notwendigen Maßnahmen und Aufgaben bestimmen die organisierten Arbeiter und Angestellten, wenn es sein muß, auch gegen den Willen des Sekretär Hofmann.

Nicht das politische, aus dem Osten diktierte Bedürfnis ist hier entscheidend, sondern lediglich der Kampf um die Erhaltung der schaffenden Menschen kann die Aufgaben der Gewerkschaften bestimmen. Der Dualismus des Kollegen Hofmann in der Auffassung seiner gewerkschaftlichen Arbeit, sowie seine eigentümliche Haltung vor Mr. Ashbury zeigen eindeutig, daß Hofmann nicht der objektive Gewerkschafter ist, als verantwortlicher Mann die gewerkschaftlichen Belange der Remscheider Arbeiter und Angestellten zu vertreten.

Wir rufen Euch zu:

Haltet die Politik aus den Gewerkschaften fern.

Nicht der Wunsch der KPD, auf diesem Wege zur SED zu kommen, darf bestimmend sein, sondern die Kernfrage ist und bleibt für uns

die Erhaltung der Einmütigkeit der Gewerkschaften,

damit ihre Schlagkraft im Interesse aller Schaffenden erhalten bleibt.

Nicht die Diktatur einzelner parteipolitischer Kräfte ist entscheidend, sondern der Gesamtwille der Mitgliedschaft.

Am Sonntag, dem 15. Juni 1947, findet aus diesem Grunde eine öffentliche Kundgebung statt, vormittags um 10 Uhr, in Remscheid, in der Concordia, Schützenstraße.
Hierzu sind alle gewerkschaftlich organisierten Arbeiter und Angestellte freundl. eingeladen.

Die mit der parteipolitisch gebundenen
Führung nicht einverstandenen gewerkschaftlichen
Vertrauensleute.

(Hauptstaatsarchiv Düsseldorf, NW 45 (Arbeitsministerium) Nr. 944, maschschr. Durchschlag)

Dokument 16:

Gewerkschaftsspaltung vermieden

Deutung der Delegiertenwahlen im Industrieverband Bergbau

('Telegraf' vom 21. Febr. 1948)

Essen, den 20. Febr. (Eigenbericht)

Die entscheidenden Kommandohöhen der Wirtschaft, wie Bergbau, Stahl und Eisen (mit der Gründung der Bank Deutscher Länder nunmehr auch die Kreditwirtschaft), sind alliierten Kontrollkommissionen unterstellt worden. Die Politik dieser Stellen unterliegt einer deutschen parlamentarischen Kontrolle. Damit ist die politische Macht von parlamentarisch gewählten Instanzen auf Gruppenkollektive verlagert, deren mächtigstes die Gewerkschaften darstellen. Die organisierte Arbeiterschaft der Schlüsselindustrie hat demzufolge mehr Chancen die Politik in Deutschland zu beeinflussen als irgendein deutsches Parlament. Unter diesen Umständen kommt der politischen Entwicklung innerhalb der westdeutschen Gewerkschaftsbewegung eine zunehmende Bedeutung zu.

Die Einheitsgewerkschaften in Westdeutschland waren als parteipolitisch neutrale Vertretung der Arbeiterschaft gegründet worden. Es galt die ungeschriebene Abmachung die betriebliche Erfassung der Arbeiterschaft ausschließlich den Gewerkschaften zu überlassen und keine parteipolitischen Organisationen innerhalb der Betriebe aufzuziehen.
Die Auswahl der gewerkschaftlichen Funktionäre sollte unter diesen Voraussetzungen auf Grund ihres persönlichen Ansehens, ihrer gewerkschaftlichen Erfahrung und ihrer antinazistischen Vergangenheit erfolgen. Tatsächlich aber ergab sich durch verschiedene Umstände bei der Neugründung der Einheitsgewerkschaften im Juni 1946 ein in keinem Verhältnis zu der politischen Legitimation der Kommunisten stehendes teilweises Übergewicht der kommunistischen Funktionäre in den Gewerkschaften, insbesondere im Industrieverband Bergbau.
Zudem organisierten die Kommunisten in den Betrieben ihre "Kader". Die CDU folgte mit "Sozialausschüssen" und nunmehr auch die SPD mit "Betriebsgruppen". Die politische Agitation der Kommunisten in den Betrieben verminderte zeitweise den Einfluß der Gewerkschaften auf ihre Mitglieder in den Betrieben. So kam es während der verschärften Ernährungskrisen im Ruhrgebiet, besonders im Frühjahr 1947, zu wilden Arbeitsniederlegungen im Bergbau. Andererseits konnten auch innerhalb der Gewerkschaftsorganisationen häufig Beschlüsse im Sinne der kommunistischen Politik erzwungen werden, weil die kommunistischen Funktionäre als politisch stärkste Gruppe den Ausschlag gaben. Die Majorisierung der nichtkommunistischen Mehrheit im Industrieverband Bergbau äußerte sich besonders darin, daß bisher drei von vier Bezirksorganisationen des IV. Bergbau im engeren Ruhrrevier kommunistisch besetzt waren.
Die Ergebnisse der Betriebswahlen im Bergbau im November 1947 ließen eine scharfe Reaktion der Arbeiterschaft gegen diese kommunistische Dominierung erkennen. Der kommunistische Anteil an den Betriebsratssitzen ging von 39 Prozent auf 28 Prozent zurück, während die Anteile der Sozialdemokraten von 41 auf 47 Prozent und die der CDU von 13 auf 15 Prozent stiegen.
So aufschlußreich auch die Betriebsratswahlergebnisse für die politische Entwicklung der Arbeiterschaft sind, haben sie doch keinen unmittelbaren Einfluß auf die Gewerkschaftspolitik, denn darüber entscheiden die Delegierten und Vorstandswahlen.
Diese Wahlen fanden Ende Januar statt. Gesamtergebnisse aufgeschlüsselt nach der politischen Parteibindung der Delegierten liegen bisher nicht vor, da der Industrieverband entsprechend dem Prinzip parteipolitischer Neutralität sie nicht politisch auswertet. Einzelergebnisse lassen jedoch erkennen, daß die Kommunisten ihre bisherige Machtposition nicht behauptet haben, daß sie sich aber bei den Delegiertenwahlen stärker durchsetzten als bei den Betriebsratswahlen. Am günstigsten schnitten die Kommunisten in der Hauptstadt des Kohlereviers in Essen ab, wo sie nur 3 Prozent einbüßten, aber mit 43 Prozent (Vorjahr 46 Prozent) der Delegiertensitze die stärkste Gruppe blieben. Die SPD erhielt 39,2 (36,9) Prozent, die CDU 16,8 (15) Prozent, der Rest entfällt auf Sonstige. In Bochum dagegen konnte die KP nur etwa ein Drittel der Delegiertensitze erobern.
Da absolute kommunistische Mehrheiten nicht mehr zustande kamen, ist vorläufig die Gefahr der Aufspaltung der westdeutschen Einheitsgewerkschaften im Bergbau vermindert worden. Andernfalls wären die christlichen Gewerkschaftler wahrscheinlich ausgeschieden. Wenn sich die Kommunisten überhaupt so stark bei den Delegiertenwahlen durchzusetzen vermochten, so lag das einmal an der geringen Wahlbeteiligung (nur knapp 50 Prozent aller Gewerkschaftsmitglieder beteiligten sich, während erfahrungsgemäß die Kommunisten ihre Anhänger fast vollzählig zu den Wahlen heranführten, zum anderen aber verfügt die KP über die agitatorisch besser geschulten Funktionäre. Sie verfügt über Spitzenfunktionäre, die in der Sowjetunion angelernt wurden und andere Funktionäre, die laufend in der Ostzone ausgebildet werden.

Dokument 17:

Werner Hansen: Gewerkschaften und Betriebsräte
(Entwurf für eine Rede in Cuxhaven am 6. Mai 1948 vor Beamten der Control Commission for Germany)

Mir ist heute das Thema gestellt worden, zu Ihnen über die Gewerkschaften und ihre Beziehungen zu den Betriebsräten zu sprechen. Ich habe immer wieder die Erfahrung machen müssen, daß es nicht ganz leicht ist, einem englischen Gewerkschafter den Sinn und die Bedeutung der Betriebsräte und ihre Stellung zu den Gewerkschaften klar zu machen, weil hier eine völlig andere Tradition vorliegt als in England. Es gibt in England praktisch keine Betriebsräte in dem Sinn, wie wir sie in Deutschland allgemein vorfinden. Obwohl Sie auch in England works committees, workers committees, shop steward committees, production committees und ähnliche Einrichtungen auf der betrieblichen Ebene haben, sind es doch andere Körperschaften als die deutschen Betriebsräte.

Die deutschen Betriebsräte wurden geboren als Kinder einer revolutionären Idee nach dem Zusammenbruch des Kaiserreichs, im Jahre 1918. Es waren syndikalistische Gedankengänge, die der Schaffung der Betriebsrätebewegung zu Grunde lagen. Auf der Nürnberger Tagung der deutschen Gewerkschaften im Jahre 1919 forderten die Gewerkschaften zur gemeinsamen Lösung aller Fragen des Wirtschaftslebens und der Sozialpolitik die Verwirklichung des Rätegedankens, indem sie zum Ausdruck brachten: "Das Mitbestimmungsrecht der Arbeiter muß bei der gesamten Produktion vom Einzelbetrieb beginnend bis in die höchsten Spitzen der zentralen Wirtschaftsorganisation verwirklicht werden." Diese wieder sollten örtliche Arbeiterräte bilden und man ging so weit zu fordern: "Außer diesen örtlichen Arbeiterräten sollten Arbeitervertretungen für größere Bezirke und für das Reich auf Grund von Urwahlen nach dem Verhältniswahlsystem berufen werden. Dieselben können mit entsprechend zusammengesetzten Vertretungen der Betriebsleiter gemeinsam sozialpolitische und wirtschaftspolitische Angelegenheiten als Selbstverwaltungsorgane der Volkswirtschaft behandeln, Gesetzentwürfe ausarbeiten und begutachten, sowie Vorschriften für die Organisation der Betriebe und Wirtschaftszweige zu deren Sozialisierung ausarbeiten und auf ihre Durchführung hinwirken." Der Rätegedanke ging also von der Demokratie im Betriebe aus, auf die sich die gesamte Wirtschaftsdemokratie aufbauen sollte. Damals glaubten die Anhänger des Rätesystems noch, von der industriellen Seite her die Wirtschaft gestalten zu können und durch den Aufbau eines sozial-korporativen Staates das Problem einer neuen Gesellschaftsverfassung zu lösen. Man darf nicht vergessen, daß in Deutschland in jenen Tagen örtlich die im Laufe der Revolution entstandenen Organe, die Arbeiter- und Soldatenräte, regierten. Zwar war im Jahre 1919 zur Zeit des Nürnberger Gewerkschaftskongresses manchem erfahrenen Gewerkschafter klar, daß der Rätegedanke sich nicht durchsetzen würde, aber die radikalen Elemente hatten in jener Zeit noch ein solches Schwergewicht, daß bei den Vorschlägen der Rätegedanke immer noch ziemlich deutlich in Erscheinung trat. Die im August 1919 erlassene Reichsverfassung spiegelt in manchen Teilen noch diese Ideen wieder. Im Artikel 165 wurde das System der Räte verfassungsmäßig festgelegt. Es heißt dort z. B.: "Die Bezirksarbeiterräte und der Reichsarbeiterrat treten zur Erfüllung gesamtwirtschaftlicher Aufgaben und zur Mitwirkung bei der Durchführung der Sozialisierungsgesetze mit den Vertretern der Unternehmer und sonstiger beteiligter Volkskreise zu Bezirkswirtschaftsräten und zu einem Reichswirtschaftsrat zusammen." Auch die Betriebsräte wurden in der Verfassung garantiert und durch das Inkrafttreten des Betriebsrätegesetzes im Februar 1920 ihre Funktionen und Aufgaben im einzelnen festgelegt. Dieses Gesetz übertrug den Betriebsräten nicht nur sozialpolitische Funktionen auf der Betriebsebene, sondern sah darüberhinaus ein gewisses Eingreifen in die Leitungsfunktionen vor. Es war

z. B. festgelegt, daß Vertreter des Betriebsrats auch in den Aufsichtsrat entsandt zu werden hatten. Die Wahl von Betriebsräten in Betrieben mit über 20 Arbeitnehmern war bindende Vorschrift, in Betrieben mit weniger als 20 Arbeitnehmern mußte ein Betriebsobmann gewählt werden. Ich möchte noch einmal ausdrücklich klarstellen, daß von der gesetzlichen Seite her die Betriebsräte selbständige Körperschaften waren, die von allen Betriebsangehörigen gewählt wurden, daß es also durchaus nicht gesichert war, ob die Gewerkschaften in den so zustande gekommenen Betriebsräten ihren Einfluß sichern konnten. Es hing von der Stärke der Gewerkschaften in den einzelnen Betrieben ab, wieweit sie ihren Vorschlägen bei der Wahl Geltung verschaffen konnten und wieweit sie durch eine ständige Verbindung mit den einzelnen Betriebsräten auch die dauernde Politik beeinflussen konnten.

In England haben Sie eine Betriebsrätebewegung dieses Ausmaßes niemals kennengelernt. Zwar haben Sie während des ersten Weltkrieges, sehr wahrscheinlich entstanden unter dem Druck der compulsory arbitration, vor allen Dingen unter de Bergleuten und innerhalb der Munitionsindustrien eine shop-stewards Bewegung gehabt, die unoffizielle Arbeitsniederlegungen organisierte. Diese betrieblichen Organisationen schlossen sich zu lokalen Organisationen und sogar in einer 'National Workers Committee Movement' zusammen. Bis zu einem gewissen Grade wurde diese Bewegung sehr wahrscheinlich auch inspiriert durch die Theorie des industrial unionism. Es waren Bestrebungen, die unter dem populären Schlagwort: "workers' control" um sich griffen. Diese Bewegung nahm damals einen solchen Umfang an, daß sich im Oktober 1916 die Regierung dazu entschloß, eine Komitee zu bilden, um Vorschläge für die Beziehungen zwischen Arbeitgebern und Arbeitnehmern unter dem Vorsitz von Mr. Whitley auszuarbeiten. Dieses Komitee machte 1917 Vorschläge für den Aufbau von Joint Industrial Councils in allen Industrien mit paritätischer Vertretung von Gewerkschaften und Arbeitgeberorganisationen, um den weiten Bereich der industriellen Probleme zu erwägen, die über die bisherigen Methoden der kollektiven Verhandlungen hinausgingen. Diese Vorschläge sahen auch die Schaffung von works committees in jedem Unternehmen vor, in dem management und workers repräsentativ vertreten sein sollten. Diese works committees sollten der gegenseitigen Beratung zwischen den Werksleitungen und Beschäftigten dienen.

(.....)

Die weiteren Absichten, die den Vorschlägen des Whitley-committees zu Grunde la gen, kamen kaum zur Durchführung und zwar, weil auf der einen Seite die Arbeitg ber darauf hinwiesen, daß damit von Seiten der Arbeitnehmer in Leitungsfunktione eingegriffen würde und weil auf der andern Seite die Gewerkschaften befürchteten, daß die works committees dahin tendieren würden, sich in Dinge einzumischen, di die Gewerkschaften unmittelbar angehen und die daher auch besser durch offizielle Gewerkschaftsvertreter behandelt werden sollten. Wenn es also bis 1939 auch kaur industrielle Unternehmen in England gab, in der nicht in der einen oder anderen Form eine Organisation vorhanden war, die man als works councils oder committees bezeichnen konnte, so waren die Funktionen dieser Körperschaften ziemlich b grenzt. Ihre Zusammensetzung war auch ziemlich uneinheitlich. Sie waren meist nicht gewählte Körperschaften und das Ausmaß, in welchem Gewerkschaftsvertrete einschließlich shop stewards daran teilnahmen, war von Industrie zu Industrie und von Unternehmen zu Unternehmen verschieden. Es gibt eben in England keine gese liche Regelung dieser Frage. Sie wurde entweder festgelegt in Bestimmungen, die von der zuständigen Gewerkschaft herausgegeben wurden, oder in Verabredungen zwischen den beiden Seiten der Industrie. Die englischen Gewerkschaften legten da bei immer Wert darauf, daß die Vertreter der Arbeitnehmerseite Gewerkschaftsve trauensleute sind, und außerdem, es handelt sich bei all diesen Komitees immer u joint committees, während die deutschen Betriebsräte eine reine Angelegenheit de Arbeitnehmer sind, in deren Beratungen die Unternehmer keinen Platz haben. Auc die in England während des Krieges entstandenen joint production committees, die dazu dienen sollten, den Produktionsanstrengungen einen stimulus zu geben, waren immer eine gemeinsame Angelegenheit beider Seiten der Industrie, also der Arbeitgeber und der Arbeitnehmer. Bei diesen Committees wurde allerdings versucht, in manchen Industrien die Wahl durch alle Arbeitnehmer vornehmen zu lassen, ganz gleich ob sie Mitglieder einer Gewerkschaft waren oder nicht. Die englischen Gewerkschaften haben gegen so zustande gekommene joint production committees immer wieder ihre Bedenken geltend gemacht und ihren Mitgliedern empfohlen, von der Teilnahme an so zustande gekommenen Komitees abzusehen.

Während so in England auch bei der betrieblichen Organisation der Einfluß der Gewerkschaften gesichert war und die works committees kaum eine selbständige Rolle in der Gewerkschaftspolitik spielten, hat der Betriebsrätegedanke in der deutschen Gewerkschaftspolitik immer wieder eine große Rolle gespielt. Es gab kaum einen Gewerkschaftskongreß, in dem nicht das Verhältnis zwischen den Betriebsräten und den Gewerkschaften die Gemüter bewegte. Die radikalen Elemente innerhalb der deutschen Arbeiterbewegung versuchten immer wieder, besonders in den Jahren der wirtschaftlichen Krisen eine Gegensätzlichkeit zwischen der Rätebewegung und den Gewerkschaften herbeizuführen. Es handelte sich bei diesen Auseinandersetzungen nicht nur darum, daß einer Reihe von Kollegen klar gemacht werden mußte, daß die Betriebsräte ihre Aufgabe nur erfüllen können, wenn sie die Gewerkschaften hinter sich haben. Es handelte sich auch um die andere größere Auseinandersetzung, wie weit die Betriebsräte Leitungsfunktionen in den einzelnen Betrieben übernehmen sollten. Auf dem Nürnberger Kongreß forderte die Entschließung der Minderheit, daß jeder Gesetzentwurf über Betriebsräte abgelehnt werden müsse, "der nicht den Grundsätzen des Rätesystems entspricht, nach denen die Betriebsräte entscheidendes Mitbestimmungsrecht im Warenerzeugungs- und Warenverteilungsprozess behalten müssen.". Auch der Leipziger Gewerkschaftskongreß, der im Jahr 1922 stattfand, hat wieder den Tagesordnungspunkt: Betriebsräte und Gewerkschaften. Die kommunistischen Delegierten versuchten, eine Entschließung zur Annahme zu bringen, die als das eigentliche Ziel der Betriebsräte eine wirksame Kontrolle der Produktion durch die Arbeit bezeichnete. In dieser Entschließung wurde außerdem gefordert, den Betriebsräten eine größere Bedeutung gegenüber den Gewerkschaften einzuräumen, da in den Betriebsräten "der Wille des Proletariats, sich als mitbestimmender und entscheidender Faktor in der Produktion und bei der Gestaltung des Lohn- und Arbeitsverhältnisses zu betätigen" verkörpert wird und die Betriebsräte ferner "eine weit größere Zahl von Proletariern erfassen und vertreten als die Gewerkschaften und daher geeignet und berufen sind, nicht nur im täglichen Kampf, die Interessen des Proletariats gegen das Unternehmertum zu vertreten, sondern auch darüber hinaus die Pioniere und Wegweiser im Kampf zur Überwindung des Kapitalismus und Durchführung der sozialisierten Wirtschaftsordnung zu sein." Die Entschließung wurde aber vom Kongreß mit großer Mehrheit abgelehnt und beschlossen: "Die Betriebsräte müssen die gesetzlichen Rechte der Arbeitnehmer im Betrieb wahrnehmen, deren Sicherung und Ausbau den Gewerkschaften obliegt. Die Betriebsräte müssen die tariflichen Abmachungen im Betrieb überwachen, deren Abschluß und Vervollkommnung Aufgabe der Gewerkschaften ist. Die Gewerkschaften als die Grundlage der Arbeiterbewegung überhaupt zählen zu ihren Organen auch die gewählten Betriebsräte mit ihren gesetzlichen Aufgaben. Die Betriebsräte können daher nicht als solche die Forderungen und Ziele der Arbeitnehmer zur Durchführung bringen. Hierdurch ist die Stellung der Betriebsräte innerhalb der Arbeiterbewegung gegeben. In den Gewerkschaften ist der Einfluß der Betriebsräte in dem Maße gesichert, in welchem sich die Betriebsräte als Gewerkschaftsfunktionäre betätigen." Aber obwohl hier in klarer Weise die Funktionen der Betriebsräte und die Einheit der Betriebsräte und Gewerkschaften festgelegt wurden, spielte auch auf dem Breslauer Kongreß des ADGB im Jahre 1925 der gleiche Fragenkomplex wieder eine große Rolle. Auch von Unternehmerseite war der Versuch gemacht worden, gewisse Gegensätzlichkeiten zwischen Betriebsräten und Gewerkschaften auszunutzen. Sie versuchten, die Betriebsräte den Gewerkschaften zu entfremden und durch Schaffung von Werksgemeinschaften und Betriebsvereinbarungen die Gewerkschaften bei der Festsetzung der Lohn- und Arbeitsbedingungen auszuschalten. Auch dieser Kongreß brachte daher noch einmal die Forderung der Gewerkschaften zum Ausdruck, daß als Träger des kollektiven Arbeitsrechts auf Arbeiterseite allein die Gewerkschaften in Frage kommen. Es wurde in aller Eindeutigkeit zum Ausdruck gebracht, daß jeder Versuch, in der Tarifvertragsgesetzgebung auch Betriebsvereinbarungen als Tarifverträge anzuerkennen, von den Gewerkschaften auf's äußerste bekämpft und unbedingt abgelehnt würde.

Was die zunächst geforderten wirtschaftspolitischen Aufgaben der Betriebsräte angeht, so stellte sich im Laufe der praktischen Arbeit immer deutlicher heraus, daß man sich Illusionen hingegeben hatte, wenn man glaubte, über die Betriebsräte Einfluß auf die Betriebsführung zu erhalten. Die Vertretung in den Aufsichtsräten stellte sich immer mehr als eine bloße Farce heraus und die Gewerkschaften erkannten immer deutlicher, daß da, wo die Betriebsräte sich bei der wirtschaftlichen Beratung der Betriebe durchgesetzt hatten, sich ein gewisser Betriebsegoismus herausbildete, der den gewerkschaftlichen Vorstellungen von der Demokratisierung der Wirtschaft völlig widersprach, denn die einzelnen betrieblichen Interessen sollten ja gerade dem Gesamtinteresse untergeordnet werden. Den Betriebsräten wurde daher auch auf dem Hamburger Kongreß des Jahres 1928 noch einmal in aller Deutlichkeit gesagt, daß sie sich einer vernünftigen Selbstbeschränkung hingeben sollten, nämlich der betrieblichen Überwachung der tarifvertraglich festgelegten Arbeitsbedingungen. Das Eindringen in die wirtschaftlichen Führungsaufgaben müsse den überbetrieblichen Organen überlassen werden. Es könne nicht betrieblich gelöst werden, sondern nur von den Berufsverbänden und von der Gesamtorganisation der Gewerkschaften.

Nachdem die wirtschaftliche Krise in verstärktem Maße über Deutschland hereinbrach, die zu einer erneuten Radikalisierung der großen Masse der Arbeiterschaft führte und nachdem die Kommunisten bewußt daran gingen, die deutschen freien Gewerkschaften zu spalten, wurde dieser Kampf vor allen Dingen über die Betriebsräte ausgetragen. Die Betriebsrätewahlen wurden zu politischen Wahlen. Doch es gelang den Kommunisten niemals über die Betriebe einen entscheidenden Einfluß auf die deutsche Arbeiterschaft und die Gewerkschaften zu erlangen. Allerdings konnte der Spalt innerhalb der deutschen Arbeiterbewegung, der auch in die Betriebe hineingetragen wurde, von den Nazis dazu benutzt werden, ihre eigene Position zu stärken. Das hat dann auch dazu beigetragen, den Siegeszug des Nationalsozialismus entsprechend zu erleichtern.

Als mit dem Zusammenbruch des Naziregimes auch die Zwangsorganisation der DAF verschwand und wieder die Möglichkeit für freie Arbeiterorganisationen gegeben war, begann das erste demokratische Leben in den Betrieben. Es war erstaunlich, mit welcher Schnelligkeit in den wichtigsten deutschen Betrieben freie Arbeitervertretungen entstanden. Die Betriebsräte waren also vor der gewerkschaftlichen Organisation da. Es versteht sich, daß eine überbetriebliche gewerkschaftliche Organisation nicht so schnell auf die Beine zu stellen war. Hinzu kam aber noch, daß durch die Vorschriften der Mil. Reg. zunächst auch die gewerkschaftliche Organisation auf betrieblicher und höchstens auf örtlicher Ebene aufgebaut werden sollte. Das hat die Betriebsrätebewegung noch gestärkt. Auch das Kontrollratsgesetz Nr. 22, das den Betriebsräten die gesetzliche Grundlage gab, diente dazu, die Rolle der Betriebsräte gegenüber denen der Gewerkschaften als selbständige Faktoren zu stärken. Da die Aufgaben der Betriebsräte nach dem Kontrollratsgesetz nur durch betriebliche Vereinbarungen festgelegt werden können, entwickelte sich natürlicherweise eine starke Tendenz, von der überbetrieblichen Verhandlung zur betrieblichen Vereinbarung zurückzugehen. Die ersten gewerkschaftlichen Kommentare zum Kontrollratsgesetz 22 versuchten zum mindesten einen Kompromiß zu schaffen, der eine starke gewerkschaftliche Beeinflussung der Betriebsräte ermöglichte. Es wurden in den ersten gewerkschaftlichen Richtlinien bereits festgelegt, daß die Betriebsräte keine isolierten Körperschaften sein sollten, sondern stets als Mitglieder der Gewerkschaften zu wirken hätten. In den gewerkschaftlichen Richtlinien wurde ausdrücklich festgelegt, daß die gewerkschaftlichen Anweisungen sowohl in bezug auf die Wahlordnung, als auch sonst für Gewerkschafter verbindlich seien. Das Kontrollratsgesetz sieht zwar vor, daß jeder Betrieb berechtigt ist, für sich selber eine Wahlordnung zu beschließen, doch haben die Gewerkschaften von Anfang an verlangt, daß alle Gewerkschafter sich die Wahlordnung zu eigen machen, die die Gewerkschaften auf Grund der vor 1933 gemachten Erfahrungen aufgestellt hatten und die geeignet waren, den Interessen der Gewerkschaften zu dienen. Doch bleibt die Tatsache bestehen, daß der Betriebsrat sich ursprünglich nicht auf eine Gewerkschaftsbewegung aufgebaut, sondern auf einem Gesetz, das ihm dadurch ein Eigendasein verleiht. Die Betriebsräte sind nicht aus der Gewerkschaftsbewegung herausgewachsen, sondern ihnen wird durch das Gesetz ein Sonderrecht gegeben. Ihre Funktionen und Aufgaben werden durch dieses Gesetz festgelegt und nicht durch Auftrag und in Verbindung mit der Gewerkschaftsbewegung. Zwar kann eine echte Demokratie nur von unten nach oben wachsen und eine echte industrielle Demokratie muß daher in den Betrieben ein lebendiges Eigenleben entfalten, aber gerade in Zeiten politischer und wirtschaftlicher Unausgeglichenheit, wie wir sie nach dem Zusammenbruch des 3. Reiches erleben, können die Führungskräfte nicht aus der betrieblichen Demokratie entstehen. Um in einer solchen Zeit eine Organisation zu schaffen, die ein Ganzes bildet und die eine verantwortunsbewußte Führung ausübt, sind Kräfte erforderlich, die über die betrieblichen Aufgaben hinausgehen und die die Gesamtaufgaben klar im Auge haben. Die Führung kann also nur von der übergeordneten Organisation, also von den Gewerkschaften, ausgehen, die ihre Organisation von der Gewerkschaftsleitung über ihre Bezirks- und Ortsgruppen bis zu den Gewerkschaftsvertretern in den Betrieben aufgebaut haben. Die Betriebsräte können also sozusagen nur der verlängerte Arm der Gewerkschaften in den Betrieben sein, und nicht umgekehrt darf Ziel und Aufgabe der gewerkschaftlichen Politik durch die Betriebsräte bestimmt werden. Wir stimmen hier völlig mit dem überein, was der Chef der Manp. Div., Mr. LUCE, in einer Sitzung des Bundesvorstands und Bundesbeirats am 13. Nov. in Düsseldorf zum Ausdruck brachte:

"There is a definite function which the workers' representatives have to fulfil in the workshops. But this function ist entirely subordinated to the tasks of the trade unions. It is determined and formed by events which take place outside the workshops. The representatives in the workshops (one may call them works councils or anything else) cannot therefore be regarded as independent bodies and we, the British Authorities, will not do anything that might lead them to think that they are ...

We want the works councils to see in the trade unions the established channel through which all matters lying outside the four walls of their shop or enterprise are passed."

Doch diese Unter- und Einordnung der Betriebsrätearbeit in die Gewerkschaftsarbeit ist uns auch heute noch sehr erschwert. Es darf nicht vergessen werden, daß bis heute in der britischen Zone den Gewerkschaften noch immer kaum die Möglichkeit gegeben ist, ihren eigentlichen gewerkschaftlichen Aufgaben nachzugehen. Bis auf geringe Ausnahmen, die sich aus der Direktive Nr. 14 ergeben, besteht ein Lohnstop. Dieser Lohnstop, der erst in diesen Tagen durch eine Anordnung der Militärregierung aufgelockert ist und Verhandlungen um eine 15 %ige Lohnerhöhung erlaubt, hat es erschwert, daß die Gewerkschaften in einer selbstverantwortlichen Arbeit gemeinsam mit den Arbeitgeberorganisationen zu kollektiven Vereinbarungen kommen konnten. Auch auf dem Gesamtgebiet der tarifvertraglichen Regelung der Arbeitsbedingungen gibt es noch keine Möglichkeit der kollektiven Vereinbarung zwischen Gewerkschaften und Arbeitgeber-Verbänden. Die in der britischen Zone heute bestehenden Arbeitsbedingungen sind nicht tariflich festgelegt, sondern noch aus der Nazizeit übernommen. An die Stelle des Treuhänders der Arbeit ist nur die Arbeitsverwaltung getreten. Sie erläßt nach wie vor Tarifordnungen und erst in neuester Zeit liegen gewisse Verlautbarungen der brit. Mil. Reg. vor, nach denen es den Gewerkschaften wieder erlaubt werden soll, in freien Verhandlungen mit den Arbeitgeberorganisationen tarifliche Regelungen nicht nur für die Lohn-, sondern auch für die sonstigen Arbeitsbedingungen zu treffen. Auch diese Situation hat selbstverständlich dazu beigetragen, das Schwergewicht der gewerkschaftlichen Arbeit auf den Abschluß von Betriebsvereinbarungen zu legen, die nach dem Kontrollratsgesetz Nr. 22 erlaubt waren. Da sich bei dieser Arbeit die Gewerkschaften wieder im wesentlichen auf die Betriebsräte stützen mußten, hat das eher zu einer Verstärkung der Macht der Betriebsräte beigetragen und eine einheitliche Entwicklung des Arbeitsrechts und der gewerkschaftlichen Organisation gehindert. Durch diese Verlagerung der gewerkschaftlichen Arbeit vom Tarifvertrag zu Betriebsvereinbarungen spielten sich selbstverständlich auch die Interessenkonflikte auf der betrieblichen Ebene ab. Weil von Seiten der Arbeitgeber den Forderungen der Arbeitnehmer auf ein Mitbestimmungsrecht ziemliche Widerstände entgegegesetzt wurden, führte es dazu, daß die radikalen Elemente in den Betrieben propagandistischen Nutzen zogen. Was wir bereits vor 1933 sahen, den Versuch der Kommunisten vor allem über die Betriebe Einfluß zu gewinnen, machte sich nach dem Zusammenbruch des Naziregimes im verstärktem Maße bemerkbar. Es wird vor allen Dingen von den Kommunisten versucht, die Betriebsräte in ihre Hand zu bekommen und die Betriebsrätewahlen zu ausgesprochenen politischen Wahlen zu machen. Es hat der harten und aufopfernden Tätigkeit der Gewerkschaften bedurft, in dieser so schwierigen Situation Herr der Lage zu bleiben.

Was die weitere Entwicklung der Beziehungen zwischen Gewerkschaften und Betriebsräten angeht, so hängt natürlich sehr viel davon ab, wieweit es gelingt, eine wirtschaftliche Gesundung herbeizuführen. Solange die Moral der 1000 Kalorien, wirtschaftliche Depression und Hoffnungslosigkeit das Denken der großen Masse der Arbeiterschaft bestimmen, werden selbstverständlich politisch skrupellose Elemente die Lage für ihre rücksichtslosen Zwecke ausnützen können. Auch die besten Absichten und alle Anstrengungen werden fruchtlos bleiben, solange außerhalb ihrer Macht liegende wirtschaftliche und politische Faktoren gesellschaftliche Unruhe schaffen.

In Übereinstimmung mit der Mil. Reg. versuchen die Gewerkschaften bereits jetzt die Betriebsräte auf ihre rein betriebliche Funktion zu verweisen. Die Gewerkschaften sind sich darüber klar, daß diese Funktion vor allen Dingen auf soziale Aufgaben im Betriebe beschränkt sein muß. Die wirtschaftliche Demokratie, die die Gewerkschaften durchsetzen wollen, weil sie wissen, daß es ohne sie keinen friedlichen Wiederaufbau geben kann, wird sich im wesentlichen nicht auf die Organe des Betriebes stützen können. Da, wo die Gewerkschaften die Möglichkeit haben, auch die industrielle Produktion mitzuplanen und Einfluß auf die Unternehmerfunktionen auszuüben, z. B. bei der Entflechtung der Eisen- und Stahlindustrie, wurden diese Aufgaben nicht den Betriebsräten überlassen, sondern von den Gewerkschaften fest in die Hände genommen. Bei der paritätischen Besetzung der Aufsichtsräte dieser Unternehmungen wurde zwar ein Vertreter des Betriebsrates hinzugezogen, aber alle Arbeitnehmervertreter von den Gewerkschaften benannt. Auch bei der überbetrieblichen Gestaltung der Organe der wirtschaftlichen Selbstverwaltung, z. B. bei den Vorschlägen für den Aufbau von Wirtschaftskammern, sind die Gewerkschaften davon abgekommen, die Vertreter aus den Betrieben heraus wählen zu lassen. Die Vertreter der Arbeitnehmer sollen durch die Gewerkschaften und die Vertreter der Arbeitgeber durch die Arbeitgeberorganisationen benannt werden. So wird auch von dieser Seite her versucht, die Gestaltung der Wirtschaftsdemokratie in die Hände der Gewerkschaften zu legen.

Es gibt nach wie vor in der deutschen Gewerkschaftsbewegung starke Kräfte, die glauben, daß die Macht und der Einfluß der Gewerkschaften gesetzlich oder verfassungsmäßig garantiert werden soll. Doch wir glauben, daß die Erfahrung der Weimarer Republik den besten Kräften innerhalb der deutschen Gewerkschaften gezeigt hat, daß die Macht der Gewerkschaften nicht in Gesetzen oder Verfassungsbestimmungen garantiert werden kann, sondern nur durch die Stärke ihrer Organisation, die sie durch ihre Einheitlichkeit und die lebendige Mitarbeit ihrer Mitglieder und Funktionäre schafft. Wir wissen, daß letzten Endes auch das Verhältnis Betriebsräte und Gewerkschaften nur dadurch bestimmt wird, wie weit es den Gewerkschaften gelingt, durch ihre Verankerung in den Betrieben und die tatkräftige Vertretung der Interessen der großen Masse der Arbeitnehmerschaft sich durchsetzen.

(Hauptstaatsarchiv Düsseldorf, RWN 249 Nr. 39 (Nachlaß Hansen), Bl. 52 ff.)

Programmatik

Dokument 18:

DEUTSCHES SEKRETARIAT
ZONENBEIRAT

Nur für den Dienstgebrauch!
Vertraulich!

19. Dezember 1946
Nr. 67

Informationsdienst

für die Mitglieder des Zonenbeirats

Das aktuelle Thema:

Das Problem der Sozialisierung

Die Themen der Sozialisierung und der Währungsreform sind in der letzten Zeit laufend von der britischen und der amerikanischen Presse behandelt worden; sie haben ihren Niederschlag gefunden in amtlichen Denkschriften und Erklärungen und, wenn nicht alles täuscht, werden beide Probleme für die deutsche Entwicklung im Jahre 1947 konkreten Lösungen zugeführt werden.
Es hatte den Anschein, als ob die Vereinigten Staaten aufgrund des neuen wirtschafts-liberalistisch eingestellten Kurses der Republikaner der Sozialisierung und Verstaatlichung der deutschen Grundindustrien Widerstand entgegensetzen würden. Um diese Frage ein für allemal zu klären, wurden jetzt in London und Washington übereinstimmende Erklärungen abgegeben, die die Sozialisierungstendenzen in der britischen Zone zumindest fördern. Minister Hynd stellte in ähnlicher Weise wie USA-Außenminister Byrnes fest, daß die britischen Pläne für die Sozialisierung der deutschen Industrie in Washington bekannt seien und daß das Zweizonenabkommen von diesen Plänen nicht berührt werde. Gerüchte über einen Schritt des briti-

schen Außenministers Bevin beim Londoner Kabinett zur Aufschiebung der Sozialisierungspolitik entfallen damit in vollem Umfange.
Über die Form der Sozialisierung besteht natürlich noch keine einheitliche Auffassung. Es wurde von London aus lediglich zugesichert, daß die demokratische Basis für diese Entscheidung inne gehalten werden soll, d. h. daß auch die maßgebenden deutschen Körperschaften gehört werden müßten. In einer Diskussion "für und wider die Sozialisierung" machte Dr. Adenauer als Führer der CDU in der britischen Zone darauf aufmerksam, daß das Vorgehen der britischen Regierung in der Sozialisierungsfrage mit der Haager Konvention vom Jahre 1907 nicht zu vereinbaren sei. Die Haager Konvention sieht vor, daß nach bedingungsloser Kapitulation der besiegte Staat nicht ausgelöscht ist, sondern weiter einen staatlichen Status einnimmt, der nicht zu übersehen ist, wenn es sich um grundsätzliche und weittragende Bestimmungen handelt. Dr. Adenauer fordert demgemäß eine Mitbestimmung des deutschen Volkes und seiner Repräsentanten im wirtschaftlichen Geschehen, das nicht von der Besatzungsmacht allein diktiert werden sollte.
In der gleichen Diskussion hat sich als Sprecher der SPD, Prof. Nölting über die Sozialisierung der Grundstoffindustrie im Einzelnen geäußert. Er vertritt die Meinung, daß die zu sozialisierenden Grundstoffindustrien ohne Übernahme irgendwelcher privatrechtlicher Belastungen der Vergangenheit zunächst in die Treuhandverwaltung überführt werden müssen. Die Treuhandverwaltungen (für die für den Bereich Nordrhein-Westfalen zehn Persönlichkeiten als Leiter vorgesehen sind) sollen durch übergeordnete Organe des zukünftigen deutschen Reiches und der Länder sichergestellt werden. Auch Prof. Nölting hofft, daß über die Grundzüge einer Sozialisierung der Grundstoffindustrie zwischen den Alliierten eine Übereinstimmung erreicht wird, damit der deutsche Bergmann und Hüttenarbeiter die Garantie erhält, weder für die Dividenden deutscher und ausländischer Kapitalisten, noch in einem Kolonialgebiet zu arbeiten. An den Treuhandverwaltungen sollen die Arbeiter durch die Gewerkschaften maßgebend beteiligt werden. Nach dieser Auffassung müssen auch nicht nur die Zechen selbst, sondern auch der Absatz der Kohle, die Veredelung usw. in Gemeineigentum übergehen.
Nach allem scheint es festzustehen, daß sich die ursprünglich geäußerten Bedenken auf britischer und amerikanischer Seite gegen eine Enteignung der Ruhrindustrie nicht durchgesetzt haben, sondern daß die britische Regierung in ihrer Zone das Verstaatlichungsprogramm voll durchzuführen beabsichtigt.

(.....)

(DGB-Archiv, Düsseldorf, Ordner "Sozialisierung der Wirtschaft")

Dokument 19:

Entschließung "Zur Sozialisierung"

Angenommen vom 1. Bundeskongreß des DGB der britischen Zone,
22. bis 25. April 1947 in Bielefeld

Die Sozialisierung der Grundindustrien ist eine alte Forderung der Gewerkschaften, deren Erfüllung bisher trotz aller Zusagen immer noch aussteht. Sie müssen heute diese Forderung nochmal mit allem Nachdruck erheben, da nur durch eine solche Maßnahme die Lebensgrundlage Deutschlands und die Sicherung für eine echte Demokratie gewährleistet ist. Die Gewerkschaften sind über die Nichterfüllung dieser Forderung um so mehr bestürzt, als es in Europa bald kein Land mehr gibt, in dem das Besitzmonopol der Konzerninhaber nicht beseitigt ist. Sie wenden sich schärfstens dagegen, daß die Grundstoffindustrien Westdeutschlands entgegen dieser selbstverständlichen Entwicklung geordnet werden. Die jetzt eingeleiteten provisorischen Maßnahmen bei Eisen und Stahl und im Bergbau sind daher schnellstens unter entscheidender Mitwirkung der Gewerkschaften auf die Sozialisierung umzustellen.

Der Bundeskongreß beauftragt den Bundesvorstand, für diese Forderung die ganze Kraft des Deutschen Gewerkschaftsbundes einzusetzen.

(Protokoll des Gründungskongresses des DGB o. J., 162)

Dokument 20:

Aus der Rede Rudi Waschers auf dem Landesparteitag der KP Nordrhein-Westfalen, Mai 1947: "Brennpunkt: Der Betrieb!"

(.....)

Betrachten wir noch ein Argument. Man sagt, daß nur verhältnismäßig wenig Betriebe von sich aus die Initiative zum Abschluß von Betriebsvereinbarungen getroffen hätten. Es sei aus diesem Grund wichtiger gewesen, zentrale Vereinbarungen abzuschließen, um alle Betriebe zu erfassen. Was ist das denn für ein Argument, Genossen? Stößt die Gewerkschaftsführung hier nicht geradezu auf ihre eigne Aufgabe,

die Initiative zu wecken, durch die Mobilisierung der Arbeiterschaft in allen Betrieben.

Dazu genügt allerdings die bisherige Methode nicht mehr.

Durch die Betriebsvereinbarungen in jedem einzelnen Betrieb, wie es vom Zonensekretariat richtig empfohlen wurde, schaffen wir von unten her jene gewaltige Massenbewegung, die diese Frage der Mitbestimmung zum Gesetz erhebt ohne Anerkennung von Arbeitgeberverbänden. Das wird nicht immer ohne Kampf abgehen. Die Trustherren an Rhein und Ruhr haben begriffen, daß die Betriebsvereinbarungen, da, wo sie nicht als eine bloße Tarifangelegenheit betrachtet werden, eine Gefahr für ihre Willkürherrschaft darstellen und lassen alle Minen springen, um durch Verwirrungsmanöver Unheil anzurichten.

Solche zentralen Abschlüsse mit Arbeitgeberverbänden, die oftmals noch nicht anerkannt sind, stellen den Weg des geringsten Widerstandes dar. Sie wiegen die Arbeiter in Illusionen, als ob ihnen gewaltige Veränderungen unserer wirtschaftlichen Struktur mühelos wie eine reife Frucht in den Schoß fallen würden.

Ein Rückblick auf die Geschichte der Arbeiterbewegung in Deutschland genügt, um zu erkennen, daß

der Arbeiterklasse nichts geschenkt wurde.

Ob es die Sozialversicherungen, der 8-Stundentag oder andere Errungenschaften waren, sie wurden der Reaktion im harten Kampf abgerungen, die dann allerdings versuchte, dieselben als ein großzügiges Geschenk an die Arbeiterschaft darzustellen.

Kein Mensch darf glauben, daß eine solche grundlegende Neuerung, wie das Mitbestimmungsrecht der Arbeiter in der Planung und Lenkung der Produktion, kampflos von den Trustherren akzeptiert würde.

Das Betriebsrätegesetz sollte darin eine Mahnung sein. Der Aufmarsch der Berliner Arbeiter vor dem Reichstag im Sommer 1920 hat das Betriebsrätegesetz mit dem Blut der Arbeiter verkittet und wer würde heute wagen, der Arbeiterklasse dasselbe offen streitig zu machen? Dazu wendet man die niederträchtigsten Betrugsversuche an.

Wir hatten in den letzten Monaten eine Massenbewegung, die allein im Lande Nordrhein-Westfalen fast eine Million Arbeiter zu begrenzten Arbeitsniederlegungen geführt, und die ihren Höhepunkt im 24-stündigen Proteststreik der 300 000 Bergarbeiter gefunden hat. Eine der umstrittensten und gehaßtesten Personen, deren Entfernung gefordert wurde, war der Junker und Reaktionär Schlange-Schöningen, dessen Haupttätigkeit in der Desorganisierung unserer Ernährung sowie in der Organisierung der in die britische Zone geflüchteten ostelbischen Junker bestand, indem er diesen letzteren durch modernes Bauernlegen, durch Kündigung von Pächtern und Kleinbauern Land und Existenz verschaffte, Grund und Boden, worauf die Flüchtlinge bis heute vergeblich warten.

Alle Gewerkschaftler waren sich darüber einig, daß er verschwinden muß, aber das Zonensekretariat der Gewerkschaften hat ausgerechnet ihn nach Bielefeld eingeladen und ihm erlaubt, von der Tribüne der Gewerkschaften herunter seine volksfeindliche Politik zu verteidigen.

Das war

eine Herausforderung der gesamten Gewerkschaftsmitglieder

und ein Peitschenschlag mitten in das Gesicht des Fortschritts. Kann es eine noch größere Mißachtung der Gewerkschaftsdemokratie geben?

Alle fortschrittlichen Gewerkschaftler müssen in der Berichterstattung über Bielefeld vor allen Dingen die Frage stellen, wer das Zonensekretariat ermächtigt hat, einen Schlange-Schöningen einzuladen. Sie müssen verlangen, daß ein neuer Bundeskongreß einberufen wird, dessen Delegierte in Urwahl von den Gewerkschaftsmitgliedern gewählt werden. Das muß eine Verpflichtung sein und kein Lippenbekenntnis.

(.....)

Im Kampf um ein fortschrittliches Deutschland, um die Voraussetzungen zur Schaffung einer fortschrittlichen Demokratie auch im Westen Deutschlands, die der Arbeiterklasse erlauben wird, den Weg zum Sozialismus zu beschreiten, genügen die alten Methoden nicht mehr. Nehmen wir nur eine solche Frage, wie die

Sicherung der Ernährung,

die momentan eine der wichtigsten ist, mit welcher sich jeder Gewerkschafter zu befassen hat. Hierbei stoßen wir sofort auf die Frage der Anwendung des Streiks als entscheidende Kampfwaffe der Arbeiterschaft. Reaktionäre Kreise haben uns beschuldigt, daß wir die Arbeiterschaft zum Streik aufgehetzt hätten. Ich glaube, die Lächerlichkeit einer solchen Behauptung liegt klar genug zutage, als daß man darüber Worte zu verlieren brauchte. Eines kann man uns allerdings mit Recht nachsagen: Unsere Haltung war nicht zweideutig. Wenn Industrieverbände und Ortsausschüsse der Gewerkschaften nach reiflicher Überlegung befristete Arbeitsniederlegungen beschlossen, haben wir nicht gezögert. Die ganze Kraft unserer Partei stand dann auf der Seite der Arbeiter. Wie könnte das auch anders sein für eine demokratische und fortschrittliche Partei wie die unsere? Die Arbeiterschaft hat das auch erkannt und es am 20. April durch die an manchen Industrieorten 75 % betragende Stimmenzunahme unserer Partei zum Ausdruck gebracht.

Jawohl, wir sind

die Motoren des Widerstandes

gegen die deutsche Reaktion und ihre Helfershelfer, wo sie auch sitzen mögen.

Gerade weil die Arbeiterschaft in uns eine Kampfkraft gegen die Reaktion sieht, fühlen wir uns zwar verpflichtet, die Arbeiter vor Handlungen zu bewahren, die ihnen schädlich sein können, aber wir haben keine Ursache, sie irgendwie zu bremsen bei der Anwendung von demokratischen Kampfmitteln, die der Schaffung und Sicherung einer fortschrittlichen Demokratie und der Schwächung der Reaktion dienen. Man hat in den letzten Wochen sehr oft von Generalstreik gesprochen. Kurz einige grundsätzliche Worte zur Frage des Streiks überhaupt.

Streik ist keine illegale Angelegenheit. Die Anwendung der Streikwaffe ist ein legales, demokratisches Recht der Arbeiterklasse.

Jede Macht, die der Arbeiterklasse dieses Recht nehmen will, ist undemokratisch und dient reaktionären, volksfeindlichen Kräften. Die Arbeiterklasse ist die entscheidendste und fortschrittlichste demokratische Kraft, sie ist jene führende Kraft, die für die Schaffung einer fortschrittlichen Demokratie eine absolut unerläßliche Bedingung ist. Die Arbeiterklasse in ihren demokratischen Kampfmitteln beschneiden wollen, das können nur solche antidemokratischen Kräfte im Schilde führen, die vor dem Volk reaktionäre Ziele zu verbergen haben. Gegen alle derartigen Versuche muß sich die Arbeiterschaft zur Wehr setzen.

Die Geschichte der deutschen Arbeiterbewegung ist reich an Beispielen, wo die Arbeiterklasse dem reaktionären Unternehmertum die kollektive Verweigerung der Arbeitskraft entgegensetzte. Die Hamburger Hafenarbeiter, Crimmitschau, die Kämpfe der deutschen Bergarbeiter, der Kampf um das Betriebsrätegesetz sind solche Beispiele des ununterbrochenen heldenhaften Kampfes der Arbeiterschaft um ihre Interessen. Manchmal wurde die Arbeiterklasse geschlagen, aber oft gelang es ihr, den Unternehmern große moralische und materielle Vorteile zu entreißen.

Wer war nicht erstaunt und empört über die Tatsache, daß man die Bergarbeiter zwingen wollte, den Streiktag vom April am Himmelfahrtstage nachzuarbeiten bei Strafe des Entzuges von Schnaps, Zigaretten und Punkten. Eine solche Methode ist im höchsten Grade undemokratisch und kann nur den Interessen der Trustherren und sonstiger Reaktionäre dienen. Die Bergarbeiter haben die einzige richtige Antwort gegeben durch den einstimmigen Beschluß ihrer Schachtdelegierten-Konferenz vom 10. Mai, der in folgender richtiger Auffassung seinen Ausdruck findet: Der Streiktag wird nicht nachgearbeitet!

Streik ist ein demokratisches Kampfmittel, das wir nicht aushandeln lassen gegen Schnaps und Zigaretten.

Genossen! Diese Entscheidung zeugt von einem wachsenden Klassenbewußtsein und ich glaube, im Namen des gesamten Parteitages zu sprechen, wenn wir den Bergarbeitern von Nordrhein-Westfalen unsere volle aktive Sypathie aussprechen. Sie haben durch ihre Haltung gleichzeitig eine verderbliche Theorie widerlegt, nämlich jene, daß man unter den Bedingungen der Besatzungsmacht nicht kämpfen könne gegen die deutsche Reaktion.

Die Streiks richteten und richten sich nicht gegen die Besatzungsmacht, sondern gegen jene alten und bekannten Kräfte der deutschen Reaktion, die gestern im 3. Reiche vor Patriotismus überflossen, denen Groß-Deutschland nicht groß genug sein konnte, und die sich heute nicht genug tun können an Kriecherei und Liebedienerei in den Vorzimmern der Gouverneure; die nur einen Wunsch haben, einen Gegensatz zwischen den fortschrittlich demokratischen Kräften und der Besatzungsmacht hervorzurufen, von welcher sie sich Vorteile für ihre besonderen Interessen versprechen. Die Arbeiterschaft wird sich von diesen Elementen nicht irreführen lassen und konsequent ihren Weg gehen.

Heute geht es um mehr und darum die Nervosität bei allen Feinden der Einheit. Ich habe die Aufgaben der Gewerkschaften bereits aufgezeigt. Wenn es ihre wichtigste Aufgabe ist, künftighin eine führende Rolle in der Wirtschaft zu spielen, dann hat sie auch die Pflicht, zu verhindern, daß die reaktionären Kräfte des Trustkapitals auf Kosten der Demokratie erstarken. Zur Beseitigung der faschistischen Saboteure (mit und ohne Parteibuch) in Wirtschaft und Verwaltung, zur Enteignung der Naziaktivisten und Kriegsverbrecher, Monopolherren und Junker, zur Schaffung einer realen Demokratie und zur Sicherung des demokratischen Weges hat die Arbeiterklasse nicht nur das demokratische Recht, sondern die demokratische Pflicht, ihre ganze Kraft einzusetzen und dazu gehört auch die Anwendung des Streiks, nötigenfalls bis zum Generalstreik. In die Anwendung dieser demokratischen Waffe durch die Gewerkschaften müssen die fortschrittlichen Kräfte des Bürgertums, Geschäftsleute, Mittelständler, Gewerbetreibende mit einbezogen werden durch Schließung ihrer Werkstätten und Läden.

Die Arbeiterklasse als führende Klasse der deutschen Nation muß diese Schichten des Mittelstandes davon überzeugen, daß diese Maßnahmen den nationalen Interessen des deutschen Volkes dienen, weil sie zur Entmachtung der Kräfte führen, die Deutschland in die größte nationale Katastrophe seiner Geschichte gestürzt haben, welche auch den Ruin des Mittelstandes herbei geführt hat.

Nur an der Seite der Arbeiterklasse wird der Mittelstand eine neue Existenz finden.

Er wird sich umso sicherer der Führung der Arbeiterklasse anvertrauen und die von ihr vorgeschlagenen Maßnahmen unterstützen, wenn er begreift, daß die Arbeiterklasse nicht streikt um des Streikes Willen, sondern daß der Streik ein entscheidendes Kampfmittel ist, um die niederträchtigen, gemeinen, antipatriotischen und den Interessen unseres Vaterlandes entgegenstehenden Handlungen der deutschen Reaktionäre zu brechen und den Weg zu neuem Wohlstand in einer antifaschistischen, demokratischen deutschen Republik freizulegen. Darum liegt es in seinem Interesse, den Kampf der Arbeiterklasse zur Schaffung einer solchen Demokratie aktiv zu unterstützen.

In der letzten Zeit diskutierte man in den Betrieben die Frage des Generalstreiks und ob er in der Lage ist, uns Brot zu verschaffen. Die Beschaffung von Nahrungsmitteln ist nicht nur eine wirtschaftliche und technische, sondern auch vor allen Dingen eine politische Frage. Die deutsche Reaktion mit Schlange-Schöningen, Adenauer und anderen, treiben eine demagogische Propaganda, aber ihre Leute sitzen in allen entscheidenden Stellen der Ernährung. Sie wollen die Arbeiterschaft mit der Besatzungsbehörde in Konflikt bringen und dabei verdecken, daß es ihr politisches Ziel ist, das werktätige Volk in eine Verzweiflungsstimmung zu treiben, auf deren Boden sie hoffen, die notwendige Grundlage für eine neofaschistische Bewegung zu finden. Um diese Pläne zu verdecken, versuchen sie, wie es Adenauer und Schumacher tun, den Besatzungsmächten und der übrigen Welt die ganze Verantwortung für das Chaos in Deutschland zuzuschieben, während sie auf der anderen Seite alles tun, um die wirklich demokratischen Kräfte zu hemmen, die in der Lage wären, durch ihre einheitliche Aktion unter Führung der Gewerkschaften diesem doppelten Spiel sehr schnell ein Ende zu bereiten und Ordnung im deutschen Hause zu schaffen. Erst dann hätten wir das Recht an die fortschrittlich demokratischen Kräfte der übrigen Welt zu appellieren und um ihre Hilfe zu ersuchen. Internationale Trustkapitalisten, an erster Stelle amerikanische, wollen mit Lebensmitteln politische Geschäfte machen, die ihren Expansionsplänen auf dem Weltmarkt Rechnung tragen. Der Hunger in Westdeutschland und einigen anderen Ländern ist ihnen gerade gut genug dazu. Hier treffen sich die Pläne deutscher und internationaler Reaktionäre. Zur Aufrechterhaltung ihrer Profitinteressen sind die deutschen Reaktionäre bereit, sich mit internationalen Konzern- und Bankherren zu verständigen und das ganze werktätige Deutschland in die Sklaverei zu stürzen. Dazu dient auch die demagogische Hetze der reaktionären Führung der CDU, die sich krampfhaft bemüht, die Gewerkschaftseinheit durch die Drohung mit eigenen christlichen Gewerkschaften zu spalten. Gegen solche Pläne müssen die gesamten Arbeiter mobilisiert werden, denn

die Aufrechterhaltung der Gewerkschaftseinheit

ist für sie die wichtigste Lebensfrage überhaupt. Die Aufmerksamkeit der Gewerkschaftler muß sich auch richten gegen alle übrigen Spaltungsversuche, wie wir sie schon aufgezeigt haben.

Diese Probleme zeigen aber auch, daß es eine politische Neutralität der Gewerkschaften nicht geben kann. Unter keinen Umständen darf geduldet werden, daß sie der Tummelplatz parteipolitischer Leidenschaften werden. Das soll gleichzeitig eine Mahnung sein an jene Gewerkschaftsführer, die das Wort Toleranz täglich im Munde führen, aber die Unduldsamkeit in Person sind, wenn jemand wagt, eine andere politische Auffassung als die ihrige zu vertreten.

Ob wir Schlange-Schöningen, den Organisator der Ernährungssabotage, absetzen oder ob wir ihn zum Gewerkschaftskongreß einladen, das ist der Ausdruck zwei verschiedener politischer Auffassungen. Die eine ist reaktionär, weil sie bewußt oder unbewußt den volksfeindlichen Kräften Vorschub leistet, die andere ist fortschrittlich, weil sie die reaktionären Kräfte aus den Kommandostellen beseitigen will und so die Hindernisse auf dem Wege zu einer fortschrittlichen demokratischen Republik beseitigt.

Der Generalstreik ist eine entscheidende Waffe der Arbeiterklasse. Aber mit dem Generalstreik spielt man nicht. Generalstreik und Streiks mit besonderer Erlaubnis der zuständigen Behörden sind nicht das Mittel, das uns Brot bringen kann, weil es nicht das System und seine Vertreter beseitigt, die dem Volke das Brot stehlen.

Eine Reihe von Betrieben in Düsseldorf, Köln, Remscheid und einigen anderen Orten unseres Landes haben in den letzten Tagen die Arbeit erneut niedergelegt. Es kommt jetzt darauf an, Delegationen der Betriebe und Gewerkschaftsorganisationen zur Regierung und zum Bundesvorstand der Gewerkschaften zu schicken.

<u>Zur Regierung</u>

um ihr zu sagen, daß sie zur Rettung des werktätigen Volkes alle demokratischen Kräfte zusammenfassen muß. Sie darf auch nicht zurückschrecken vor dem Galgen für Großschieber, Großschwarzhändler und Saboteure in der Ernährung und in der Produktion. Sie muß im Interesse des Volkes die Junker und Trustherren entmachten und das Mitbestimmungsrecht der Arbeiter durch die Gewerkschaften sichern. Eine solche Regierung, und nur eine solche, kann auf die tatkräftige Unterstützung der gesamten Gewerkschaftsbewegung rechnen.

<u>Zum Bundesvorstand,</u>

um ihm zu sagen, daß es Aufgabe der Gewerkschaften als stärkste organisierte Kraft der Arbeiterklasse sein muß, sich an ihre Spitze zu stellen, daß er die Zusammenfassung aller fortschrittlichen Kräfte auch durch die Aufforderung der demokratischen Parteien vorwärts treiben muß. Dadurch haben die Gewerkschaften die Möglichkeit, alle übrigen werktätigen Schichten, Geistesarbeiter, Mittelständler usw. in die große Kampffront um die Erneuerung Deutschlands einzureihen.

(.....)

Der Moment ist da, wo die Entmachtung der Konzernherren auf ein höheres Niveau getragen werden muß. Der

<u>Volksentscheid für Überführung der Grundstoffindustrien in die Hände des Volkes</u>

ist auch Angelegenheit und sogar hauptsächlich Angelegenheit der Gewerkschaften, damit wir auch im Westen Deutschlands endlich an einen wirklichen Aufbau herankommen, der bei uns mehr als im Argen liegt. In Betriebsrätekonferenzen der Städte und der Länder muß unter Hinzuziehung aller demokratischen Parteien und Organisationen jener Machtblock geschaffen werden, der den Volksentscheid und eine grundlegende Änderung der Lage erzwingt. Die demokratischen Vertreter der Stadtparlamente und Landtage sollten dazu eingeladen werden. Eine solche Haltung erlaubt gleichzeitig die stärkste Kontrolle der gewählten Volksvertreter, die auf diesem Wege daran gehindert werden, ihre Wahlversprechungen zu vergessen. Auf keinen Fall darf die entschädigungslose Enteignung der Kriegsverbrecher und Naziaktivisten, die Durchführung einer demokratischen Bodenreform sowie die Säuberung der Wirtschaft und Verwaltung von reaktionären Elementen nur den Parlamenten überlassen werden. Das ist Sache des ganzen werktätigen Volkes und damit auch in erster Linie der Gewerkschaften.

Aus diesen Tausenden kleinen Aktionen wächst schließlich der Generalstreik als Krönung des Ganzen heraus, der nicht am Anfang, sondern auf dem Höhepunkt dieser Bewegung steht und dann auch eine grundlegende Änderung der Verhältnisse herbeiführen muß.

Das Ziel dieser Offensive

ist, endlich auch bei uns im Westen, dem Volke demokratische Rechte zu geben, die Konzernherren und Junker zu entmachten, dem Volke Brot zu sichern und an den Aufbau unserer deutschen Heimat heranzukommen. Dazu sind diese Tausende kleiner Aktionen notwendig, die im täglichen Kampf den Feind, die deutsche Reaktion und ihre internationalen Helfershelfer unschädlich machen. Das sollen sich auch alle diejenigen hinter die Ohren schreiben, die mit jedem zweiten Wort den Generalstreik im Munde führen, aber der Arbeiterklasse in ihrem Kleinkampf in den Rücken fallen. Die Arbeiterklasse unter Führung ihrer einheitlichen Gewerkschaften streikt nicht um zu streiken, sie wendet dieses Mittel nur an, um die Reaktion zu schlagen, ihr Lebensrecht zu sichern und die Grundlagen einer fortschrittlichen Demokratie zu schaffen.

Diese Bewegung, die die Arbeiterklasse und ihre Verbündeten mobilisiert, ist vom heutigen Bundesvorstand nicht gewünscht. Er redet von einer "großen, zentralen Aktion," für die die Arbeiterschaft ihre ganzen Kräfte aufsparen soll und sieht nicht, daß es gerade die vielen Einzelbewegungen sind, die der Organisation ihre Geschmeidigkeit, Erfahrung und Kampfkraft geben, um diese gewaltige Aufgabe zu lösen.

Alle Sozialisten werden überall, wo die Arbeiter um ihre Lebensrechte kämpfen, mit ihrer vollen Kraft und ihrer ganzen Aktivität an der Seite der Arbeiterschaft stehen.

Gewerkschaftsarbeit ist die entscheidenste Arbeit und Pflicht für alle Sozialisten, die die besten Gewerkschaftler sein müssen.

Die Entscheidung über Deutschlands Zukunft fällt in den Betrieben.

Unser Land an Rhein und Ruhr spielt in diesem Kampf eine entscheidende Rolle. Hier steht die Wiege der deutschen Monopolherren. Hier leben auch die Millionenmassen der Arbeiter, zusammengeballt in den großen Städten des Industriegebietes, jene gewaltige Kraft, vor deren Einheit alle Feinde des Volkes zittern. Die Gewerkschaften müssen an der Spitze der Arbeiterklasse und ihrer Verbündeten, der Kleingewerbetreibenden und Mittelständler und der fortschrittlichen Intelligenz, marschieren.

(.....)

(Archivsammlung Ernst Schmidt, Essen, Nachlaß Hermes)

Dokument 21:

Deutscher Gewerkschaftsbund
(Britische Besatzungszone)
Der Bundesvorstand

Abt. IV
Presse - Werbung - Rundfunk

Düsseldorf, den 10.12.1947
Kavalleriestraße 1
Tel.: 13546 bis 49
Rbg/Mü.

Rundschreiben Nr. 39/47

An den Bundesvorstand und -beirat des Deutschen Gewerkschaftsbundes
An die Abteilungen des Bundesvorstandes
An die Hauptvorstände der angeschlossenen Gewerkschaften
An die Bezirksleitungen des Deutschen Gewerkschaftsbundes
An die Orts- und Kreisausschüsse des Deutschen Gewerkschaftsbundes.

Betrifft: Verfassungsberatungen in den Landtagen der Länder der britischen Zone

Werte Kollegen!

Die Beratungen der Landtage der verschiedenen Länder in der britischen Zone über die Landesverfassungen sind in ein entscheidendes Stadium getreten oder stehen in einzelnen Ländern kurz bevor.

Es ist daher notwendig, daß von unserer Seite die Forderungen der Gewerkschaften in nachdrücklichster Form in der Öffentlichkeit kundgetan werden, nachdem bereits von uns die Regierungen, Parteien und Abgeordneten in allen Ländern der britischen Zone unsere Vorschläge zur Verfassungsfrage und zum Wirtschaftskammergesetz im Original erhalten haben.

Wir übersenden Euch beiliegend einen Entwurf für ein Flugblatt, das doppelseitig zur Verteilung bei Gewerkschaftsversammlungen usw. benutzt werden kann und dessen beide Seiten, je nach den gegebenen Verhältnissen, auch einzeln als Plakat für Plakatsäulen usw. Verwendung finden können.

Die Zeit drängt sehr und wir halten es für richtig, den Druck nicht zentral vornehmen zu lassen, sondern Euch diesen Entwurf zur örtlichen Verwendung schnellstens zuzustellen, sodaß die lokalen D.G.B.-Ausschüsse örtlich Druck und Auflage selbst übernehmen und bestimmen können.

Wir machen darauf aufmerksam, daß dieser offizielle Text nur unter dem Titel des Deutschen Gewerkschaftsbundes und nicht einer einzelnen angeschlossenen Organisation herausgebracht werden darf, da es sich hier um Gesamtforderungen aller uns angeschlossenen Organisationen handelt und die Wirkung auf die große Masse des Publikums sonst abgeschwächt würde. Wir bitten Euch, von allen Flugblättern, Plakaten usw., die Ihr aufgrund dieses Rundschreibens anfertigen lasst, je 3 Exemplare als Belegexemplare an die Abteilung IV des Bundesvorstandes zu senden.

Wir wünschen Eurer Aktion den besten Erfolg.

Mit kollegialem Gruß!

Deutscher Gewerkschaftsbund
(Britische Besatzungszone)
Der Bundesvorstand

Abt. IV
Presse - Werbung - Rundfunk
L. Rosenberg

DIE ZUKUNFT UNSERES VOLKES

soll eine demokratische und gerechte Ordnung sichern. Sie soll innerlich und äusserlich freie und aufrechte Menschen schaffen, die gemeinsam ein neues, anderes und besseres Deutschland aufbauen helfen. Diesem Ziel soll die neue Verfassung dienen.

Wer Gerechtigkeit von anderen verlangt, - muss selbst Gerechtigkeit üben. Wer sich zur Demokratie bekennt - muss demokratisch handeln. Das gilt nicht nur für die Politik - das gilt auch für die Wirtschaft. EINE POLITISCHE DEMOKRATIE OHNE DEMOKRATIE IN DER WIRTSCHAFT ist eine Halbheit - an dieser Halbheit ging die Weimarer Republik zu Grunde.

Der Deutsche Gewerkschaftsbund und seine Millionen arbeitender Mitglieder aus allen Parteien und allen religiösen Bekenntnissen fordern die

DEMOKRATISIERUNG DER WIRTSCHAFT

Sie fordern: Koalitionsfreiheit,
Sozialisierung der Schlüsselindustrien,
Mitbestimmungsrecht in der Wirtschaft,
Wirtschaftliche Selbstverwaltung,
Wirtschaftskammern,
Mitbestimmung im Betriebe,
Gleichen Lohn für gleiche Arbeit.

Diese wesentlichsten Forderungen der Gewerkschaften müssen in der Verfassung verankert sein, wenn der Weg zu einer wirklichen Demokratisierung der Wirtschaft frei werden soll. Ohne die Erfüllung dieser Forderungen ist auch die politische Demokratie nicht gesichert.
Die Gewerkschaften erheben diese Forderungen im Namen von Millionen Arbeitnehmern aus allen Schichten, Berufen und politischen Lagern.
Sie sind kein parteipolitisches Programm - sie sind das Programm der arbeitenden Menschen in Deutschland.

Gewerkschafter sorgt dafür, daß sie Wirklichkeit werden!

Der Deutsche Gewerkschaftsbund (D. G. B.) fordert:

KOALITIONSFREIHEIT:

weil sie eine der selbstverständlichsten Voraussetzungen für eine Demokratie ist.

SOZIALISIERUNG DER SCHLÜSSELINDUSTRIEN:

weil nur so die Gewähr besteht, dass sie dem Frieden und dem Wohlstand des Volkes dienstbar sein werden. Wir haben zwei Mal das Vertrauen in die "Wirtschaftsführung der Konzernherren" teuer bezahlt - wir verzichten auf ein drittes Mal.

MITBESTIMMUNGSRECHT IN DER WIRTSCHAFT:

weil die "Wirtschaft" nicht durch den Unternehmer und seine Organisationen allein vertreten werden kann, - weil die "Wirtschaft" alle einschliesst, die in ihr wirken: Arbeitnehmer und Unternehmer.

WIRTSCHAFTLICHE SELBSTVERWALTUNG:

weil wir die Wirtschaft von denen gelenkt und verwaltet wissen wollen, die in der Wirtschaft tätig sind. Wir wollen keine Staatswirtschaft und keine übergrosse Bürokratie - wir wollen die wirtschaftspolitische Entscheidung des Parlaments, die wirtschaftspolitische Kontrolle der Regierung und Parteien - aber die wirtschaftliche Beratung und Durchführung durch die Wirtschaft selbst.

WIRTSCHAFTSKAMMERN:

weil wir es nicht dulden können, daß sich noch heute die alten Industrie- und Handelskammern als "die Wirtschaft" gebärden, halbstaatliche Aufgaben übernehmen und unter irreführendem Titel die Interessen des Unternehmertums einseitig vertreten.

MITBESTIMMUNG IN DEN BETRIEBEN:

weil in einer Demokratie der Mensch nicht ausserhalb seines Berufes frei und in seinem Arbeitsverhältnis unfrei sein kann; weil der Betrieb nicht mehr die Privatangelegenheit des Unternehmers, sondern ein Teil der Volkswirtschaft sein muss.

GLEICHEN LOHN FÜR GLEICHE ARBEIT:

weil die Ware denselben Preis kostet, ob sie Frau, Mann oder Jugendliche hergestellt haben. Weil gleiche Leistung ungleichen Lohn nicht rechtfertigt.

Die im D. G. B. organisierten Millionen von Arbeitnehmern aus allen politischen und religiösen Gruppen haben diese Forderungen erhoben, weil sie wollen, dass in der neuen deutschen Wirtschaft für den Menschen gewirtschaftet wird und nicht - wie bisher - mit Menschen herumgewirtschaftet wird.

Wir verlangen, daß in der Wirtschaft die erste Voraussetzung der Demokratie praktische Anwendung findet:

Gleiches Recht für Alle - Wir verlangen unser Recht als Wirtschaftsbürger.

DEMOKRATEN HABEN WIR GENUG - WIR WOLLEN DEMOKRATIE!

(DGB-Archiv Düsseldorf, Ordner DGB brit. Zone, Rundschreiben)

C. STREIKS UND STREIKDISKUSSION

Dokument 22:

Otto Brenner: Die Ursachen des Bode-Streiks und seine gewerkschaftlichen Lehren

Als im April 1946 der Kontrollrat das Betriebsrätegesetz erließ, schuf dieses Gesetz Klarheit z. T. über die Aufgaben und Befugnisse der Betriebsräte. Wir vertraten von Anfang an die Auffassung, daß dieses Gesetz, wenn auch nur ein Rahmengesetz, doch die Möglichkeit zur Durchsetzung aller sozialer und wirtschaftlicher Forderungen der Gewerkschaften und Betriebsräte bietet, was aus folgender Formulierung klar hervorgeht:

Artikel 5, Abs. 1, Ziff. b:

"Die Betriebsräte haben die Aufgabe, mit den Arbeitgebern über Vereinbarungen für den Erlaß von Betriebsordnungen zum Zwecke des Arbeiterschutzes etc. zu verhandeln."

Abs. 2:

"Die Betriebsräte bestimmen im Rahmen dieses Gesetzes selbst ihre Aufgaben im einzelnen und die dabei zu befolgenden Verfahren."

Gleich nach dem Erlaß des Gesetzes arbeiteten wir einen Entwurf einer Betriebsvereinbarung aus, eine Kollektivarbeit zwischen Arbeitsrechtlern, Betriebsräten und Gewerkschaften. Er sollte in allen wirtschaftlichen und sozialen Fragen des Betriebes das volle Mitbestimmungsrecht der Betriebsräte sichern, insbesondere

bei Einstellungen, Entlassungen, Versetzungen, Beförderungen von Arbeitnehmern und deren Eingruppierung in die tariflichen Lohn- und Gehaltsgruppen,

bei der Festlegung des Produktionsprogramms, der Schaffung neuer Arbeitsmethoden, bei der Stillegung, Einschränkung oder Erweiterung des Betriebes und bei der Aufnahme neuer Produktionszweige,

Einsicht in Bilanzen, Lohn- und Gehaltslisten und Personalakten.

Wir waren uns klar, daß der Abschluß von Betriebsvereinbarungen nicht ohne Kampf möglich sein würde. Die Vorlage der Betriebsvereinbarungen in den einzelnen Betrieben führte zu Verhandlungen zwischen den Arbeitgebern und den Betriebsräten. Es gelang auch in einigen Betrieben, wo ordentliche Betriebsräte und gute gewerkschaftliche Organisation zusammenwirkten, zum Abschluß von Betriebsvereinbarungen zu kommen. Damit war uns aber wenig gedient.

Durch Vorlage in sämtlichen Metallbetrieben wurden die Unternehmer hellhörig. Sie ergriffen Gegenmaßnahmen. Sie lehnten zwar Verhandlungen nicht ab, aber übten überall eine hinhaltende Taktik, um es nirgends zu Abschlüssen kommen zu lassen. So mußten wir alle zur Verfügung stehenden gewerkschaftlichen Mittel anwenden, um die Betriebsvereinbarungen durchzubringen. Da die Verzögerungstaktik nichts nützte, wandten sich die Arbeitgeber an die Allgemeine Gewerkschaft, um mit ihr eine Empfehlung für eine gemeinsame Betriebsvereinbarung herauszugeben. Die Unternehmerorganisationen, die sich damals nur in sogenannten Wirtschaftsausschüssen zusammenfinden durften und ihre Interessen-

Vertretung im "Zentralbüro der Wirtschaftsverbände" hatten, wußten, daß sie mit der zuvor eingeschlagenen Methode, den Abschluß von Betriebsvereinbarungen in den Betrieben zu verhindern, nicht mehr durchkommen konnten. Da die Verhandlungen zwischen den Gewerkschaften und dem Zentralbüro der Wirtschaftsverbände ergebnislos waren, forderte der Betriebsrat der Firma Bode-Panzer die Geschäftsleitung auf, zu dem vorgelegten Entwurf Stellung zu nehmen. Die Leitung legte der Belegschaftsversammlung ihrerseits einen Entwurf vor, der in den eingangs aufgeführten wichtigen Punkten der Geschäftsleitung das ausschließliche Recht der Bestimmung gab. Dadurch provoziert beauftragte die Belegschaft den Betriebsrat, nochmals vorstellig zu werden auf der Grundlage der von der Belegschaft vorgelegten Betriebsvereinbarung. Die Geschäftsleitung lehnte ab. Die Belegschaft erklärte, unter diesen Umständen den Betrieb sofort verlassen zu müssen, um Bereitschaft zu einer Verhandlung zu erzwingen. Damit begann am 19. November 1946 der Streik. Die gewerkschaftliche Organisation war sehr gut (etwa 90 Prozent aller Arbeitnehmer waren gewerkschaftlich erfaßt). Der Betrieb hatte keinerlei Militäraufträge. Es konnte also auch von dieser Seite in den Kampf selbst nicht eingegriffen werden und der Besitzer Bode war gleichzeitig der Vorsitzende der Metallindustriellen und somit Exponent der Arbeitgeber-Interessenvertretung.

Wenn wir erwarteten, daß nun die Firma Bode die Arbeitgeberorganisation anrufen würde, um mit dieser und den Gewerkschaften gemeinsam eine Beilegung des Streiks zu ermöglichen, so irrten wir. Die Unternehmer dachten noch an die alten Praktiken von vor 1933. Sie verlangten, erst sei der Streik beizulegen, um eine Verhandlungsbasis zu haben. Wir fühlten uns an diese alten Praktiken nicht gebunden, sondern sahen Verhandlungsmöglichkeit auch während des Streiks. Nun war der Streik technisch einwandfrei durchzuführen. (Wahl einer Streikleitung, die Stellung von Streikposten, Durchführung von notwendigen Notstandsarbeiten, Weiterbeschäftigung der Lehrlinge unter Aufsicht eines Lehrmeisters, Kontrolle der vorhandenen Lager usw.)

Auch die Angestellten traten geschlossen mit in den Streik, nicht ein einziger Fall von Streikbruch trat ein. Die Arbeitgeber wandten sich zunächst an den Arbeitsminister, um von dort aus eine Einflußnahme auf den Streik zu bekommen. Von den Ministerien abgewiesen mit dem Hinweis, daß ja eine Verhandlungsbereitschaft bei den Gewerkschaften bestände, versuchten sie eine Intervention durch die Militärregierung. Auch dieses blieb ohne Erfolg. Nicht, daß die Militärregierung am Streik desinteressiert gewesen wäre, sondern sie hat durch Rückfragen und Anforderung von Berichten von dem Verlauf des Streiks laufend Kenntnis gehabt.

Nun wünschte das Zentralbüro der Wirtschaftsverbände mit uns über die Beilegung des Streiks zu verhandeln. Die Verhandlungen scheiterten, da die Gewerkschaften den Bode-Streik unter keinen Umständen mit einem faulen Kompromiß, und solchen versuchten die Unternehmer, beenden wollten.

Wir hätten nun zwar eine ganze Reihe von Betrieben, in denen ähnlich so die Forderungen wie bei Bode standen, mit in den Streik einbeziehen können, um eine große Bewegung daraus zu machen. Dieses wäre zweifellos propagandistisch ein großer Erfolg gewesen, aber an einer solchen Lösung lag uns nichts. Es mußte eine Bresche in die Unternehmerfront geschlagen werden. Wir mußten ohne Einschalten der Arbeitgeberorganisationen zu Abschlüssen in den Betrieben kommen. Eine Reihe maßgeblicher Betriebsräte erhielt Weisung, sofort auf Abschluß von Betriebsvereinbarungen in ihren Betrieben zu drängen. Der Erfolg war, daß eine ganze Reihe von Betriebsvereinbarungen geschlossen wurden. Die Wirkung im Lager der Arbeitgeber blieb nicht aus.

Das Zentralbüro erklärte nun, daß es die Aufgabe der Einschaltung zur Beilegung des Streiks bei Bode an ihre Auftraggeber zurückgegeben habe. Am gleichen Tage erklärte die Firma ihre Bereitschaft zu Verhandlungen über den Abschluß einer Betriebsvereinbarung. Nachdem in allen strittigen Punkten eine Einigung erzielt wurde, konnte am 14. Dezember 1946 die Belegschaftsversammlung der Firma Bode die Beendigung des Streiks beschließen. Damit war der fast vierwöchige Streik um die demokratischen Grundrechte eines Betriebes mit über 300 Belegschaftsmitgliedern erfolgreich beendet.

Wenn am Beginn des Streiks 90 Prozent der Belegschaft organisiert waren, so hat sich diese Zahl am Schluß des Streiks auf 100 Prozent erhöht. Die Gewerkschaften haben diese erste Kraftprobe gut bestanden. Der gewonnene Streik ist aber nicht nur ein Erfolg der Arbeiter und Angestellten der Firma Bode, sondern auch der Kollegen anderer Betriebe, die durch ihre Durchbringung der Vereinbarungen diesen Kampf gewinnen halfen.

Der Streik bedeutet auch eine Mahnung an alle Arbeiter, Angestellten und Beamten, ihre Organisation zu stärken und zu unterstützen, um für kommende Dinge gewappnet zu sein. Er bedeutet aber auch eine Warnung an alle reaktionären Unternehmer, die die Betriebe nur zu Objekten ihrer privatwirtschaftlichen Profitinteressen machen wollen. Diese Zeit muß vorbei sein! Die Produktionsstätten dürfen nicht einzelnen, sondern müssen dem ganzen Volke dienen. Voraussetzung dazu ist das volle Mitbestimmungsrecht der Arbeiter und Angestellten im Betriebe und in der Wirtschaft.

(Gewerkschaftszeitung 1947 Nr. 3, März/April)

Dokument 23:

Johannes Puhlmann: Streik in Nachkriegsdeutschland

"Der Streik ist die stärkste Waffe der Gewerkschaftsbewegung", so beginnt die "Streikordnung" des FDGB für die sowjetisch besetzte Zone Deutschlands. Jeder organisierte Arbeiter ist sich dessen bewußt. Eduard Bernstein ist sogar der Ansicht, daß die Gewerkschaften dem Streik ihre Entstehung verdanken. In seinem Buch "Der Streik" (Berlin 1919) bringt er zum Ausdruck, daß aus der vorübergehenden Streikkoalition infolge des Bestrebens, ihr mittels regelmäßiger Beiträge dauernden Charakter zu geben, um einen Streikfonds anzusammeln, die "Elementarform der Gewerkschaft" erwächst. "Sie ist überall in erster Linie Streikvereinigung, der Streik ist ihr eigentlicher Zweck."

Wiederholt haben in der Nachkriegszeit Streiks stattgefunden, unter denen der viele Wochen dauernde Streik bei der Firma Bode-Panzer in Hannover und der Generalstreik der Ruhrbergarbeiter eine gewisse Berühmtheit erlangt haben. Gleichwohl besteht offensichtlich eine nicht geringe Diskrepanz zwischen den vielen Mißlichkeiten des heutigen Arbeitslebens und der relativ geringen Anzahl von Streiks. Der Grund ist zweifellos der, daß die Arbeiterschaft verantwortungsbewußt und einsichtsvoll genug ist, den tieferen Anlaß für viele Unzulänglichkeiten der Arbeitsverhältnisse häufig nicht im bösen Willen des Unternehmers, sondern in den allgemeinen Nachkriegsumständen zu erblicken, und daß sie die ohnehin mehr als prekäre Lage der Produktion - nicht selten sogar unter Hintanstellung ihrer berechtigten Wünsche - nach Möglichkeit durch Streiks nicht noch weiter verschlimmern will. Für die Ostzone kommt noch hinzu, daß hier die Arbeiterschaft dank der konsequenten Blockpolitik der antifaschistischen Parteien und des FDGB eine so starke Position errungen hat, daß sie ihre Forderungen fast immer ohne Streiks durchzusetzen in der Lage ist.

Eine allgemeine deutsche Streikstatistik gibt es leider noch nicht wieder. Soweit aus der gewerkschaftlichen und Tagespresse ersichtlich, gehören Lohnstreiks, die früher die Mehrzahl der Streiks ausmachten, heute zu den Seltenheiten, was angesichts des vom Kontrollrat verfügten Lohnstopps nicht verwunderlich ist. Wo es gleichwohl zu neuen Lohnfestsetzungen kam, wurden diese von den Unternehmern meist auch eingehalten, oder es wurden auftauchende Differenzen durch das Eingreifen von Gewerkschaften oder behördlichen Stellen beseitigt. Verhältnismäßig häufig waren dagegen Streiks um die Frage des Mitbestimmungsrechts der Belegschaften bzw. der Betriebsräte, wobei sich die Unternehmerseite in geschickter Weise den Umstand zunutze machte, daß das neue Betriebsrätegesetz des Kontrollrats nur ein Rahmengesetz ist. Diese Verschiebung der Streikebene vom lohnpolitischen auf das wirtschaftspolitische und sozialpolitische Gebiet ist charakteristisch für die Nachkriegszeit. Es kündigt sich hierin deutlich das Bestreben der Arbeiterschaft an, die Konsequenz aus zwölf Hitlerjahren, aber auch aus der vorangegangenen Weimarer Zeit zu ziehen und den Kampf um die Demokratisierung der Wirtschaft diesmal ernsthaft direkt in den Betrieben durchzuführen - an Stelle eines parlamentarischen Scheinkampfes.

Eine kleine Anzahl von Streiks entstanden - ebenfalls bezeichnend für die Jetztzeit - als Protest gegen unzureichende Ernährung und Versorgung mit den lebensnotwendigsten Dingen. Der größte dieser Streiks war der Streik der Ruhrbergarbeiter, der allerdings zum Teil auch politischen Charakter trug (Protest gegen die Verzögerung der Überführung des Bergaues in Gemeinbesitz.)

In Berlin wurde auch ein rein politischer kurzer Streik durchgeführt, und zwar als Protest gegen die Wiedereinsetzung des nazistisch belasteten Direktors von Witzleben (Siemens). Es ist bezeichnend, daß sich das Blatt der CDU in Berlin, die "Neue Zeit", in einem Artikel am 16. April 1947 sehr heftig gegen diesen Streik erklärt, gleichzeitig aber die Berechtigung des politischen Generalstreiks beim Kapp-Putsch anerkennt und auch einen Generalstreik anläßlich der "Machtergreifung" Hitlers für richtig gehalten hätte. Wir meinen, daß diese Haltung des CDU-Blattes nicht folgerichtig ist. Der Kapp-Putsch und die Hitlersche "Machtergreifung" waren gerade deshalb möglich, weil die Arbeiterschaft auf die dahin führende politische Entwicklung keinen genügenden politischen Einfluß genommen hatte. Die Haltung der Berliner Industriegewerkschaft Metall als des Initiators des Streiks gegen den Nazi von Witzleben erscheint uns daher als durchaus konsequent. Die Berliner Metallarbeiter haben zweifellos aus der Vergangenheit gelernt, und der FDGB wird niemals jemandem das Recht bestreiten, vorbeugende Maßnahmen gegen ein Wiederaufleben des nazistischen Spuks durchzuführen. Im Gegenteil! Der Kampf gegen das nazistische Unwesen ist einer der wichtigsten Punkte des gewerkschaftlichen Programms, und wenn es sein muß, wird auch der Streik hierbei als Kampfmittel einzusetzen sein.

Die labilen und vielfach unklaren Verhältnisse auf politischem und wirtschaftspolitischem Gebiet, die die Arbeiterschaft und die Gewerkschaften immer wieder vor neuartige Aufgaben stellen und die sehr oft keine Vergleiche mit den Zuständen vor 1933 zulassen, lassen es erforderlich erscheinen, auch die Frage des Streiks einer eingehenden Erörterung zu unterziehen.

Die Satzung des FDGB konstatiert: "Das Streikrecht gehört zu den entscheidenden gewerkschaftlichen Grundrechten." Von niemandem in Deutschland - auch nicht von den Besatzungsmächten - wird dieses gewerkschaftliche Grundrecht bestritten, wobei allerdings zu bemerken wäre, daß in Betrieben, die für Besatzungsmächte arbeiten, die Durchführung eines Streiks nur insoweit erlaubt sein wird, als dadurch keine wichtigen Interessen der betreffenden Besatzungsmacht verletzt werden. Diese Einschränkung stellt jedoch keinen Sonderfall dar, da auch andere wichtige Gebiete des öffentlichen Lebens in ähnlicher Weise davon betroffen werden. Im übrigen aber gibt es praktisch keine Beschränkung der Streikfreiheit. Daß gleichwohl trotz der allgemeinen Misere besonders auch auf arbeitspolitischem Gebiet die Zahl der durch Streiks verlorengegangenen Arbeitstage bei summarischer Übersicht sich als geringfügig erweist, ist - wie bereits bemerkt - ein Beweis für das Verantwortungsbewußtsein und die Einsicht der Arbeiterschaft und der Gewerkschaften. Die Gefährlichkeit der Lage läßt es als geboten erscheinen, die schon ohnehin unzureichende Produktion nur im äußersten Notfalle durch einen Streik weiter zu verringern. In der Satzung des FDGB kommt dies mit folgenden Worten zum Ausdruck:

> "Die Anwendung des Streiks erfolgt, nachdem alle anderen Mittel zur Erreichung des gesteckten Zieles erschöpft sind ... Vor Aufnahme von Streiks in lebenswichtigen Betrieben ist ... auch die Zustimmung des Vorstandes des FDGB einzuholen."

Die Arbeiterschaft läßt sich aber auch noch von anderen Erwägungen leiten, wenn sie bei der Anwendung der Streikwaffe besonders zurückhaltend ist. Die Zerschmetterung des faschistischen Machtapparates und die weitgehende Schwächung der kapitalistischen Machtpositionen in der Wirtschaft haben eine Lage geschaffen, die es als möglich erscheinen läßt, eine wirkliche Demokratisierung der Wirtschaft durchzuführen, d. h. die rein formale politische Demokratie, wie sie in der Weimarer Epoche bestand (um schließlich in den Faschismus einzumünden), durch die Wirtschaftsdemokratie zu untermauern und sie dadurch erst widerstandsfähig zu machen gegen die politischen Machtgelüste der Industrie- und Bankfürsten Die Ostzone ist in dieser Hinsicht den Westzonen weit voraus. Die großen privaten Konzerne und Monopolgebilde sind nicht mehr vorhanden, der Großgrundbesitz ist aufgeteilt, und in den Betrieben haben sich die Belegschaften durch ihre Betriebsräte ein weitgehendes Mitbestimmungsrecht auf allen Gebieten des betrieblichen Wirkungskreises gesichert. Die Gewerkschaften als größte Massenorganisation der Werktätigen haben maßgebende Positionen in den Industrie-, Wirtschafts- und Handwerkskammern besetzt. Es ging allerdings auch in der Ostzone nicht ganz kampflos ab, und mancher Unternehmer mußte durch einen - meist nur kurzen Streik um das Mitbestimmungsrecht daran erinnert werden, daß die herrlichen Zeiten des "Betriebsführers" von Leys Gnaden vorüber sind. In den Westzonen werden allerdings die Arbeiter noch schwere Kämpfe zu bestehen haben. Unternehmerorganisationen - in der Ostzone nur noch historische Erinnerung - gibt es im Westen Deutschlands massenhaft, und kürzlich ging eine Nachricht durch die Presse, wonach sogar bereits ein Zusammenschluß aller Unternehmerorganisationen für alle drei Westzonen erfolgt ist. Das bedeutet offenbar eine wesentliche Verschärfung des schon jetzt mit bemerkenswerter Schärfe geführten Klassenkampfes, den reine Toren, noch öfter aber politisch Interessierte ableugnen möchten. Bizonenpolitik, Marshall-Plan und die zwiespältige Haltung der SPD lassen alle Freunde und Nutznießer des alten Systems Morgenluft wittern, und wir glauben, daß die Waffe des Streiks ganz besonders im westlichen Deutschland in naher Zukunft eine sehr bedeutsame Rolle spielen dürfte, wenn die Arbeiter und Gewerkschaften auf der Hut sind und einen vielleicht etwas volleren Brotkorb nicht für ein modernes Sklavendasein eintauschen, selbst nicht unter den Strahlen der Dollarsonne. Die Spuren der amerikanischen gewerkschaftlichen und streikfeindlichen jüngsten Gesetzgebung sollten schrecken.

(Die Arbeit (FDGB) 1947, Nr. 9 (Sept.), S. 48 f.)

Dokument 24:

<u>"Der ferngesteuerte Streik" ('Telegraf' vom 13. Januar 1948)</u>

Seit drei Tagen wird im Hamburger Hafen wieder gearbeitet. Die Schiffe mit Getreide und Care-Pakten kommen wie vorher die Elbe herab und werden so schnell wie möglich gelöscht, denn seit Monaten geht es schon um die Differenz von Tagen manchmal sogar um Stunden, um die leeren Verkaufläden in den großen Städten mi den allernotwendigsten Waren zu füllen.

Wer die schwierige Situation der Hafenarbeiter kennt und weiß, daß 7, 60 RM ohne Abzüge pro Schicht für eine Zeit von 5 bis 17 Uhr nicht gerade viel sind, während am Schwarzen Markt eine einzige Zigarette etwa das gleiche kostet, wer weiß, daß diese sogenannten "unständigen Arbeiter" bisher nicht einmal regelmäßig ihr Geld bekamen, sondern nur dann, wenn es gerade Arbeit gab, also wenn Schiffe zu beladen oder zu löschen waren, wer diese näheren Umstände und Hintergründe kennt, der wird die Streiks nicht einfach als "illegal" ablehnen, sondern sie als berechtigten Protest gegen die erneut drohende Ernährungskatastrophe würdigen. Streik ist das einzige wirksame Mittel der Arbeiter, sich zur Wehr zu setzen und eigene Rechte anzumelden.

Aber der Streik im Hamburger Hafen, der nun beendet ist, hatte einen üblen Beigeschmack. Er ging von Beginn an nicht von den Gewerkschaften aus, sondern war "wild" organisiert worden. Zunächst blieb ein größerer Teil der Unständigen "von der Arbeit fern, dann bildeten sich im Hafengelände kleine Gruppen von 10 bis 20 Mann, die auf die Nichtstreikenden einzuwirken versuchten, damit auch diese die Arbeit einstellten. Schließlich legten nahezu 6000 Schauerleute die Arbeit nieder.

Es stellte sich aber auch heraus, daß die seltsamen Gruppen ferngesteuert wurden. Nachträglich wurde bekannt, daß eine Partei, die offenbar Interesse an Arbeitsstörungen hat, einige ihrer Spitzenfunktionäre in Versammlungen und interne Zusammenkünfte entsandte, um die Verzweiflungsstreiks der Arbeiter in politische Streiks umzuwandeln. Nach vorliegenden Berichten und den privaten Äußerungen maßgebender Hamburger Gewerkschaftsführer gab es geheime politische Kommandostellen, von denen aus der Streik ferngelenkt wurde, um zu einem Parteistreik und womöglich zu einem Generalstreik zu werden, was schließlich auch, mehr oder minder verhüllt, in der diesen Kreisen nahestehenden Presse zum Ausdruck gebracht wurde. Wollte man in Westdeutschland das französische und italienische Experiment mit inneren Unruhen wiederholen? Kampf dem Hunger sagt man, und findet zweifellos in der schlimmen Ernährungslage einen triftigen Grund dafür. Kampf der Demokratie aber meint man.

Einer der Gründe für den Streik im Hamburger Hafen war der, daß die Zusatzlebensmittelkarten infolge Mangels an Fett und Fleisch zur Zeit nicht eingelöst werden können. Aber es gibt immerhin noch genug Brot. Die Häfen Hamburg und Bremen erwarten weitere Lebensmittelschiffe. Sollte man aus Mangel an Fleisch und Fett sich weigern, das Brot anzunehmen? Und damit die Not noch vergrößern? Die Forderung der Streikenden nach einem fünftägigen Garantielohn war bereits erfüllt, als der Streik begann. Wegen der weiteren Forderungen wird seitens der verantwortlichen Hamburger Stellen unter Kontrolle der Gewerkschaften fortgesetzt und mit Nachdruck mit Frankfurt und der Besatzungsmacht verhandelt. Ob die Bemühungen freilich den erwarteten Nutzen haben werden, muß nach den Erfahrungen der letzten Jahre bezweifelt werden. Aber die Folgen eines Hafenarbeiterstreiks müssen in der gegenwärtigen Situation mit Gewißheit Hunger für alle bedeuten.

In Hamburger politischen und Wirtschaftskreisen setzte sich darum in den Streiktagen die Überzeugung durch, daß alle Parteien die auf dem Boden der Demokratie stehen und Deutschland vor der von Hitler zugedachten Selbstvernichtung bewahren wollen, sich jeder Katastrophen- und Selbstmordpolitik widersetzen müssen. Mit bemerkenswerter Geschlossenheit haben sich die Parteien und Gewerkschaften zu solchem ganz und gar unpopulären Grundsatz bekannt. Freilich mit einer bedauerlichen Ausnahme. Es wäre besser gewesen, die KPD, die man dafür verantwortlich zu machen versuchte, hätte Farbe bekannt und wäre eindeutig von den wilden Streikmachern abgerückt, stattdessen mußte man erfahren, daß der Streik im Hamburger Hafen in Verbindung mit ähnlichen Erscheinungen im Ruhrgebiet stand.

Der Streik sollte aber auch ein Warnsignal für die Welt sein. Man muß hier deutlich unterscheiden zwischen der geheimen Regie und der offenen Ungeduld derer, die die Arbeit für einige Tage aus Protest niederlegten. Der Protest war echt. Die

Lage ist kritisch. Der Hamburger Hafen war schon vor 1933 ein bekanntes politisches Barometer, das für ganz Deutschland gültig war, da es den Vorzug hatte, die Stürme beizeiten anzuzeigen. Wer an der Winsch oder am Kai arbeitet, muß hart zupacken. Wind und Wetter fahren ihm Tag für Tag um Nase und Ohren, und er bekommt mehr Hunger als die Regierungsräte und Funktionsoffiziere in ihren Frankfurter Büros. Hunger aber macht schlapp. Er zermürbt und schafft böses Blut. Wer zudem keine Kleider und Schuhe hat, wird frieren und den Kalorienmangel doppelt empfinden. Wer ein einziges Mal abends um 5 Uhr an den Sperren zum Freihafen in Hamburg stand und die Arbeiter mit hohlen Wangen und verloschenen Augen in Strömen herauskommen sah, wird anders über den Streik denken als am grünen Tisch in Frankfurt am Main. Es gibt eine untere Grenze der Versorgung und Bewirtschaftung, sie ist erreicht.

Dokument 25:

Deutscher Gewerkschaftsbund
Bezirk Nordrhein-Westfalen

Köln, den 12. Febr. 1948

Protokoll

der Delegierten-Konferenz der Ortsausschüsse der Rhein- und Ruhr-Großstädte in Mülheim/Ruhr am 30. Januar 1948.

Tagesordnung: Zur Ernährungslage (Referat: Koll. Hansen)

Beginn: 11 Uhr

Nach den Begrüßungsworten des Mülheimer Kollegen Melzer ergriff Koll. Böckler als Versammlungsleiter das Wort, um Sinn und Aufgabe dieser Konferenz zu erläutern. Entgegen anderslautenden Berichten in der Presse sei diese Versammlung keine Betriebsratsversammlung, sondern eine Konferenz der Delegierten der Orts und Kreisausschüsse, die über die derzeitige Lage im Ernährungssektor unterrichtet werden sollten.

Diese Berichterstattung geschah durch den Koll. Hansen, Bezirksleiter von Nordrhein-Westfalen, der insbesondere auf die Bemühungen einging, die von gewerkschaftlicher Seite zur Besserung der äußerst kritischen Lage unternommen worden waren. Er führte aus:

Die Gewerkschaften hätten sich nicht erst mit der Ernährungslage befaßt, seitdem sie so akut geworden sei. Gewerkschaftliche Vorschläge sind der Öffentlichkeit übergeben und mit den verantwortlichen Stellen verhandelt worden.

Als der Zusammenbruch der Kartoffel- und Fettversorgung feststand, hätte der Bezirk am 10. Januar eine Besprechung mit Ministerpräsident Arnold und Ernährungsminister Lübke gehabt, die jedoch zu keinen großen Hoffnungen berechtigte. Minister Lübke hätte die Frage gestellt, ob von dem wenigen Vorhandenem die Zusatzkartenempfänger oder die Normalverbraucher beliefert werden sollten. Die Gewerkschaften hätten sich mit keinem dieser beiden Wege einverstanden erklären können. Ministerpräsident Arnold schlug vor, eine Konferenz aller Ernährungsminister der Bizone einzuberufen. In der Besprechung am 14. Januar, an der die Ortsausschußvorsitzenden und -sekretäre der Rhein- und Ruhrgroßstädte, sowie Ministerpräsident Arnold und Ernährungsminister Lübke teilnahmen, wurden als gewerkschaftliche Forderungen erhoben:

1) Freigabe von Kohle zur Beschaffung von Devisen für die Bezahlung von Lebensmitteln aus dem Ausland;

2) Zwangsumlage für Selbstversorger;

3) Sonderbehandlung der Rhein- und Ruhrstädte als Notstandsgebiete.

Nordrhein-Westfalen ist bisher in der Ernährung als Stiefkind behandelt worden. Die anderen Länder haben ihre Ablieferungs-Solls nach Nordrhein-Westfalen nie erfüllt. Als stets zu kurz kommendes Zuschußgebiet, als das Land mit der geringsten landwirtschaftlichen Produktion und den meisten Zulagekartenempfängern und der besonderen Bergarbeiterversorgung auf Kosten der Allgemeinheit blieb für den Normalverbraucher nur immer ein völlig unzureichender Rest.

Am 15. 1. fand eine Sitzung von Vertretern der Gewerkschaften und der Regierung unter Vorsitz des stellvertretenden Gouverneurs für Nordrhein-Westfalen, General Barraclough, gemeinsam mit den Ernährungsministern der Bizone statt, auf der die Gewerkschaftsvertreter sehr eindringlich auf den Ernst der Lage hinwiesen. Der Leiter der britischen Ernährunsabteilung hatte bei dieser Gelegenheit eine scharfe Stellungnahme im Hinblick auf das Versagen deutscher Stellen bezogen, und die Deutschen ermahnt, zuerst ihr eigenes Haus in Ordnung zu bringen, bevor sie sich auf die Hilfe des Auslandes verließen. Die Sitzung sei deprimierend und ergebnislos verlaufen. Anschließend hätte dann bis in die späte Nacht hinein eine Sitzung mit den Ernährungsministern der Bizone getagt mit dem erfreulichen Ergebnis, daß die Ernährungsminister der Bizone sich bereit erklärten, sich in ihren Ländern für die Halbierung der Fettration in der 111. Periode einzusetzen, um die Verteilung der rückständigen Fettlieferungen in Nordrhein-Westfalen zu ermöglichen. Zum ersten Mal sei es damit zu einer freiwilligen Solidarität der Länder gekommen.

(.....)

Koll. Hansen betonte zum Schluß seiner Ausführungen, daß wir trotz all unserer Anstrengungen das Ernährungsproblem aus eigenen Reserven nicht würden lösen können, aber wir müßten beweisen, daß wir alles täten, was in unserer Macht steht, um uns selber zu helfen.

Koll. Böckler stellte den Bericht des Koll. Hansen zur Diskussion. Wir könnten auf eine solche Schilderung der Verhältnisse verzichten; jeder kenne sie aus seiner engsten Umgebung. Ebenso wenig hätte es Sinn, sich nach dem Schuldigen umzusehen. Gewiß hätten die deutschen Stellen mehr tun können. Das deutsche Volk solle sich nicht durch den krassesten Eigennutz in eine Situation hineinmanövrieren lassen, aus der es keinen Ausweg mehr gäbe. Es ginge vielmehr darum, die Wege zu finden, die uns aus diesem katastrophalen Zustand hinausführten. Das sei die Aufgabe, die den Funktionären der Bewegung gestellt sei.

Als erster Diskussionsredner sprach Koll. Triebeck/Wattenscheid. Er fragte die Versammlungsleitung, ob diese Konferenz beschlußfähig sei, worauf Koll. Böckler mit "nein" antwortete.

Koll. Triebeck erklärte, wir hätten zwar eine starke Gewerkschaftsbewegung, dennoch hätte sie sich bis jetzt gescheut, die Machtmittel anzuwenden, die ihr zur Verfügung ständen. Wir Deutsche müßten unser Schicksal selbst in die Hand nehmen und uns den Weg in den Sozialismus erkämpfen. Wenn der Bundesvorstand sich dabei nicht an die Spitze stelle, würde er das Vertrauen der Kollegen verlieren.

Auch Koll. Müllerstein, Mülheim, kritisierte den Bundesvorstand, daß er sich nicht an die Spitze der Protestaktionen gestellt hätte. Diese hätten wenigstens den

Erfolg gehabt, daß der Bundesvorstand sich endlich mit der Lage befaßt hätte. Nach seiner Meinung wäre der Streik der bayerischen Gewerkschaften berechtigt. Er legte sodann der Konferenz eine Entschließung vor (Anlage I) und forderte den Bundesvorstand auf, alle notwendigen Maßnahmen zur Durchsetzung der darin enthaltenen Forderungen zu treffen.

Dr. Klös, Wuppertal, betonte, daß nicht nur die richtige Durchführung der Erfassung, sondern auch der Verteilung von größter Wichtigkeit sei. Er forderte Zwangsarbeit für Schwarzhändler. Zur Frage des Streiks war er der Auffassung, entweder wir streiken alle oder wir ließen es ganz bleiben. Mit großer Befremdung hätte er von dem Protest der englischen und norwegischen Kollegen gegen den Walfang der Deutschen gehört. Wir sollten an die ausländischen Kollegen mit der Forderung herantreten, den Walfang zu gestatten.

Koll. Blensekemper, Essen, trat dafür ein, die Forderung nach Unterschrift der Betriebsräte unter die Produktionsmeldungen der Betriebe erneut zu stellen.

Koll. Fette, ermahnte die Funktionäre, sich in ihren Entscheidungen als verantwortungsbewußte Gewerkschafter nicht von ihrem knurrenden Magen leiten zu lassen, sondern von der Vernunft. Er ging dann auf die Ursachen ein, die uns in diese schwierige Situation gebracht hatten. Eine Ursache sei in der Aufteilung Deutschlands in die vier Zonen zu finden. Zur Erläuterung dieser Feststellung gab er einige Zahlen über Exporte aus der russisch besetzten Zone in die Ostgebiete bekannt, was zu heftigen Protesten einiger Delegierten führte. Koll. Fette sprach sich gegen einen Streik aus und zwar aus dem Grund, weil wir mit einem Streik auch nicht ein Gramm mehr Fett erringen würden. Wir sollten unser letztes Machtmittel nur für ein Ziel einsetzen, was erreichbar wäre und jetzt der Gewerkschaftsleitung eine Atempause gewähren und abwarten, wie die neuen Maßnahmen sich auswirken.

Anschließend wurde ein Antrag auf Schluß der Debatte gestellt, doch fand sich der Antragsteller schließlich auf Ersuchen des Kollegen Böckler bereit, seinen Antrag zurückzustellen.

Der nächste Diskussionsredner, Koll. Knappermann, Wuppertal, gab zunächst seiner Genugtuung darüber Ausdruck, daß der Bundesvorstand sich endlich am Verhandlungstisch durchgesetzt hätte. Auch von seiner Seite erfolgte scharfe Kritik an der Bundesleitung und an dem Koll. Böckler, die in dem Ausspruch gipfelte: "Entweder Koll. Böckler stellt sich an die Spitze und gibt den Weg an oder er geht". Nach seiner Meinung wären die 1550 Kalorien in unserer Zone gesichert, wenn wir die gleichen Wege gingen wie in der russischen Zone.

Koll. Albert Stenzel, Duisburg, forderte die Kollegen auf, selbst wenn das Gesetz über die Unterschrift der Betriebsräte nicht durchkäme, die Initiative in den Betrieben zu ergreifen. Es sei traurig, daß wir bis heute so sehr von den eigentlichen gewerkschaftlichen Aufgaben abgelenkt würden. Wir dürften nicht vergessen, daß wir das traurige Erbe der Naziherrschaft angetreten hätten, in der man sich nicht scheute im Jahre 1942, als die Deutschen noch genügend zu essen hatten, den besiegten Polen die Fettration auf 30 g pro Woche zu beschneiden.

(.....)

Koll. Hansen hatte sich bereit erklärt, sein Schlußwort an Koll. Böckler abzutreten.

Koll. Böckler erklärte u. a.: Es sei ihm vorgehalten worden, er hätte seinerzeit in Wuppertal erklärt, er wüßte selber keinen Ausweg aus unseren Schwierigkeiten. Was er bei dieser Gelegenheit erklärte, war, daß er keinen Ausweg von heute auf morgen sähe und diese Feststellung müsse er heute wiederholen. Wir müßten uns klar darüber sein, daß wir die Verlierer im 2. Weltkrieg wären und in einem privatkapitalistischen System lebten. Die Konsequenzen daraus müßten wir heute tragen. Die gewerkschaftliche Macht sei keine Allmacht, sondern nur eine begrenzte Macht. In Nordrhein-Westfalen sei nur ein Drittel der Beschäftigten gewerkschaftlich organisiert. Bei den Frauen sei der Prozentsatz sehr viel geringer. Wenn also von einem Delegierten gefordert würde, wir sollten unser Schicksal in unsere eigenen Hände nehmen, so könnte er darauf erwidern: ja, könnten wir es nur!

Betr. Streikbeschluß stellte Koll. Böckler fest, daß diese Konferenz einen derartigen Beschluß nicht fassen könne, da die betreffenden Industrieverbände dafür zuständig seien. Über einen Generalstreik hätte der Bundesvorstand gemeinsam mit den Vorständen der Industrieverbände zu entscheiden. Wörtlich führte er dann aus: "Wir haben Gewerkschaften und haben in der Zusammenfassung des Bundes die Spitze der Gewerkschaften. Bei diesen Stellen liegt ein für allemal und muß ein für allemal liegen die Entscheidung über Streik oder Nichtstreik. Selbst wenn in anderen Bezirken Generalstreiks durchgeführt werden, wir werden nach dem Grundsatz handeln, daß jeder Streik ja schließlich und endlich geführt wird, um zu einem Ergebnis sei es irgendwie geartet, zu gelangen. Ich habe sehr viel Verständnis für Aktionen, die spontan entstehen, weil die Not allmählich einen unerträglichen Umfang angenommen hat, und ich habe es auch den deutschen wie den militärischen Stellen gegenüber immer und immer wieder vermieden, und werde mich nicht dazu verstehen, solche Aktionen zu verurteilen und in Grund und Boden zu verdammen. Aber wenn nun immer und immer wieder der Gedanke auftaucht: Generalstreik, dann muß ich mich und müssen sich mit mir alle Verantwortlichen fragen, welches soll der Zweck sein und was kann im günstigsten Falle als Ergebnis herauskommen. Glücklicherweise haben die meisten unserer Kollegen in Nordrhein-Westfalen bislang begriffen und sie werden es auch fernerhin festhalten, daß der größte Streik uns auch nicht ein einziges Korn, nicht ein einziges Stück Brot mehr bringt. ... Durch Annahme der Entschließung haben wir, die Bundesleitung und Bezirksleitung von Nordrhein-Westfalen, einen klar umgrenzten Auftrag erhalten. Der Auftrag wird durchgeführt werden, wie sich das bei uns ganz von selbst versteht".

Zum DAG-Streik bemerkte Koll. Böckler, wenn die DAG streike, so sei das ihre Sache. Wenn sie jedoch versuche, Nichtorganisierte und Mitglieder von Industrieverbänden für den Streik zu mobilisieren, so müsse er gegen diese Praxis energisch protestieren.

Die Aktion zur besseren Versorgung der Bergarbeiter sei dazu geeignet, die Bergarbeiter von der übrigen Arbeitnehmerschaft zu isolieren. Es käme also darauf an, eine bessere Ordnung des Zulagewesens im Bergbau zu erreichen.

(.....)

Schluß der Konferenz: 14. 30 Uhr

Gez. T. Bienenstock

(DGB-Archiv, Düsseldorf, Hansen-Papiere)

Dokument 26:

Aufruf zur Urabstimmung für einen Protest-Streik.

Die am 22. 5. 48 in Bochum von ca. 600 Gewerkschafts-Vertrauensleuten durchgeführte Funktionärs-Konferenz fasste nach dem grundlegenden Referat ihres Vorsitzenden der I. G. "Metall", Brit. Zone, des Kollegen Freitag, über Mitbestimmung der Gewerkschaft in der deutschen Wirtschaft, den einstimmigen Beschluß, am

Dienstag, dem 25. u. Mittwoch, dem 26. 5. eine Urabstimmung

in den Stahl- und Eisen verarbeitenden Betrieben vorzunehmen, um am 1. und 2. Juni einen Proteststreik durchzuführen, mit der Forderung und dem Ziel:

Entfernung des Direktors Hermann Reusch aus der Kommission für Überwachung der Eisen- und Stahlproduktion.

Die geschichtliche Vergangenheit und auch die jüngste wirtschaftliche Entwicklung zeigt, dass die Forderung der Gewerkschaft, als mitbestimmender Faktor in die deutsche Wirtschaft mit einbezogen zu werden, von dem rückschrittlichen Unternehmertum auf das Heftigste bekämpft wird.
Schon die alten Unternehmerkräfte unter Führung von Kirdorf, Thyssen u. Krupp waren die stärksten Gegner der Gewerkschaften und haben die Sozialisierungsbestrebungen des deutschen Volkes zum Fall gebracht. Sie waren die Befürworter des vergangenen Wirtschaftssystems, an dessen unheilvollen Folgen wir jetzt als Werktätige noch zu tragen haben. Auch die jetzigen Unternehmerkreise, besonders Direktor Reusch, versuchen den alten Weg mit neuen Methoden um eine Demokratisierung der deutschen Wirtschaft zu unterbinden.
Die Gewerkschaft I.G. "Metall" hat gegenüber der Militär-Regierung und dem Wirtschaftsrat ihre begründete Ablehnung gegen die Berufung von Dir. Reusch in die Stahlkommission wiederholt zum Ausdruck gebracht, ohne dass von diesen Instanzen dieser Forderung entsprochen wurde. Nun haben die Belegschaften das Wort, um durch ihre Arbeitseinstellung in einer disziplinierten aber machtvollen Protestbewegung zum Ausdruck zu bringen, diesem reaktionären Kurs Einhalt zu bieten. Wir fordern die an dieser Protestbewegung beteiligten Essener Metallarbeiter und Angestellten auf, sich restlos für eine wirkungsvolle Durchsetzung unserer Forderung einzusetzen, damit Essen als Kernstück des Ruhrgebiets seinen Beitrag zur Neugestaltung unserer Wirtschaft mit leistet.

Für einen Proteststreik wird mit Ja gestimmt. Gegen Streik mit nein. Für die beiden Streiktage wird - auf der Grundlage unseres Verbandsstatut Streikunterstützung gezahlt.

Die Abstimmung wird geheim durchgeführt und die Abstimmungsergebnisse sind schnellstens an die Ortsverwaltung schriftlich einzusenden.

Kolleginnen und Kollegen!
Die noch bestehende wirtschafts- und ernährungspolitische Notlage soll u. darf uns nicht davon abhalten, die Voraussetzung einer besseren Lebensgestaltung zu schaffen, das ist, dass das Mitbestimmungsrecht der Gewerkschaften in allen wirtschaftlichen Fragen gesichert wird. Wir müssen uns weiter in den nächsten Tagen dafür einsetzen, dass die abgeschlossene Urlaubsregelung anerkannt und eine Erhöhung der Löhne und Gehälter bald wirksam wird.

Mit kollegialem Gruss!
I. G. Metall, Ortsverwaltung Essen
gez. Riegel.

(Kopie im Besitz von Th. Brücher, Bochum)

LITERATUR

ABELSHAUSER, W., Die verhinderte Neuordnung? Wirtschaftsordnung und Sozialstaatsprinzip in der Nachkriegszeit, in: Politische Bildung 9, 1976, 53 ff.

-: Wirtschaft in Westdeutschland 1945 - 1948. Rekonstruktion und Wachstumsbedingungen in der amerikanischen und britischen Zone, Stuttgart 1975.

ABENDROTH, W., Die soziale Struktur der Bundesrepublik und ihre politischen Entwicklungstendenzen. In: Ders., Antagonistische Gesellschaft und politische Demokratie. Aufsätze zur politischen Soziologie, Neuwied 1972.

AKTEN ZUR VORGESCHICHTE DER BUNDESREPUBLIK DEUTSCHLAND 1945 - 1949, Bd. 1 bearb. von W. Vogel und C. Weisz, München 1976, hg. vom Bundesarchiv und Institut für Zeitgeschichte.

BADSTÜBNER, R., Zum Kampf der Arbeiterklasse um die Beseitigung des Ruhrmonopolkapitals 1946/47, in: Beiträge zur Zeitgeschichte 1960 H. 1, 18 ff.

BAHNE, S., Die KPD im Ruhrgebiet in der Weimarer Republik, in: Reulecke, J. 1974, 315 ff.

BALFOUR, M., Viermächte-Kontrolle in Deutschland, Düsseldorf 1959.

BEIER, G., Der Demonstrations- und Generalstreik vom 12. November 1948, Frankfurt 1975.

-: Zum Einfluß der Gewerkschaften auf die Verfassungs- und Gesellschaftsstruktur der Bundesrepublik, in: Zeitschrift für Parlamentsfragen, Jg. 1974, 40 ff.

BERGARBEITER, Ausstellung zur Geschichte der organisierten Bergarbeiterbewegung in Deutschland (Katalog), Text von H. Mommsen u. a., Bochum 1969.

BIEGERT, H. H., Gewerkschaftspolitik in der Phase des Kapp-Lüttwitz-Putsches, in: Mommsen, H. u. a. (Hg.), Industrielles System und politische Entwicklung in der Weimarer Republik, Düsseldorf 1974, 190 ff.

BORSDORF, U., Der Weg zur Einheitsgewerkschaft, in: Reulecke, J. (Hg.), Arbeiterbewegung an Rhein und Ruhr, Beiträge zur Geschichte der Arbeiterbewegung in Rheinland-Westfalen, Wuppertal 1974, 385 ff.

-, NIETHAMMER, L., Zwischen Befreiung und Besatzung, Wuppertal 1976.

BRANDT, P., Antifaschismus und Arbeiterbewegung. Aufbau, Ausprägung, Politik in Bremen 1945/46, Hamburg 1976.

CHRISTIER, H., Sozialdemokratie und Kommunismus. Die Politik der SPD und KPD in Hamburg 1945 - 1949, Hamburg 1975.

DEPPE, F. u. a., Kritik der Mitbestimmung, Frankfurt 1969.

-: Das Bewußtsein der Arbeiter, Studien zur politischen Soziologie des Arbeiterbewußtseins, Köln 1971.

Dokumente und Materialien zur Geschichte der deutschen Arbeiterbewegung, Bd. III 1, Berlin (O) 1959.

DORENDORF, A., Der Zonenbeirat der Britisch Besetzten Zone, Göttingen 1953.

EBSWORTH, E., Restoring Democracy in Germany, London 1960

FISCHER, H.-D., Parteien und Presse in Deutschland seit 1945, Bremen 1971.

FLECHTHEIM, O. K. (Hg.), Die Parteien der Bundesrepublik Deutschland, Hamburg 1973.

FÖRST, W., Geschichte Nordrhein-Westfalens 1945 - 1949, Köln 1970.

FRIEDRICH, D. J., Politik als Prozeß der Gemeinschaftsbildung, Eine empirische Theorie, Köln 1970.

GESCHÄFTSBERICHT DER IG METALL FÜR DIE BRITISCHE ZONE UND DAS LAND BREMEN 1947/48, Mülheim 1948.

GESCHICHTE DER DEUTSCHEN ARBEITERBEWEGUNG, Institut für Marxismus-Leninismus beim ZK der SED, Berlin 1966.

DIE GEWERKSCHAFTSBEWEGUNG IN DER BRITISCHEN BESATZUNGSZONE. GESCHÄFTSBERICHT DES DEUTSCHEN GEWERKSCHAFTSBUNDES (BRITISCHE BESATZUNGSZONE) 1947 - 1949, Köln 1949. (zit. GBBZ)

GROH, D., Negative Integration und revolutionärer Absentismus. Die deutsche Sozialdemokratie am Vorabend des Ersten Weltkrieges, Frankfurt 1973.

HARMSEN, G. W., Reparationen, Sozialprodukt, Lebensstandard, Versuch einer Wirtschaftsbilanz. H. 3. B. Einzeldarstellungen 2. Teil, Bremen 1948.

HARIG, P., Arbeiter, Gewerkschafter, Kommunist, Frankfurt 1973.

HENSCHE, D., Grundsatzprogramm und Wirtschaftsordnung. Zur Gewerkschaftlichen Programmatik seit 1945, in: Gewerkschaftliche Monatshefte 27, 1976, 688 ff.

HOFSCHEN, H. G. u. a., SPD im Widerspruch, Zur Entwicklung und Perspektive der Sozialdemokratie im System der BRD, Köln 1975.

HÜTTENBERGER, P., Nordrhein-Westfalen und die Entstehung seiner parlamentarischen Demokratie, Siegburg 1973.

-: Nordrhein-Westfalen und die Gründung der Bundesrepublik Deutschland, in: Rheinische Vierteljahresblätter 33, 1969, 155 ff.

HUSTER, E. U. u. a., Determinanten der westdeutschen Restauration 1945 - 1949, Frankfurt 1972.

JACOBMEYER, W., Die Niederlage 1945, in: Westdeutschlands Weg zur Bundesrepublik 1945 - 1949, Beiträge von Mitarbeitern des Instituts für Zeitgeschichte, München 1976, 11 ff.

JAHRBUCH DES INDUSTRIE-VERBANDS BERGBAU 1947.

KAACK, H., Geschichte und Struktur des deutschen Parteiensystems, Opladen 1971

KLEIN, J., Vereint sind sie alles ? Hamburg 1972.

-: Hand in Hand gegen die Arbeiter. Bürgerliche Demokraten oder christliche, sozialdemokratische und kommunistische Gewerkschafter, Hamburg 1974.

KLUTH, H., Die KPD in der Bundesrepublik, Köln 1959.

KUCZYNSKI, J., Die Geschichte der Lage der Arbeiter unter dem Kapitalismus. Teil 1, Bd. 7 a, Berlin 1963.

KUDA, R., Das Konzept der Wirtschaftsdemokratie, in: Vom Sozialistengesetz zur Mitbestimmung, 1975, 253 ff.

LINK, W., Die amerikanische Außenpolitik aus revisionistischer Sicht, in: Neue Politische Literatur 16, 1971, 205 ff.

-: Das Konzept der friedlichen Kooperation und der Beginn des Kalten Krieges, Düsseldorf 1971b

LÖWENTHAL, R., SCHWARZ, H. P. (Hg.), Fünfundzwanzig Jahre Bundesrepublik Deutschland - eine Bilanz, Stuttgart 1974.

LUXEMBURG, R., Massenstreik, Partei und Gewerkschaften 1906, in: dieselbe, Schriften zur Theorie der Spontaneität, Hamburg 1970 (Rowohlts Klassiker), 133 ff.

MANNSCHATZ, G., SEIDER, J., Der Kampf der KPD im Ruhrgebiet für die Einigung der Arbeiterklasse und die Entmachtung der Monopolherren 1945 - 1947, Berlin (O) 1962.

MARTINY, M., Zwischen Revolution und sozialer Demontage, in: Gewerkschaftliche Monatshefte 27 (1976), 656 ff.

MERRITT, A. J. und R. L., Public Opinion in Occupied Germany, the OMGUS Surveys 1945 - 1949, Urbana 1970.

MESSELKEN, K., Sozialdemokratie und Gewerkschaftsbewegung, in: Hamburger Jahrbuch für Wirtschafts- und Gesellschaftspolitik 15, 1970, 226 ff.

MOMMSEN, H., Die Bergarbeiterbewegung an der Ruhr 1918 - 1933, in: Reulecke, J., (Hg.), Arbeiterbewegung, 275 ff.

NARR, W. D., CDU - SPD, Programm und Praxis seit 1945, Stuttgart 1966.

NIETHAMMER, L., BORSDORF, U., BRANDT, P. (Hg.), Arbeiterinitiative 1945. Antifaschistische Ausschüsse und Reorganisation der Arbeiterbewegung in Deutschland, Wuppertal 1976.

NIETHAMMER, L., Das Scheitern der einheitsgewerkschaftlichen Bewegung nach 1945 in Westeuropa, in: Aus Politik und Zeitgeschichte, Beilage zur Wochenzeitung "Das Parlament" v. 19. 4. 1975, 34 ff.

NOELLE, E., NEUMANN, E. P. (Hg.), Jahrbuch der öffentlichen Meinung 1947 - 1955, Allensbach 1956.

OTTO, B., Der Kampf um Mitbestimmung, in: Vom Sozialistengesetz zur Mitbestimmung, 1975, 399 ff.

PAPCKE, S. (Hg.), Anpassung oder Widerstand? Gewerkschaften im autoritären Staat, Frankfurt 1969.

PIRKER, Th., Die blinde Macht. Die Gewerkschaftsbewegung in Westdeutschland, 2 Bde., München 1960.

POTTHOFF, E., Der Kampf um die Montanmitbestimmung, Köln 1957.

PROTOKOLL der 1. Generalversammlung des IV Bergbau am 8./9.12.1946 in Herne.

PROTOKOLL der 2. Tagung des gewerkschaftlichen Zonenausschusses der britischen Zone am 30.5./1.6.1946.

PROTOKOLL des Gründungskongresses des DGB vom 22. - 25. April 1947 in Bielefeld, Düsseldorf o. J.

PROTOKOLL der Verhandlungen des Parteitages der SPD vom 29. Juni bis 2. Juli 1947 in Nürnberg, Hamburg o. J.

REIMANN, M., Entscheidungen 1945 - 1956, Frankfurt/Main 1974.

REULECKE, J. (Hg.), Arbeiterbewegung an Rhein und Ruhr, Beiträge zur Geschichte der Arbeiterbewegung in Rheinland-Westfalen, Wuppertal 1974.

ROEDER, W., Die deutschen sozialistischen Exilgruppen in Großbritannien 1940 - 1945, Hannover 1968.

ROTH, K. H., Die "andere" Arbeiterbewegung und die Entwicklung der kapitalistischen Repression von 1880 bis zur Gegenwart, München 1974.

RUDZIO, W., Export englischer Demokratie? Zur Konzeption der britischen Besatzungspolitik in Deutschland, in: Vierteljahreshefte für Zeitgeschichte 17, 1969, 219 ff.

RUNGE, E., Bottroper Protokolle, Frankfurt 1968.

SCHÄDEL, G., Die Kommunistische Partei Deutschlands in Nordrhein-Westfalen von 1945 - 1956, Diss. Bochum 1974.

SCHACHTNER, R., Die deutschen Nachkriegswahlen, München 1956

SCHLANGE-SCHÖNINGEN (Hg.), Im Schatten des Hungers, Dokumentarisches zur Ernährungspolitik und Ernährungswirtschaft in den Jahren 1945 - 1949, Hamburg 1955.

SCHMIDT, A., Lang war der Weg, Bochum 1958.

SCHMIDT, E., Die verhinderte Neuordnung 1945 - 1952, Frankfurt/Main ^{5}1974.

SCHMIDT, U., FICHTER, T., Der erzwungene Kapitalismus, Klassenkämpfe in den Westzonen 1945 - 1948, Berlin 1971.

SCHNEIDER, D., KUDA, R., Arbeiterräte in der Novemberrevolution, Frankfurt, 3. Auflage 1973.

SCHMITZ, H., Die Bewirtschaftung der Nahrungsmittel und Verbrauchsgüter 1939 - 1950, dargestellt am Beispiel der Stadt Essen, Essen 1956.

SOPADE-Informationsdienst 1948.

SOPADE, Querschnitt durch Politik und Wirtschaft, hg. v. Parteivorstand der SPD, Jge. 1947, 1948.

SPLIEDT, F., Die Gewerkschaften, Entwicklung und Erfolge, Ihr Wiederaufbau nach 1945, Hamburg 1948.

STARITZ, D., Sozialismus in einem halben Lande, Berlin-West 1976.

SCHWARZ, H.-P., Vom Reich zur Bundesrepublik, Neuwied 1966.

TRITTEL, G. T., Die Bodenreform in der Britischen Zone 1945 - 1949, Stuttgart 1975.

VETTER, H. O. (Hg.), Vom Sozialistengesetz zur Mitbestimmung, Zum 100. Geburtstag von Hans Böckler, Köln 1975.

VERHANDLUNGEN DES DEUTSCHEN BUNDESTAGES, Stenographische Berichte, 1. Wahlperiode 1949, Bd. 1, Bonn 1950, 33 A.

ZINK, H., The United States in Germany, 1944 - 1955, Princeton 1957.

Zeitungen

DIE ARBEIT, Berlin

FREIHEIT. Das Blatt des schaffenden Volkes, Düsseldorf

GEWERKSCHAFTSZEITUNG. Zeitschrift der freien Gewerkschaften in der britischen Zone, Hamburg.

NEUE-RUHR-ZEITUNG, Essen

DIE NEUE ZEITUNG, München

RHEINISCHE ZEITUNG, Köln

DER SPIEGEL, Hamburg

TELEGRAF, Berlin

VOLKSSTIMME, Köln

WESTDEUTSCHES TAGEBLATT, Dortmund

WESTDEUTSCHES VOLKSECHO, Dortmund

WESTFALENPOST, Soest/Hagen